国学与诸子百家

——深圳学人·南书房夜话第三季

张骁儒　主编

中国社会科学出版社

图书在版编目（CIP）数据

国学与诸子百家：深圳学人·南书房夜话第三季/张骁儒主编. —北京：中国社会科学出版社，2016.12

ISBN 978-7-5161-9727-1

Ⅰ.①国… Ⅱ.①张… Ⅲ.①国学②先秦哲学—通俗读物 Ⅳ.①Z126②B220.2

中国版本图书馆 CIP 数据核字（2016）第 316450 号

出 版 人	赵剑英	
责任编辑	王 茵	
特约编辑	马 明	
责任校对	英岁香	
责任印制	王 超	

出 版	中国社会科学出版社	
社 址	北京鼓楼西大街甲 158 号	
邮 编	100720	
网 址	http://www.csspw.cn	
发 行 部	010-84083685	
门 市 部	010-84029450	
经 销	新华书店及其他书店	

印 刷	北京君升印刷有限公司	
装 订	廊坊市广阳区广增装订厂	
版 次	2016 年 12 月第 1 版	
印 次	2016 年 12 月第 1 次印刷	

开 本	710×1000 1/16	
印 张	20.5	
字 数	294 千字	
定 价	76.00 元	

编 委 会

序
南书房——财富之河上的文化绿洲

王立新

没人不知道深圳的所有大街小巷里，都堆满了耀人眼目的黄金和白银，就像一条涌动着的物质财富之河；却不是所有人都知道，还有一块琉璃般的文化绿洲，佳人一般的，俏美地伫立在这条财富之河的"水之当央"。它，就是深圳图书馆的南书房。

我有幸无数次地来到这里，跟各位学界、文化界的"先进"们一道，为穿梭在深圳这条财富之河上的淘金者、埋头建设的奋斗者，解说古代经典，释放原始能量，为他们鼓劲、给他们加油。

呈献给读者诸君的这本论说文稿——《国学与诸子百家》，就是很多像我一样的精神文化的奉献者，"栖身"南书房这块绿洲，为奋斗前行着的深圳的创业者，积攒文化底气、鼓荡思想锐气的历史记录之一。

"南书房夜话"这一季的目标，是给读者讲解国学中的诸子百家，但却不限于习惯性特指的先秦时期的"诸子百家"。因为"四书""五经"的主要内容，已经在上一季结集出版，因此，有关孔子和孟子，就不再列入这一季的讲说内容了。这一季中讲说的"诸子百家"，虽然不再包含孔子和孟子，但却涵盖先秦时期的老子、庄子等道家大宗师，同时也囊括了墨家和法家。需要说明的是，这一季的讲说内容，还包括宋明理学和佛教等。看似有些越界，其实也都是中国古代思想史不可或缺的重要内容，都是国学。

《图书馆与家庭经典阅读》，虽是一期特别策划内容，但也放在了本季的讲说之中。作为对普通大众在家庭中阅读古代经典的"引导参照"，同样没有越出南书房"引导全民阅读经典"的既定范围。

孟子说："理义之悦吾心，犹刍豢之悦吾口。"

"悦口"虽然可以爽身，可沉迷于"悦口"，人就会"陷溺"其中忘记自拔，同时也会失去自拔之力。只求"悦口"，人就不会有高品质、高品位的生活。物质生活水平提高了，精神上也要有所提升，这是人的内在天性，也是人对生活的实在要求。

因此，光靠"刍豢""悦口"不行，还要靠"理义""悦心"。诸子百家，就是"悦心"之"理义"，就是沉迷于"悦口"之中的当下中国社会，所必需和所急需的"悦心"之"理义"。

改革开放以来，多半国人家庭，都不再匮乏"刍豢"，"口"之"悦"似乎已经越来越不是问题。只看微信圈里人们互相转发的吃喝场面，早已不是过去的"仨碟俩碗"了。那满桌子的鱼禽蛋肉、海味山珍，满杯子的美酒佳酿、琼浆玉液，早就已经超过了"生活的必需"，而有些近乎铺张，甚至浪费了。

尽管大家的口腹之欲都得到了甚至有些"过量"的满足，可是国人的精神状态并没有太大的改观。因为在短近的时间内，忽然从贫困中走出来，从而一门心思陶醉在对物质欲望的追求和享用里，这种情况并不异常。物质富足而精神匮乏，是所有一夜之间从贫困走向富裕的社会的共同特征，只是当下中国的情况更加明显、更加畸形、更加严重一些而已。

这种情况虽然令人惋伤，但改变这种状况需要时间，也需要耐性，尤其需要作为。深圳图书馆正在为期待这种改变，做着沉潜而不懈的努力。他们在馆长张岩女士的倡导下，创建南书房，不仅供广大读者随时免费阅读，以刺激民众的求知欲望，增加社会的知识积累，还不时请来各级、各类的专家学者，来为有意于"悦心"的读者现场解说思想经典，以增重人生和生活的深度和厚度，为经济的进一步发展，尤其为社会的健康和进步、为人心风俗的改变，储备丰厚和充沛的精神能量。这本呈送给您的《国学与诸子百家》，不过只是其中很小很小的一部分。

对于人来讲，口不悦，生命就缺乏幸福感，甚至连动物都不如；但若只求"悦口"，人就会在根本的意义上，没法与动物"划清界限"了。要走出这种单纯"悦口"的人生误区，就需要在"悦心"

上下功夫，就必须寻求对空匮心灵的文化和思想的填充，就必须想办法提升生活的精神品质。

心里充实了，人生就不再空虚；想法深邃了，人生就不再肤浅；言行自觉了，人生就不再盲目；精神裕如了，人生就不再困顿。到得这种境地，"心"就无往而不"悦"了。

"心""悦"了，生活质量就提高了；生活质量提高了，精神也就安定了；精神安定了，心理感受就丰富了；心理感受丰富了，幸福的指数也就跟着上升了。

"南书房"，就是广大读者的"悦心"餐桌，本季夜话中的诸子百家及其思想，就是"南书房"为读者朋友们提供的"悦心"餐宴。至于这桌"悦心"餐宴的内容是否足够丰富，还需读者朋友们自己展卷，自己品嚼。如果通过阅读本季学者们为大家讲说的诸子百家，诱发了朋友们阅读古代经典的兴趣，从而亲身徜徉在诸子百家的心灵世界之中，体会闲适里展卷的高雅，享受安静中阅读的幸福，那就是"南书房"善莫大焉的一件功德了。

你会在诸子百家的论说里，了解什么叫坚守，什么叫执拗；知道什么叫广博，什么叫孤陋；通晓什么叫隔挡，什么叫通透。那些号称"诸子百家"的先哲们，还会教你为什么读书、怎样读书，为你讲述读书跟人生到底有怎么样的密切关系。诸子百家，会把你带到一个海阔天空的精神世界里去，帮你厘清自己的想法，让你因为在精神世界里的邀游，感受自由人生的崇高与审美的快乐。你不妨斟上一壶小酒，慢慢地品读；也不妨仰卧在床上，细细地咂摸。时间久了，味道就会越来越浓，积累也会越来越厚。读书，尤其是阅读古代经典的热情，也许就会跟着高涨起来，不可抑止了。

其实我是没有资格为这本提供给大家"精神佳肴"的书写序文的，虽然这里面有我的参与。因为其他讲说的各位贤达，多半是我的学兄，同时相较于我而言，又都"先进于礼乐"，学养深厚，见识广博，且有丰富的人生经验和处世智慧，不似我一般浅薄而短见。只因盛邀难却，不得已才貂前狗尾地把自己拙劣的想法和文字撂在书端。"抛砖引玉"一词，如果用在这里，也许真的是再合适不过的场合了。倘使因为我的《序言》，影响了大家向下阅读的兴趣，我也就不便逃脱罪责了。

是为序。

2016 年 7 月 25 日
暑期中作成于家乡黑龙江省青冈县
通肯河畔之小弟家中

目　录

南书房夜话第二十一期
——国学与诸子百家

嘉宾：景海峰　王兴国　张晓峰（兼主持）
时间：2015 年 10 月 10 日　19：00—21：00

张晓峰

　　现在开始我们今天的话题。今天由我担任新的主持人兼嘉宾，在开场之前请允许我对嘉宾做一个简单介绍。这位长者是深圳大学文学院院长景海峰先生，其学术专长为中国哲学。旁边的是深圳大学王兴国教授，也是以研究中国哲学见长。我的学术专长以政治社会学、历史社会学为主，与在座的两位长者相比较而言是属于后学。今天我们三位很高兴能利用这段时间跟大家谈一谈"国学与诸子百家"的话题。本期话题属于南书房夜话第三季第一期，也是作为第三季的一个总纲性话题。大家看到的"国学与诸子百家"的题目轮廓是比较大的，下面我们开始切入正题。现在许多人下意识里认为中国文化是儒学为大为宗，遮蔽了其他中国传统学问的影响。事实上，这是一个明显的误区。德国近代著名哲学家雅斯贝尔斯在 1949 年出版的《历史的起源与目标》中说，公元前 800 年至公元前 200 年，尤其是公元前 600 年至前 300 年，是人类文明的"轴心时代"。"轴心时代"发生的地区是在北纬 30 度上下，就是北纬 25 度至 35 度区间。这段时期是人类文明精神的重大突破时期。在"轴心时代"里，各个文明都出现了伟大的精神导师——古希腊有苏格拉底、柏拉图、亚里士多德，以色列有犹太教的先知们，古印度有释迦牟尼，中国有孔子、老子，他们提出的思想原则塑造了不同的文化传统，也一直影响着人类的生活。而且更重要的是，虽然中国、印度、中东和希腊之间有千山万水的阻隔，但它们在"轴心时代"的文化却有很多相通的地方。在雅斯贝尔斯著作《大哲学家》里认为在中国历史上有几个轴心时代，特别重要的一段就是我们今天要讲的诸子之学起源的先秦时期。今天的题目按预设为第三季主旨精神总括性的论述。其围绕中国文化在中国大历史视野中的"多元、包容、共生"的主旨而展开。近代著名史学家吕思勉先生在其《先秦学术概论》中把中国的学术划为七个阶段，即先秦的诸子之学、两汉儒学、魏晋玄学（新道学）、南北朝隋唐佛学、宋明理学、清代汉学、现今新学。今天又请景先生和王先生两位老师就诸子之学在中国的传统学问中的流变过程，用一种速写的方式给大家勾画出来，好让大家有一个总括性的印象，从而使我们后面的学术话题能够更深入下去，下面将时间交给景先生。

景海峰：谢谢各位，非常高兴我们的第三季开场了。在这之前，我们做了20期，分为两个主题：前面10期是从各个方面围绕着儒学的特点、儒学的各种问题及儒学于当今世界的意义等话题。第二季是讲"四书五经"，一本书一个话题，共做了10期。这两季做完之后，我们第三季的话题稍微有一点转向，不是沿着前面20讲的儒学总题目，而是想就儒学以外的传统文化或中国思想里面的其他元素来谈谈，也想用10期的时间来介绍。刚才主持人讲了，中国文化实际上是丰富多彩的，但因为儒学是中国文化最重要的思想内容，所以我们花了比较多的时间对它做了详细的介绍和讨论。我们后面的这10期，可能还要涉及一些儒学的内容，比如说宋明理学和心学，但这一季主要是从多元的视角把儒学以外的其他诸子百家的思想和文化做一些介绍。

我首先从今天的话题来开题，就是所谓的"国学与诸子百家"。国学是我们现在都比较熟悉的一个概念，但这个概念的产生只有100多年的时间，大概从晚清19世纪末开始才有国学之说；但在1949年以后，实际上中国内地已不太用"国学"这样一个说法；从90年代以后才慢慢恢复了国学的提法；到现在已经是遍地开花，一般人都耳熟能详，都有些了解。这个概念实际上是在"西学东渐"之后，和西方文化相比照的一个说法，这个说法里面本身就带有了多元的意识或多种文化色彩的内涵。因为在国学兴起之前，就是晚清以前，如果说中国文化 2000 多年的历史，除了儒学这个主体外，当然也有其他的思想元素，但儒学在清朝科举考试结束之前无疑一直是念书人主打的学问内容。之所以有国学兴起，实际上就是有点要破这个格局的味道，因为当时提倡国学的重要背景就是所谓经学的衰落和诸子学的兴起。在儒学成为主干形态之后，先秦诸子百家争鸣的局面就告一段落了，就有了所谓的经学。到清后期，开始有学者特别重视儒学以外的思想资源，这种意识转向是和西学的刺激有关的，他们想在中国传统文化里面找一些除了儒学之外的其他的思想资源，比如先秦的道家、墨家、法家、名家等，也包括其他的学说，实际上在这个背景下才有了国学的概念。由此可理解国学是对以前"独尊儒术"或儒学一家独大格局的破解，因为一谈国学，实际上就不限于儒学一家。所以我们今天重拾国学的概念，大概也有这么一个意味在里面，就是讲国学不能只讲儒家，而是把中国传统文化都包括在里头，是在现代多元的文化视野下对整个传统的反思，所以这个国学明显有多元的意义在里面。

而讲到诸子百家就更多元，一讲诸子百家，大家脑子里跳出来的肯定就是先秦时代"百家争鸣"的格局，因为当时不是一家学说，而是有非常多的学派，呈现出丰富多彩的思想。这些学说都有各自的主张，想法都不太一样，当时的"争鸣"之局可以说是中国文化在"轴心时代"大放异彩，开创出了非常精彩的格局。所以一直到今天，当讲到思想解放的时候，我们还是拿那个时代"百家争鸣"的情况作为例子，来说明中国历史上曾经有过的辉煌。过去有一句话叫"言必称希腊"，那时毛泽东写《反对本本主义》，在讲到教条主义的时候，说起"言必称希腊"；而从中国的情况看，可以有一句对应的话，就是"言必称诸子"。我们现在讲中国的传统，都是从先秦切入，从诸子入手，这个讲法是跟中国文化 2000 多年发展的历史源头连在一起的。因为先秦时代百家争鸣的蓬勃局面，为后续中国文化的发展，提供了一个丰富多彩的源头。只不过两汉以后，即所谓"罢黜百家，独尊儒术"之后，这个多元形态好像进入了一个比较单一的格局。所以现代人回想到先秦时代的多元格局，往往有一种向往的情绪，甚至是一种羡慕的心情。我们中国文化为什么不是一直保持百家争鸣的状态，而是走到了比较单一或不太丰富的形态里面？

以这么两个概念作为整个第三季的开头，把儒学以外的学派的思想文化讨论引出来，就相当于一个引子，我觉得是非常恰当的。我们可以通过这两个概念来了解整个后面 10 讲所要讲的大致思路，就是要把中国文化的丰富多彩性、多元多样性来做一个梳理和呈现。

张晓峰

刚才景老师用了几分钟时间给大家做了诸多总括性的铺垫，是第三季后面将要开展一系列话题的点睛之笔。从学术传承和文化起源的角度，越早的东西往往是渗透一个民族文化最深的因子，之所以提出这个主旨，是因为有一些学者（包括一些外国学者和汉学家），他们有一种学术观点认为中国文化是静止不动的，作为局外人他们有旁观者清的优势，但由于语言、思维方式等诸多问题的影响常常致使他们对中国文化的理解是"只见树木，不见森林"。中国文化在中国历史发展过程中经过几个大的融合时期，其实并不是大家常认为的是静止不动的，或者说是一潭死水。先秦诸子百家之学起源于王官之学，诸子之学的兴起与当时的社会背景有很大的关系，尤其以法家、兵家、墨家、儒家为代表，其学问宗旨是救社会时弊。历史有时会呈现惊人的相似。回到近代中国历史场域里，尤其是中国传统的学问受到西方的文化冲击压力的时候，中国的学者开始了两种文化诉求理路，一种是借西学来弥补我们中国学问的有些问题，另一种向中国文化的源头去找办法。其目的就是想在中国文化的起源中找到源头活水，而这个过程激活了诸子百家在中国近代学术上的新意义。我们现在所要表达的问题，前面景先生提及开放、多元是作为我们第三季"诸子学"主旨词，下面就以此展开话题，现在将话题交给王先生，由他给我们讲一讲诸子之学的早期形成过程和源流。

王兴国：好，很高兴今天又跟大家见面了。我就接着刚才景老师的话再做一些补充。首先，我谈一点认识，今天我们为什么要来讲"国学与诸子百家"这个主题，是因为我们今天呼唤一个文化上的新时代，所谓"新轴心时代"的到来。我们今天进入了21世纪，从整个人类文化的发展和学术的大势来看，正像有人预言的，我们现在的人类将重新进入一个新的轴心时代。我们进入这个新的轴心时代，肯定要有一个新的文明兴盛的出现。从我们"立于本国"的文化来讲，我们现在需要重新"回到"先秦文明的铸型时期，从源头上来看我们中国文化未来的走向。从某种意义上讲，这也可以称为一种"温故知新"。因为先秦的诸子之学，以及我们后来讲的国学，已经奠定了我们整个中国文明或我们中华文化的基本走向，以及我们后来所有的思想的道路，它们的源头，应该说，都已经蕴含在诸子百家之学中了。我们的文化在后来的发展，只是根据时代与社会发展的需要或要求，在重新阐发诸子百家之学的过程中不断地创新的过程，也就是一个推陈出新的过程。我想，我们今天重新回到这个话题的意义，主要是在这里，就是要推陈出新，迎接一个新的轴心时代的到来。确切地说，应该是为迎接这个新轴心时代的到来做一个准备。在我看来，它应该至少有这样的意义吧。

回到刚才的这个话题，就是"国学和诸子百家之学"来看，我对景先生刚才讲的话稍微有点补充。刚才，景先生很明确地讲到"国学"这个概念是在19世纪末20世纪初这段时间在我国出现的一个新概念，国学作为一种学问的兴起，也就是从这段时间开始的。对于"国学"这个概念，我想补充的一点是，这个概念不是我们中国本土的概念，这个概念来自日本。在日本，"国学"这个概念最初的提出本身是包含着"去中国化"的意思在里面的，但这本身是一个悖论：一方面它强调弘扬日本本土文化，另一方面又不得不尊重中国文化，因为日本本土文化相对中国文化来讲，是很肤浅、很浅薄的。在这一情况下，很难彻底地排拒中国文化，因为在日本文化里面已经融入了中国文化，中国的佛教和中国的儒学以及道教进入日本以后，不断地在地化，已经和日本的本土文化融为一体了。那么，在这种情况下，提倡所谓的"国学"，还要与中国文化划界，排斥中国文化，这个划界本身是有矛盾的，它是一个悖论。尽管如此，在这一情况下，还是出现了一种充分肯定日本的儒学和日本的佛教的主张，目的是要以日本的儒学为儒学的"正统"，以日本的佛教为佛教的"正统"。一句话，这是要在日本搞"去中国化"，并排斥和贬损中国文化。这一点，我们是要清楚的。但是，不可否认，儒学和佛教传到日本后，已经在地化、日本化了，变成了日本文化中的儒学和佛教。从这个意义上讲，为什么日本人可以说："我们有我们的儒学"，"我们有我们的佛教"，就不难理解了，这跟今天韩国的情况很类似。韩国人可以说："孔子是我们的"，"中秋节也是我们的"。为什么可以这样讲，因为他们确实受到了中国传统文化，尤其是儒学的极大影响，并且在韩国在地化、本土化了，那么他们这样说，是可以理解的，也是很正常的。从一种世界文化的意义上讲，孔子也好，儒家也好，佛教也好，不仅仅是属于中国的，也是属于东亚的；并不仅仅是属于东亚的，也是属于整个世界的。佛教早已走出印度，儒学早已走出中国（道教同样如此），这就是事实。所以，我觉得在这点上，我们别听到韩国人的上述这些说法，就觉得受不了。我们不是也同样地说"中国佛教""佛教是中国文化的一部分"吗?! 那么，在这样一个背景之下，上述韩国人的说法是可以理解的。当时中国在日本的留学生和旅日学者，像我们都熟悉的章太炎等人，他们把"国学"这个词从日本引进了中国。他们引进"国学"这个词的本意，也是有点这个意思：一方面是弘扬我们的"国故"，当时胡适等人提出一个口号叫"整理国故"，也是从日本而来，就是要从对中国固有的学术材料（"旧学"）的整理中发现和建立新的学问（"新学"）。从这个意义上讲，我们可以把"国学"看成是国故之学。章太炎等人回到中国后，提倡"国学"，并不是要讲日本的文化，而是要弘扬中国传统文化的意思。但是，另一方面，我们说的这个"弘扬"国学，跟日本人对"国学"的主张有点不同，我们完全是持一种开放的态度，认为弘扬"国故"与西学的引入是不相对立的，西学的引进有助于"国故整理"，国学与西学应该是可以同济互补的，甚至是可以互相交融的。在这样的背景之下，作为"国故"之学的国学得以重新兴起，譬如当时墨学就非常受到重视，还有像佛教里面的唯识论也非常受重视，它们都在一定程度上得到了复兴，这跟当时的时代潮流与学术背景有关。从这个意义上来看，"国学"从一开始本身就蕴含了一个承认文化的多元化和多样性的基调在里面，所以我们今天讲国学，就不能把国学归于一家之学。从国学的源头来看，肯定是要追溯到中国的晚周子学或先秦子学。因为国学在思想文化渊源上是和先秦子学密切联系在一起的。从这个意义上看，我们可以把晚周子学或先秦诸子之学看成是国学的源头。

说到"诸子之学"，我现在简单解释一下诸子之学的起源。这里的"诸"的意思是指多、各个的多，也就是私人、个人之多的意思；这个"子"是尊称，就是"先生""老师"的意思。"诸子"相当于说"各位先生"，这是对许多位最有思想和学问的先生的合称。说到这个"子"的称呼，是跟古代的社会制度有关系的。按照一种由来已久的说法，就是当时国中的孤卿大夫，称为"子"。凡是称"子"的人，都至少在五等爵位之列。这就是说，爵位一般要在五等（诸侯、公、卿、大夫、士）之中的人才有资格称为"子"。"子"在当时是一种王公贵族的地位，后来演变成为一种尊称。再后来，"子"又与"夫"连接起来成为"夫子"，也是一种尊称，意思没有变，但是在用法上，"子"和"夫子"这两个词是有所不同的，比如在《论语》里面，大家可以看到，孔子的学生称孔子为"夫子"，但是孔子的学生在跟别人谈话中谈到孔子的时候，一般就称为"孔子"，所以这两个词在用法上有一点差别。不管使用的情况怎么样，"子"和"夫子"都是表示一种尊称。章太炎曾经对"夫子"有一个解释，说"夫子"就相当于今天人们称呼的"老爷"。但是，"老爷"这个词后来不怎么用了，一般就把"夫子"理解为我们今天讲的"先生"，或者我们一般讲的"老师"之义，因此"先生"或"老师"后来就成为对"夫子"通称，这就是一般对"夫子"的共同解释。

"子"在学问内容上讲，就不仅仅是一种尊称，按照《庄子·天下篇》的说法，到了春秋战国时代，天下大乱，道术将为天下裂，圣贤不明，道德不一，天下好学之士有一察焉而自好。照这个意思来看，"子"虽然不能得"道术"之全体，却是有专门学问、能成一家之言的自由独立思想家或学者。还有一种说法，就是在春秋战国时代，"诸子蜂起，百家争鸣"局面的形成，是因为所谓的诸子之学或成批的"子学"的出现，这些学者的思想和学问皆能自成体系，为独立自造的一家之学，所以才尊称他们为"诸子"。对于"子学"有一种解释，认为"子"实际上是"专家"，但是这个"专家"与今天讲的专家不一样，甚至跟我们今天讲的专家之义相反。因为凡是能够列为诸子中的一家或一子者，他必然有一套自己独创的思想学说，而且这套思想学说一定是贯通他那个时代的精神和百家之学的，不是今天的专家之学，我们今天讲的专家类似于古代讲的"一曲之士"，意思是，我只懂某一方面的学问，或对某一方面的学问有研究、有自己的见解，就一点点，这个就是专家。但是诸子之学不是今天所谓的专家之学，它是在那个时代能够独树一帜，具有自己的思想体系的，并且是一套自己原创的能够代表自己而不同于其他各家的独立的学说，这样的一套东西和一套学问，才能够叫作"学"。但是它是"私学"，私人或个人所创立的学问，所以称为"子学"。"子学"成为私学，完全是由个人提出的。由于这一缘故，就把某个人的著述，或者某个人的言论或著述的汇编，命名为"某子"，譬如《老子》《墨子》《孟子》《庄子》等，"诸子"就是这样出现的。说"某子"，其实就是对某位学者的思想学说的尊称。这是我们古代崇尚和尊敬学问与学者的表现。

　　为什么在那个时代会出现所谓的"子学"？我们知道，在那个时候出现了一个社会历史的大过渡时期，用孔子的话说，就是"礼崩乐坏"的时代。但是，这个时代从学术思想上看，有人称之为中国的"轴心时代"。这个时代发生的最大事件就是官学的解体，用今天流行的话说就是那个时代对传统官学的"解构"，当然也可以说那个时代的官学被"解构"了。其直接的后果就是私学的诞生与兴起。因为我们知道，在孔子以前是没有私学的，只有官学，所有的学问都是被官方（王公贵族）垄断的。到了春秋战国这个大变动的时代，由于社会体制的崩溃与国家的分裂，官学再也不可能垄断天下所有的学问，官学就走向了解体，也就是被"解构"了，从王宫流播到民间，所以出现了孔子首开私学之风，招收天下子弟入学，不管你是贵族子弟还是平民子弟，都可以进入我的学校来上学，这是一个很大的改变。第二个改变是，孔子对古籍的整理。传统讲孔子"删《诗》、《书》，定《礼》、《乐》"，赞《易》（《周易》），作《春秋》，今天我们知道孔子不仅赞《易》，而且讲《易》，笔削《春秋》等，他做了这样一个文献汇集和整理的工作，实际上，是为后来子学的出现奠定了重要的思想和文献基础。从今天我们所知道的各方面的情况看，我们大致上可以确定，孔子是中国子学的开创者和奠基者。《论语》虽然不是孔子亲自写的，不能算是孔子本人的著作，但是它保留了孔子的思想和言论在里面，所以以前也是曾经把它列入子学去看待的。从这个意义上讲，《论语》是第一部"子学"著作。子学出现在这个轴心时代，从中国的学术文化发展来看，实际上相当于一场伟大的学术文化革命，正是在这样的背景下，才出现了"诸子蜂起，百家争鸣"的学术上的兴盛时代，我们以前通常把它称为中国学术思想的"黄金时代"。有一点我们一定要了解：从官学演变为私学的过程，出现了子学；子学的出现，为中国后来的思想学说奠定了重要的雏形和基础，也是中国后来思想学说的活水源头所在。

景海峰：我再接着王老师的话补充几句，子学的出现当然是整个中华文明或华夏文化的一个转折点，或者说是历史演变过程中非常重要的一个环节。我们经常讲炎黄子孙或华夏文明有5000年的历史，孔子那个时代是春秋晚期，距今大致是2500多年，只有一半的时间。在孔子之前那个漫长的时代，不可能在文化上没有任何创造和积累，这个复杂的过程实际上就是经孔子之手或经春秋战国时代人们的重新集结、清理和诠释之后向前发展，是一次"再出发"。所以今天来认识中国文化或中国思想发展的漫长历史，那个节点就相当于是一个中转站，在那之前的东西我们大多说不清、道不明了，而那些东西实际上是经春秋战国时期的诸子百家咀嚼消化之后再表达出来，把那些成果都积累下来了，融合在他们的思想中。我们是通过这个节点来通观中国文化漫长历史的，所以 5000 年之说才是一个有意义的说法。如果说春秋战国时期是一个零起点的话，那 5000 年之说又从何谈起？从这个意义来看，子学时代或先秦诸子百家时期，它的意义怎么去描写都不过分，它是上接了前面的漫长历史，有一个整理和消化，然后经诸子之手，经他们重新的思考，把中华文化的积累传递下来，再用创造性的方式把它讲出来，形成一种新的形态。这就是刚才提到的"轴心时代"概念，那个时期所奠定的基础，一直影响到后来的 2500 年，一直到今天。今天中国人的思维方法、一些基本的理念、一些价值的建立，差不多都要到那个源头去认识，这就是所谓的"言必称诸子"，就像西方人的"言必称希腊"。因为那个历史节点对整个文明的走向起到了一个范导性的作用，是在它的制约和引导下所形成的格局，在这之后一直影响整个文明的走向和发展，所以才显得那么重要。我们今天研究中国文化，不管是从哪个学科入手，差不多都得花大量的精力和时间在那个时段上，比如研究中国哲学、中国历史、中国文学，可能先秦时段所占的分量都是很重的，甚至是小一半，2000 多年历史，那三四百年所占的关注度和分量，显然是后续的历史时段所无法比拟的，它的价值和意义由此可见一斑。

"子学"的出现，是对三代礼乐文明的承续和发展。孔子讲"郁郁乎文哉，周监于二代，吾从周"，在他的心目中，夏、商、周是一个文化连续体，他要把这之前的华夏文明通盘来考虑和继承，经过消化、整理之后，再开创一种新的学术或思想格局。在当时，他所面对的形态基本上属于贵族礼乐文化传统，周代的教育和文化传递都是在小众中进行的，普及性非常有限。汉代所讲的"王官之学"，就是今天所谓的贵族教育，不管是礼乐教化还是基本知识的传递，都是在特定的机构和有限的框架下来实施的，这是当时的背景。到了春秋晚期，这种"王官之学"逐渐破解，私人讲学出现，孔子"有教无类"，教育对象有了平民化的色彩，开了私学之先河，马上有星火燎原之势，很多学派都纷纷产生了。这就是《庄子·天下篇》所描述的"道术将为天下裂"，在这之前，思想学说有一个统一的面貌和状态，而到了春秋晚期，社会大变革所造成的"礼崩乐坏"，使各种新的社会问题纷纷产生，人们有了新的思想表达的愿望。从当时的社会环境来看，王官之学的破解，也给私学提供了话语空间，有了文化重新表达的可能性，这是当时诸子百家纷纷登台的一个很重要的背景。

在这种情况下，百家之学都是站在当时的视角，以不同的立场，依照他们对社会的具体了解，动用手里的传统资源，根据各自所关注的社会问题，来构造出一整套的学说。这些学说体系在今天来讲就是宇宙观、人生观、价值观等，包含对人的基本理解、对伦理道德的基本要求，还有对人生意义的一些看法，或对学问的一些理解。也就是一个全方位的问题视域，可能涉及人生与社会的各个层面。所以诸子学说体系都很宏大，不是今天所谓的专家之学，只关注一个领域或某一点，而是非常开阔，涉及很多方面。百家之学又有各自的某些限定性，因为它们产生的背景和条件，以及开创人物所依据的思想资源是不一样的，它们当时所关注的重点也是不一样的，所以就产生了诸子学派之间的差别性。比如儒家和道家就有不同的风格，墨家、法家、阴阳家等面貌都不一样。后人对这些人物和学派的不同特点和多样性的理解有一个认识的过程，从思想学说上来归纳总结是从战国晚期才开始的，一直到西汉末，在这一两百年时间里，反复去做学术史方面的梳理工作，对这一段丰富多彩的历史做出总结，才有了今天所谓这个家、那个家的说法。这一工作最早是从《庄子·天下篇》开始，里面把这些很复杂的人物分出若干阵营，大致有七堆，只提名字，并没有说是什么家。到西汉初年，司马迁的父亲太史公司马谈，在撰著《史记》的时候，自序里有一个对先秦思想文化的总结，后被叫作"六家之要旨"，才明确归纳了儒家、墨家、名家、法家、阴阳家和道德家六派。子学称家的明确分类和基本认定大概是到了西汉初年才有的，当时的理解和认识有了一个比较规范的模式。到西汉末，刘向、刘歆父子作典籍的总录，先后著《别录》《七略》，后来班固修《汉书·艺文志》所依据的就是它。刘向、刘歆父子在六家之外又加了农家、纵横家、杂家及小说家，小说家在可有可无之间，如果算小说家就是十家，不算即为九家，所以就有所谓"九流十家"之说。从"六家"到"九流十家"，这个认识表明西汉一朝是在变动的状态，到底有哪些家，各家思想怎么归纳，有什么特点，价值在什么地方，都有一个认定的过程。并不是在春秋战国时就界限分明，那时可能是一个模糊状态，没有我们今天讲思想史或学术史的时候那么整齐划一，这实际上是后人经过不断琢磨和理解之后的一个讲法。而西汉的讲法，也就成为研究春秋战国这段历史思想的主要依据，成为一个模板，后来讲先秦诸子都是按"六家"之说或"九流十家"来讲，等于是西汉人画了一张学术地图，后人都按图索骥，给每个人物归类定位。

冯友兰先生的《中国哲学史》将整个中国哲学发展的历史分为两大阶段，春秋战国时期叫子学时代，汉以后一直到清朝的晚期都叫经学时代。这是一个很大跨度的分法，意思是，春秋战国时代和汉以后的整个中国文化的格局是大不一样的，等于是非常特殊的一个段落。所以我们今天讲"诸子百家"，也需要在这种特征上来把握和理解它。

张晓峰

我接着两位老师所讲的一些观点再做一些补充和探讨。一般而言，谈先秦学问，将其视为中国学问的源头，按照文化人类学的观点，一个文明或者一种文化有其最基本的知识起源，诸多文明最早的起源离不开巫术，《周易·系辞下》载："古者包牺氏之王天下也，仰则观象于天，俯则观法于地；观鸟兽之文与地之宜，近取诸身，远取诸物，于是始作八卦，以通神明之德，以类万物之情。"这段话讲的主要是华夏人文萌发状态下知识生成的问题，这个阶段谁对自然现象拥有解释权，自然为"王"，神农尝百草、燧人氏钻木取火，这些华夏文明开端的一种人类学解释，尽管有些神话色彩，但作为文明开始的意义却是非凡的。这种混沌状态的典型特征就是：政治权力和知识权力一体化。随着华夏社会的持续发育，这两个权力核心逐渐分离开来。知识和政治的权力不再由单一的一类社会角色掌握。这个主线对于理解先秦文化有重要的学术意义。从文化人类学的角度去审视当时具有这种知识解释权的人非常人，神秘化这种色彩也就好理解了，这类人扮演"王"的角色也理所当然。正如景先生前面提及的早期学问的传播，拘于一围而传授也就好理解了。私有制出现与王权相结合的学问，自然变得很私密，杜绝传授平民百姓也就理所当然了。但是伴随着历史的变迁和社会分化，有些贵族没落，其中的学问便自然流落到民间。在这个过程中孔子扮演了重要的角色，其开启私学，先秦时代便逐渐分裂出来一类人，这类人就是先秦诸子（独立于王权之外的学问），逐渐形成了王权学问和社会知识解释权二元状态，奠定了先秦时期独特的王权和较独立"士、子"共治天下的格局。依照西方传统审视，先秦士、子是中国早期知识分子的萌芽，中国学问自此游走在民间和庙堂之间，深深地影响着中国文化的传统。从知识发生学的角度来看，最早产生的学问对后世文化的走向是具有决定性作用的。从这个意义上谈先秦诸子之学作为轴心时代文明的意义不言而喻。

刚才就王老师讲的近代子学发展，我再补充说明一下：日本、韩国、越南属于华夏文明的亚文化圈，东亚文明中国一家独大，亚文化圈对中心文化影响是很有限的。古代中国由于地理阻隔等原因，其他的较为强大的文明群落没有对中国文化产生强大的压力，也造成了中国文化独特的心理优势。我写过这方面的文章，发明了一个词叫"示范压力"，简单地讲就是一种优秀文明在政治、社会、文化方面起到的标杆作用，对另一种文明的宏观促进作用（优秀文明有其自觉的文化因子的内发促动，其体系化特征涉及人类面临的绝大多数共通问题），近代中国面临的局面就是西方体系化文明对中国文化的冲击。李鸿章所说的中国三千年未有之变局，重点就是指这层意思。前面论及本次话题的时候讲创新、讲推陈出新。英国史学家汤因比《历史研究》指出人类历史有几十种文明，在这种冲击下剩余不多，中国文化成为这个过程中唯一存在的传统文明。在全球化的今天，看待这个冲击就必须以更大的思考视野——全球的眼光对待子学的现代命运。当下又是一个孕育轴心时代过程，需要我们在座的，包括社会的方方面面，其中学者担当更重，对中国传统文化重新挖掘梳理，在重新挖掘的基础上让中国文化应对这种冲击并生成新的东西，在与世界文明的不断的交锋过程中生长、生成。中国文化必须找准自己的位置，为了找准自己的位置就必须从源头追溯，这样再去看"国学和诸子之学"，其分量和意义就不言自明了。

景海峰：西方汉学家对中华文明有一个很流行的说法，包括汤因比、斯宾格勒，那是在一战以后，他们讲中国文化的特点，都强调所谓"早熟"。20年代以后，这种观点在中国学术界影响也很大，很多学者都同意西方人的判断和看法。"早熟"的意思是说，先秦那一段的中国文化，灿烂辉煌、丰富多彩，达到了所能想象的高度，差不多完成了一个文明形态的巅峰历程。两汉以后，中国文化就精彩不再了，处在循环往复或停滞的状态。西方人之所以有这种理解，当然是站在文艺复兴后几百年间西方文化蓬勃发展态势的观感上，以此来判断、理解和对比看待东方的文化，好像中国文化很早就有特殊的表现，创造了灿烂辉煌的成绩，而后来就没有大的变化了，一直平平静静，有所谓"睡狮"之类的说法。这类观点在西方的学术话语中非常流行，这是西方近代的观念，我们需要反省这个问题。当然这100多年，中国人一直在反省，包括中国文化为什么后来落伍了，或为什么没有保持先秦时代的创造力，这些问题一直都在讨论。我是这样想的，先秦时代的子学是一个源头，但这个源头有后续漫长的演变和发展，我们不能跳过后来的2000年，直接去找先秦的子学。现在有些人觉得应该回到孔子、回到老子、回到墨子，这个意思好像中间这一段，我们可以跳过去，但那么大的跨度，不是想跳就能跳过的。思想观念方面，在中国文化"早熟"说的判断和引导下，老是有这样一个心态和想法，觉得我们应该回到那个时代，直接去接续那个时段的辉煌。我们看中国文化的发展，实际上和西方的走向是不一样的，不能简单地按洋人所谓"早熟"的判断去评定我们自己的历史文化。当然这个观察或认识对我们有一定的启发，可以帮助我们了解自己文明的一些问题，但也不能完全顺着西方人的判断，按他们的理解来看我们的文化走向。

虽说子学时代非常辉煌，但子学后的2000年，中国历史也不像人们想的那么灰暗，这里我想回到刚才讲的多元性话题。汉以后的2000年，所谓"经学时代"，好像是儒家一家独大，但它的多元性或丰富多彩的表现也是有可圈可点之处的。当然这跟子学时代的问题不一样，跟诸子百家相互间的格局也不完全一样，但你不能说它就是铁板一块。在东汉经学之后，很快就有玄学思潮的出现，这个时段有时被称为"新道家"，玄学出现和汉代的情形就有很大的不同。六朝随着佛教的兴盛，又形成了所谓儒释道"三教"的问题，儒释道的问题从六朝一直到今天，时起时伏，持续不断，我们今天讲国学也是在儒释道三教的大框架里来理解的，这本身就是一个多元的问题。另外就是宋代以后，随着理学的兴起，儒学又成为最主流的形态，宋元明清形成的是新儒学，这个儒学与先秦儒学是不一样的。就是在理学内部也有多样性，心学、理学还有气学，中国内地学界持三派之说，理学又有一些很细的分法，是很复杂的。考据形态的儒学在清代兴起，也是一大变化，同样都是儒学，内部的张力和冲突以及相互间的激荡还是非常剧烈的，有所谓汉宋之争，清代的学问和宋明的学问是很不一样的。后来道教也有很丰富的发展，前后的差别或巨大的变化都非常多。还有明朝末年，随着耶稣会士来华，将西方的东西带进来了，和我们今天讲的中西话题就连接上了。当时传教士带来了西方的基督教文化，也包括从中古时代就从丝绸之路来的中亚文化，各种游牧形态的文化在中原大地都有激荡与回响，都有一些创造性的融合。又如后来的回族、伊斯兰文化，从清代开始在整个中国文化的大格局中就占有份额，是非常重要的板块。所以从明清来看，尤其是晚明以后，是儒、释、道、耶、回五教的问题。像明朝末年，当时一些汉译的伊斯兰教典籍也在汉人的文化观念里产生了很大的反响。另外，伊斯兰教传入中国后，也有一个中国化的过程，与本土的文化怎么结合，尤其是跟儒家的思想怎么结合，这在历史上都留下了很多波澜壮阔的东西。所以不能说两汉以后中国文化就成了铁板一块，成了静止不动的状态，它内部的不断分化和多样性格局，可能跟先秦子学的那种对立性不一样，但也是在不断的相互碰撞、激荡中发展变化，各种因素在相互起作用，中间也有很多异峰突起的东西，甚至是跟过去的历史不一样的东西。所以我们现在从多元的文化视野和心态，尤其是从今天的文明比较来看这一段中国文化的走向，实际上充满了需要我们不断去发掘的东西。

　　王兴国：我接着景先生的话再往下谈几点。第一，我想说，我们今天讲的"子学"或者"诸子学"，这个概念确实是从刘向之子刘歆编纂的《七略》里面最先提出的，到《汉书·艺文志》把它们分为"十家"，后来演变下来，到了《隋书·经籍志》以及"四部"的确立，最后到清代编《四库全书》，在文献学和目录学的分类上需要列出这样一个东西来，所以才有了我们说的（被归于"子部"的）"子学"这样一个名目。这个过程其实非常复杂，你要回到西汉的情况看，像刘向父子以及司马谈的"论六家要旨"为什么会来论述与确立先秦学术思想的地位，以及把它们分为所谓的学术"流"派，这在当时确实是非常重要的问题，他们对先秦的思想学术成果，实际上是做了一个学术上和文献上的总结和分类，"子学"就是在这样一种工作的基础上提出来的。但是，在这以前，先秦的学术状况究竟是个什么样子，并不是很清楚，我们只知道那时候的学术非常兴盛，有所谓"百家"之学，这是汉之前一个很重大的情况。那么，为什么到了刘向的《七略》和班固《汉书·艺文志》里面，谈到的先秦学术最多只有 10 家呢？我想有两个方面的原因：一方面是先秦的学术虽然是"诸子蜂起"，出现了"百家争鸣"的盛况，但是在它们流传的过程中，有的很兴盛，就流传下来了；有的很衰落，就被遗忘淘汰了，这是一个自然的过程。与此同时，有些"子"、有些"家"的思想学说的学术流派分属与地位本来就不是很清楚，也没有得到足够的重视，其文献残缺不全，很难独立地传世，就只能被附带地保留或存在于其他的子学著作中。另一方面，经过秦始皇"焚书坑儒"以及项羽火烧咸阳宫之后，此前很多保留下来的文献都被烧掉了，荡然无存了，知道的人越来越少了，所以到了西汉，就一定要重新来厘清与判定先秦的学术状况，那当然需要找文献材料，并且只能就找到的文献通过当时的专家鉴别之后，确定哪些是可靠的，哪些是不可靠的。在这个前提下，梳理与总结出先秦的学术思想流派最多有"十家"（司马谈只讲"六家"），所谓的"诸子之学"，开始是在这个意义上确立起来的。所以，我们今天讲的"子学"，完全都是依据西汉以及后来的历史学家、文献学家、目录学家以及所谓的"文学"家所确定的说法，这是一种历史的惯用的说法。实际上，我们要真正回到先秦时期，就很难说先秦的学术思想流派"可观"的只有"十家"（班固列出"十家"，说"可观者九家而已"），我想在当时肯定不止"十家"，也不止"六家"，这是应该注意的情况。

还有一个问题，谈到先秦为什么会出现这样一个兴盛的学术局面，出现所谓的"诸子百家"之学，当时还有一个情况，就是跟当时整个社会出现的一种"养士"的风气是密切相关的。我们知道，那个时候中国已经分裂了，至少有所谓的"战国七雄"，就是有七个强国出现。这七个国家的国君以及他们的臣子，包括一般所谓的"王公大臣"，跟我们今天所看到的情况是不完全一样的，因为这些人都受过比较良好的教育（贵族教育），都是有一定文化素养的人，并不是完全不知文不知礼的大老粗，或许情况偶有例外，但不是每个人都是大老粗，他们对学问有一定的爱好和兴趣，不失尊敬之心，因此对作为学者的"士"也就比较能予以尊重和礼遇、优待，这样就在当时造成了一种特别的风气——有的国君和一些王公贵族喜欢"养士"而成为社会的一种风尚。"养士"，用今天的话讲，就是对知识分子的尊重与优待。当然，王者和贵族之所以喜欢"养士"，也是要利用知识分子来为他们的政治目的或谋取天下服务的。但是有一点不容否定，就是他们知道思想的厉害，知道知识的力量，所以他们特别崇尚礼仪，尊崇文化，尊重知识，尊重知识分子，礼遇与优待知识分子。只有能"养士"，才能"养学"。在这样的背景下，崇尚知识学问的王公贵族们允许你有自己的想法，而且你越有自己的想法，他就越尊重你，也越成就你。由于当时不仅有自由的学术风气，而且有这样一种"养士"的风气，所以才有诸子之学的兴盛局面的出现。如果不能"养士"，则不足以"养学"。由"养士"而"养学"，结果有了学术的繁荣昌盛。这个"养士"与学术的兴旺发达之间一定是有关系的。一个时代的学术兴盛绝不是偶然的。先秦诸子的具体情况各有不同，也比较复杂，比如在诸子里面，像韩非子，出身很高贵，自己就很有钱，用不着别人来"养"（施舍）。但是，并非人人如此。韩非子是一种特殊情况。其实，大多数的"士"都需要"养"，并有赖于"养"，才能专心致力于自己的学问事业。当然，也有独守清贫、不愿受"养"的知识分子（按：庄子是一个典型）。就当时那个时代的整个社会风气来讲，凡是身怀绝学的"士"，都可以游走天下，不怕没有饭吃，不怕没有立足与用武之地，如果这个国家不接纳你，那么别的国家也会接纳你，如果这个国君不欣赏你，那么可能别的国君欣赏你。普天之下已经形成了一种尊"士"而"养士"的风尚，朝野都尊重读书人，所以这些"士"的衣食住行有绝对的保障，生活不成问题。他们跟今天的知识分子的境况是有所不同的，虽然说战国时代是个乱世，民不聊生，老百姓确实生活在水深火热之中，但是就"士"来讲，生活是没有问题的，因为他们身怀绝技，有学问，所以他们走遍天下，生活能有保障，那是没有问题的。但是，必须指出，所谓"养士"的"养"，当然是有以金钱和物质生活资料供养的意思，但是绝不仅仅限于金钱和物质生活条件的"养"，而是包含着士子的学问与思想以及性格的形成所需要的一切社会环境或条件的养育、熏炙和陶冶。例如，精神的独立、思想言论的自由、鸣放的氛围、跨国的学术交流、与政治的互动等。在战国那样一个时代，虽然天下大乱，但是却造就与提供了一个千载难逢的"养士""养学"所需要的大社会环境，从而形成了全社会（各个国家）崇"学"与"养士"的风气。正是在这样一种风气之下，才有了"天下"的学术中心——稷下学宫的出现。稷下学宫虽然是在齐国（大约今天山东的淄博附近），但是聚集了各个国家的著名学者，实际上是一个跨国学者聚会鸣放、交流讲学、进行学术活动的中心。稷下学宫由一位大家公认的德高望重的著名学者担任祭酒（如荀子就曾为祭酒），来主持学宫的学术活动。稷下学宫的出现，推动与促进了当时的学术争鸣与学术的繁荣局面，以时下非常流行的国人最爱说的"创造奇迹"来说，这在世界学术史上也可以说是创造了一个奇迹。我认为，稷下学宫的出现与当时"养士"的社会风气是分不开的，可以说，它既是"养士"的一个结果，同时也是"养士"的一种具体体现。说到这一"养士"的社会风气，本来就是当时学术兴盛的一个非常重要的社会条件，我们今天谈这个问题，就"养士"的社会风气这点来说，对未来的学术是非常有意义的，所以我们必须强调说：重"士"、尊"士"、"养士"是中国一个非常重要的优良传统。我想，这个优良传统，我们不应当遗忘，这是我有必要在这里提及的。

另外，刚才景先生谈到中国文化"早熟"的话题，这个问题我也有点想法。确实，在20世纪二三十年代，这个看法在中国的学术界是非常流行的，我在这里特别要谈到的人物是梁漱溟。梁漱溟先生当时也是这种论调的鼓吹者和提倡者，认为中国古代文化是"早熟"的文化，他甚至将中国古代文化的这种"早熟"推到极端，认为中国的文化为什么会出现那样一个"早熟"而放光的时代，靠的就是几个天才、几个大圣，整个中国文化就搞定了，也就是几个圣人和天才就奠定了整个中国文化的千年根基。当然，这种论调在今天看来，确实有点过分；但是，从另一方面来看，从梁漱溟先生的有关论述里面，我们可以注意到，他所持的"中国文化早熟论"有一个立足点，就是把中国文化、印度文化和西方文化（他当时称为"西洋文化"）这三个他认为代表世界的主要文化进行比较和观察所得出的结论。中国古代文化的"早熟"，不仅表现在它为后来的整个中国文化奠定了一个学术的雏形，奠定了中国文化学术的根本精神，这是一个方面。另一方面，他通过对三种文化的观察，特别赞扬和高歌中国先秦时期的文化，他认为它们在思想的智慧上已经达到了一个很高的程度，超越了它们时代的高度。举例来说，譬如我们的教科书里面有一种看法，认为中国古代的辩证法是一种自在的朴素的辩证法思想。但事实上，只要我们今天好好看看，回顾那个时代的思想光辉，就不难发现，它们根本不是什么所谓"朴素的辩证法"，其实当时的辩证法（注意中国古代的所谓"辩证法"与西方的辩证法是有很大不同的）的水平已经很高了，不仅同时代的西方哲学达不到它们的高度，即使后来的中国哲学或世界哲学在很长的时期都未能达到它们的高度，也未必能产生那样的智慧。所以，当时梁漱溟先生是通过观察和比较而发现了中国文化及其智慧的"早熟"，他认为中国古代文化，在思想智慧上，已经达到了一种相当高的程度，不管把它和西方比，还是和印度比，或者与其他的文化比，并没感觉到一点逊色。当时梁漱溟先生确实是有这样一种看法在里面：他赞同中国古代哲学思想（尤其是孔子的哲学思想），虽然他不谈所谓的"辩证法"，而是喜欢谈"直觉"，认为中国的直觉高于西方的理智和印度的量智，所以他提出中国古代文化"早熟"的观点。当然，对于中国古代文化"早熟"的观点，我们今天可以做新的理解，我们说的中国古代文化的"早熟"，主要是从中国学术文化的原创性和奠基性的意义上去讲。另外，从整个中国古代文化和世界上其他古代文化在同一时期的出现看，就是从雅斯贝尔斯所谓的"轴心文明时代"来看，在那个时期，中国的文化在世界文化中也是一个高峰，这是横向的看；同时在中国文化中也是一个高峰，是中国思想学术史上的第一个高峰，这是纵向的看。所以，在这个意义上讲，说中国古代文化"早熟"也不算过分，也是可以这么讲的，关键是看我们怎么理解"早熟"，从什么意义上看"早熟"的开始。

另外，我想就刚才景先生谈到的经学问题，谈一点看法。按冯友兰先生的说法，中国的"子学"时代结束后进入了"经学"时代，经学时代虽然在汉武帝以前已经开始，但实际上是从汉武帝时代才真正开始的，在汉武帝时代以前，有所谓的"黄老之术"的流行，这也是我们今天讲的学术上的一种多元的表现。就是说，在子学期衰落的时候，出现了一个过渡期，这就是"黄老之术"的盛行时期，我想这点我们不应该忘记。到了西汉及东汉，实际上，虽然迎来了经学兴盛的时代，有所谓的今文经学和古文经学两大潮流，但是有一个情况需要注意，就是阴阳五行学说与谶纬的大肆盛行。有一种观点，尽管我不太赞同，可这个观点是不可回避的，它认为主宰两汉经学的，不是儒学，而是所谓的阴阳家的学说和谶纬之学。学术界有这种看法，可能不是主流，但是这种看法曾经引起我的注意，我觉得它讲的至少提出了一个问题，就是两汉经学或儒学与阴阳家的学说以及谶纬究竟有一种什么样的关系？可以认为汉代的经学或者说汉代的儒学的存在，是跟阴阳家的学说以及谶纬之学分不开的，这在董仲舒的思想中就已经表现得特别突出。按劳思光先生的看法，儒学发展到董仲舒已经变味了，董仲舒的儒学实际上已经不是孔孟的儒学了，它已经变味了、变质了。当然，我不会完全同意这个说法，我认为董仲舒思想的基本精神还是儒学的，但是它融合了阴阳家的学说，这是毫无疑问的，同时也融入了其他的学说。所以，到了西汉和东汉，儒学其实已经发生了一大变化，对于这个"变化"，我希望大家注意到。在西汉时期，经学虽然是主流官学，但是我们同时也说，在先秦出现的以邹衍为代表的阴阳家的学说，实际上，是到了西汉至东汉才真正地发用，真正地兴盛起来的，所以在这个时期，不是阴阳家的学说受儒学的影响很大，反而是阴阳家的学说对儒学的影响很大；到后来又出现了谶纬之学，诚然谶纬之学已经沦为一种迷信。这种情况在易学上也有很突出的表现，我们知道，易学在两汉非常兴盛，但是易学的这种兴盛，也是跟阴阳五行之学的流行、跟谶纬的流行密不可分的，所以两汉才出现了众多的易学和易学家，林林总总的易学风行一时，遍布四方，门派很多，所有这些易学都集中在这个历史时期出现，不是偶然的。此外，我们今天讲的看风水、算命、占卜之学，过去称为堪舆、命理、神相之学，其实在汉代就非常盛行，这也跟那个时代的风气有关系，而且它们影响很大，一直影响到今天的我们。譬如五行相生相克的道理，一直到现在还流行，这也是在两汉时代兴盛并最终确立下来的，特别是东汉很盛行，这个情况我们应该注意到。我们以前的传统说法认为它们只能属于方术，甚至是迷信，不能算是学问，所以不能登学术的大雅之堂；但是，如果从今天坚持多元和平等的态度和观点来看的话，无论阴阳五行、谶纬或方术，都应该进入学术研究的视野，以学术的态度来对待。这方面的工作虽然已经起步，但是仍然需要做深入的研究，而且需要跨学科地分门别类地专门研究与总体宏观研究。总之，儒学发展到西汉和东汉的经学，跟我刚才讲的阴阳五行之学、谶纬之学、方术具有密不可分的关系，其中的蕴奥究竟何在？这点应该注意。

还有一个需要注意的情况是，正好在这个背景下，儒学衰落了，这时有两个东西（宗教文化现象）的出现需要注意：一个是从中国本土来讲，道教开始出现；另外一个就是佛教在道教出现之前已经开始传入中国，我想它们跟上面讲的背景是有密切关系的。

　　我要讲的另外一个问题是，到了魏晋时期，我们要注意到，虽然有冯友兰所谓的"新道家"哲学的出现，就是我们传统讲的玄学的兴起，但是就当时占据主导地位的官方意识形态来讲，社会上流行的主要还是儒学，也就是经学，比如王肃，是当时的经学大家，他和郑玄是唱反调的，他的学问非常有影响，而且得到了当权者的积极支持和拥护，所以他的学说在当时就非常流行；但是，不能不看到，当时的朝野内外，流行的主要潮流是玄学，整个士林崇尚谈玄之风，如此一来，代表官方的经学潮流被席卷整个时代的玄学之风压下去了。因为崇尚谈玄的"风流"一时风行在朝野内外，虽然它集中在一般所谓的"名士"中，其实它在朝廷的权贵中也很流行，钟会就是其中的代表人之一，还有竹林七贤中的山涛和王戎，这些名士中有的有很高的社会地位，甚至是权贵，但是他们本身就是魏晋之风的推动者，也是玄学思潮的推动者和传播者，有很大的影响力，所以在那个时代能造成玄学思潮的风靡流播。这里面有一个玄学和传统的经学（也就是儒学）的关系问题，值得注意。就这个问题来看，当时出现了两种不同的倾向：一方面有所谓的"越名教而任自然"的观点出现，另一方面也有试图会通儒道的观念的出现。除此以外，这一时期正是佛教开始大规模传入中国的重要时期，因为般若学以新道家的玄学为桥梁已经大量传入中国。魏晋时期是中国学术发展史上一个关键时期，一方面有玄学和儒学的对立与融合，另一方面又有佛教的大规模的传入，这也是一个非常多元的局面；这个时期，从民族的发展来看，也是一个民族大融合的时代。最后，还要谈到一点，涉及宋元明时期的理学。"理学"，用《宋史》的话讲，叫作"道学"，这也是中国学术史上的一座高峰，特别是儒学史上的一个巅峰，这个学术高峰的出现与之前讲的中国固有的学术传统有关系，更重要的一点，是跟佛教的传入和对佛教的融摄与消化有关系。如果没有佛教的传入，很难想象会有宋明理学的出现。历史上有一个观点讲，中国禅宗即南禅的出现，实际上，是开了宋明儒学的先河；还有一个很传统的看法，我们一般讲理学，会把韩愈看成是宋明儒学的先驱，从他的《原性》和《原道》来看，当然可以这样讲，并可以认为是韩愈揭开了宋明理学的序幕。但是把这两种看法放在一起好像是要"打架"，它们是互相冲突的。一方面，我们从儒学的正统来讲，不可能承认佛教，特别是南禅开了宋明儒学的先河；但另一方面，我们把两种观点放在一起看，说禅宗也就是南禅开了宋明儒学的先河，仔细看来，也不是完全没有道理。因为你要深入这两种学说的内部来看，比如南禅重视心性论，其中特别强调"本心"、"自性"，也承认性善，倡导与强调开发"自性"，就这点来讲，它跟孟子学确实是有关联的，而且慧能用的"本心"概念就是来自孟子。到了宋明，理学家重新把"本心"这个概念拾起来，加以发挥而立说，所以南禅与理学不是完全没有关系。当然，更有意思的是，牟宗三先生说过一句很有意味的话，这句话我未必完全赞同，但是我也承认它在某种程度上是很有道理的。他说《六祖坛经》实际上是孟子学的一个翻版，原话不一定是这样讲的，但是大意是这样。这个话，当然有它的道理，但站在佛教立场上是不成立的。如果要公平地完全把孟子学和南禅，尤其是把《孟子》和《坛经》放在一起看的话，我不认为一定是那么回事，但它至少指出了一点，我认为是可以成立的，就是南禅和孟子学的关系、南禅和儒学的关系。如果没有儒学这个文化背景，也很难想象会有《坛经》这部著作在中国的出现，这与儒学其实是有关联的。我们看上述的两种观点，韩愈的儒学发宋明理学之先声和南禅首开宋明理学的先河，如果把这两种观点综合起来看，那么也许可以说，是韩愈的儒学与南禅从不同的进路共同开启了宋明儒学的先河。这种说法，也许才是比较恰当的，至少我本人是可以考虑接受这个看法的，我认为这两种观点其实不一定是对立和矛盾的。

另外，我们还要注意一点，就是从唐到宋明，有儒、释、道三教的并存，但是也有三教之间互相的斗争与融合，这也是一个多元的格局和面向。关于三教的关系，在儒学上，一个很传统的看法认为，宋明理学是儒、释、道三教融合的一个产儿。应该说，这个看法到今天为止，至少就我个人来讲，还是认同的。宋明理学的出现，不管其中儒学与释和道之间有多少纷争和多少差别，但是有一点是共同的，就是宋明理学，作为不同于此前的传统儒学的"新儒学"，确实是融合了儒、释、道三教的产物。这个观点，我认为到今天为止，还是可以成立的。我们无论是站在两宋儒学的集大成者朱子学的立场上看，还是站在明代的阳明学的立场上看，我认为都是可以承认这一点的，因为它们两大家思想都是贯通融合了儒、释、道三教成果的结晶，尽管有做得不够之处或欠缺之处。只有在对儒、释、道三教的会通融合中，才会有宋明理学的出现，不然的话，宋明理学也是不能想象的。先谈这些，其他问题，下面如果有时间再谈。

张晓峰

我接着王老师的观点再说一点。刚才两位先生谈论诸子之学更多是从学术本身的谱系关系来讲，我想从学术外围环境来谈。美国社会学家迈克尔·曼在其著作《社会权力的来源》中将社会权力的起源归结为 IEMP（意识形态知识、经济、政治、军事），前面谈到的王官之学就属于意识形态的早期表现形式。中国上古时期，政治权力中心在一定时期同时绝对拥有意识形态知识权力，自秦以降中国的王权一直很强大，国家的权力在整个社会是绝对主导力量，这一点与欧洲不同。中国学问的发展有很强的政治烙印。学术与政治之间的张力维度不能丢掉。孔子曾言"人道政为大"。诸子之学的大部分和政治交织，这一点大的环境不能丢掉，诸子之学兵家、法家和儒家、墨家宗旨更多的是向外诉求，追求社会建树，有治世方面的诉求。在这个过程中，他们由于没有依附权力本身，是很难实现自己的学术的诉求的，他们时而跟政治保持紧密的关系，时而又分裂影响着中国文化的性格生成。从先秦到汉，诸子学大概经过四个阶段：第一阶段即具有原创性典范和学术整理的孔子、墨子、老子、兵家孙武，还有司马穰苴，以及稍早的管仲、晏婴等，他们大概是一个时期的人，也包括孔子的弟子、墨子和他的弟子、杨朱等。第二阶段就是他们的再传弟子，在这个时期，子学发展繁荣，亦兵亦法吴起、孙膑，法家李悝、商鞅、申不害、慎到，墨家相里勤、邓陵子，道家庄子、列御寇，名家公孙龙、惠施，纵横家鬼谷子、苏秦、张仪等，还有屈原、许行，名家辈出。第三阶段代表人物荀子、邹衍、吕不韦、韩非子、李斯等。第四阶段大致在汉代，代表人物陆贾、司马谈、贾谊、黄生、公孙弘、刘安、董仲舒、王充、桓谭等，这段历史过程中学术和政治交融剧烈。回头再看子学里面有一大半的学问是跟国家紧密相连的，学说有很强的政治诉求。简单地归类：有部分学问必向外诉求的，追求让社会安定与治世；另一种是治心的学问，道家的学问很大一部分是治心的学问。前者强调社会使命感，有"匡扶宇宙、承平天下"精神，更多体现在兵家、法家、儒家、墨家学说里面。还有一些如道家追求内心安宁，对文学、艺术的影响就比较大。所以我们理解诸子之学在整个中国历史学术中的影响，要跟它本身学术的宗旨与政治之间的诉求相结合，也不排除有些学说自然迎合。王老师前面讲到，当时社会有养士之风，众所周知，知识分子的精神独立和经济独立分不开，首先生存不能受制于人，然后才有闲暇时间论及其他。从这个维度理解子学的整个社会化过程又是一个新的视角，这是我要补充的。由于时间关系，就国学与诸子百家的关系就到此为止。接下来留大概半个小时的时间给大家提问，有问题的可以举手。

听众：请问老师，关于诸子百家之间的关系问题，我们常识中知道法家是从儒家延伸出来的，在《孟子》中曾经也有一句话，"杨墨之言盈天下，逃墨必归于杨，逃杨必归于儒"，也就是说在墨家、杨诸之间和儒家都是有关系的。老子的《道德经》有一句话，"道生一，一生二，二生三，三生万物"，我就想知道，诸子百家最初是不是源自一家，后来由这一家延伸为两家，两家延伸为三家，延伸成了百家，有没有这么一种延伸关系？还有一个问题，关于在春秋战国时期，诸子百家的学说在很多的诸侯国实践过，实践最多的当然是法家，我想墨家的学说肯定也在一些国家实践过，请问两位先生，春秋战国实践诸子百家的学说的效果怎么样？

景海峰：这两个问题提得都比较有水平，是一个很专业的发问。关于诸子百家之间的关系，相互间的思想是不是共源，这个话题在学术界谈得很多。刚才我们讲《天下篇》的"道术"概念，还有"王官之学"的问题，就表明春秋早期实际上没有像后来晚期的那种思想裂散的状态，总体上可能是比较一致的，即按照周代的礼乐教化规范来讲知识、讲学问，特别是诗书礼乐这些东西。而到了春秋晚期，子学开始出现，各家都有自己的想法，都有比较独立的思想系统，甚至是互相"打架"和冲突，学派之间的分割线才慢慢地显现出来。如果从历史演变来讲，之前可能有共同的资源，是一元的形态，到后来才有了多元的出现。熊十力先生在《读经示要》里面也是这样来理解的。而且这也不是一家之说，现代的很多学者都强调儒学是百家之源，或者说周孔思想是当时的诸子思想之源，这个意思就是强调儒家代表了裂散前的那个"道术"，它是三代文化的直接继承者。在儒家的形态里面，包含了后来各家出现和发展的可能性，三代文明继承者的儒家，裂散之后，子家各执一词，表达出跟原有的系统有差异性的内容，才有了道家、墨家、法家等不同的学派。在这个说法里面，如果从文献或者历史线索的考证来讲，可能是有一些问题的，不一定能自圆其说。但从学术思想发展的大致走向来看，这种说法又是有一定道理的，就是强调在诸子百家兴起之前，有一个完整的形态。从当时的学派来看，它们之间的血脉关系、师承影响，这些线索的考证在今天的先秦子学研究中是一个非常重要的话题，有很多研究成果。比如法家，早期就可能跟子夏之儒有一定的关系，法家的源头在三晋，近河西之地；当然齐国也有法家，但三晋法家后来影响到了法家的主流形态，比如韩非子的思想主要是对三晋法家的继承。而子夏是在河西之地教学，门下有很多弟子，包括当时魏国的一些当政者可能都与子夏有渊源关系，所以在学脉上与儒家是可以连得上的。又比如说，道家和儒家，谁先谁后，后来也颇多论辩，因为按《史记》的讲法，孔子曾向老子问礼，汉代很多石刻画像，上面都有这种图景，这是不是就能够采为一个实说呢？今天有很多学者也提出了另外一些看法，不能光从年岁上来理解谁是长辈、谁在先，因为孔子所代表的思想文化可能更古老、更具有传统性。而道家思想所呈现出来的内容或者表达的那些东西，只是全面的一个方面，是一个极端的方向和路子，是一个避世的想法，跟三代文明的治道传统和世俗学问有点不一样。所以你不能把这个东西看得好像比儒家思想的根脉要更深厚，这有一个现代理解和解释的问题，就是怎么去看中国文化整体发展的复杂过程，而不能仅凭一条史料或一个记载就那么决断，它有一个全方位理解的问题。

第二个问题，我觉得可以从两个层面来看：一个是在当世哪个学派、哪些人物如鱼得水，得到重用，而且是立竿见影，收到时效，这里面当然是兵家、法家、纵横家，因为这些人物在当时是威声赫赫、呼风唤雨，所到之处受到夹道欢迎，那些国君都奉若上宾，对他们最能够看重。但这些学派和人物又有一个此一时彼一时的问题，或者从当时的实际状况和后续漫长的历史文化影响来看，其意义是不一样的。在当时尽管儒家也有一些影响，但是从孔子到孟子，实际上所到之处都是处处碰壁，他们主张的仁义学说或"仁政""王道"的理想，在当时是没有办法实现的。但我们看后续中国文化的发展，显然是儒家的影响更大些，它的血脉更为悠长，影响也更加持久，而不是盛极一时只在当时受到重用的法家、兵家等。所以我们要从两个层面分开来看，在当时的情景是怎样的。有很多史料记载，有很多具体的情况，可以从历史状况去分析了解。另一方面，我们去认识一段历史，要放到整个中华文化发展的大脉络里面去理解它，分析它的价值和意义，而不能只认定当时的情形，好像非常辉煌就一定是最为重要的，这未必见得，因为它有后续的影响力和持续是否长久的问题。从这个视角，我们讲为什么儒家是中国文化的主干，或者说儒道两家在整个中国文化大的格局里所扮演的角色，要比其他学派重要，道理就在于此。

王兴国：关于第一个问题，先秦的子学是不是起源于一家，刚才景先生已经回答了，我再稍微补充一点。我认为最好是不要采取这样的表述或说法，就是"诸子之学都是起源于儒家或孔子"的说法。我们可以注意到两点：第一，传统还有一个说法，就是诸子之学或者说百家之学皆出于王官，按这一说法，儒学也是出自王官之学的。"诸子之学源于儒家或孔子"与"诸子百家之学皆出于王官"这两种观点的共同点，最后都是讲诸子百家之学的唯一来源是王官之学或说出于王官。其实《汉书·艺文志》已经说得很清楚了，虽然诸子之学都是来源于王官，但是王官有不同的来源，有史官、礼官、法官，有司徒之官，有清庙之守，等等，这说明诸子之学的源头从开始就是多元的。

第二，刚才景先生已经说了，传统说诸子之学出于儒学或孔子，意思是指孔子是当时文化的集大成者，所以你要有学问的话一定要通过孔子，孔子是当时绕不过去的人物，当然这不膏说他的学说，而且是说他整理的文献，单是这一点你就绕不过去。后世为什么尊崇孔子为圣人，不单单是因为他创立了儒家学派，而且还因为他是中国古代文化以及文献的最早的集大成者和整理者，所以你要找中国文化的源头，孔子就绕不过去了。从这个意义上讲，我们说不仅当时的诸子之学跟孔子有关系，而且后来的学问跟孔子都有关系。我们应该从这个意义上，去看诸子之学的来源。如果要找它的更远的源头，可以注意到景先生说的三代的文化，那是孔子以前的文化，这些文化的源头已经很复杂了，再往前追溯下去，就更复杂了。不过，可以相信，中国文化的源头一定是多元的，诸子学的源头一定是多元的，不可能仅是起源于一家、一派。

此外，还有一个现象要注意到，因为当时诸子的思想与言论是完全自由的、开放的，没有谁去管控他们，所以可以完全敞开来讲；任何人在那个时候都可以标新立异，所以诸子之间是免不了有争论的，是可以自由争论的。孟子和告子之间有很大的争论，儒家和墨家之间有争论，名家和道家之间有争论，正是通过这种自由的鸣放和争辩，诸子可以树立自己的观点，所以才有诸子学的兴起，才有百家争鸣的局面；正是在这样一个伟大的"多音齐鸣"的时代，自由的争鸣，没有任何人可以管控你、可以压制你，你想怎么想就怎么想，你想怎么说就怎么说，没有人管制你，诸子学是在这样一个背景之下才出现的，而且是诸子之间互相有争论，在互相争论之间也互相有影响，这是必然的。庄子和惠施就是典型的例子，他们之间互有影响，互相辩论，甚至在他们的思想之间互相渗透。今天看先秦诸子，随便看其中的一家，你要真正把它看通，就必须把其他的各家都研究通透，才能通一家，否则，你是通不了的。为什么呢？这就是我们常说的牵一发而动全身，诸子之学，每一家与其他家之间都是有联系的，不可能是孤立存在的。

还有，谈到的实践的问题，诸子百家学说的实践问题，从中国的传统来讲，可以分为两方面：一个方面是个人的实践；另一方面，就是把个人实践扩充到社会上去，变成群体的社会实践。诸子百家学说的提出，不仅是要救世，而且首先也是跟个人的修为有关系，因为对诸子百家来说，提出的思想理论首先自己要喜欢，自己要能受用，这个跟纯粹的自然科学不完全一样，所以有一个个人的实践问题，就是说，我这套学说首先就是拿来安顿我个人生命的，这也是一种个人的重要实践。儒家当然是讲修身，一般泛泛地讲，这是个人的实践，个人的实践有的可以把它扩充到社会上成为社会的实践，有的不能扩充。但是，每一家的学说既然都在那个时代产生，肯定是适应那个时代的需要的。从这个意义上，应该说，它们在不同的程度上都尝试过不同的实践。我们现在没有去具体总结它们的成败和得失，但是应该有的，譬如说，像战国时代出现的养生家或者称为神仙家，他们的学说肯定也是流行的，既然流行，别人就会相信它、采用它，就会去实践，这个是不分贵贱的。如果大家都觉得生命宝贵和重要，有条件的就一定会注重养生，就像今天，有条件的人就一定会注重养生一样，这也是一种实践，可以叫作养生实践。因此，诸子学在不同的程度上会有不同的实践。

张晓峰

我对刚才提问者第二个问题再简单补充一下。战国时期是子学社会实践的实验场。儒、法、兵、纵横家的学说依附于国家实现政治理想的时候并不是单一的，不能说哪个国家单独用法家就不用其他家，终极体现是以杂用为特征的。比如法家在魏国、秦国、齐国、韩国均有应用表现，但最后的历史归宿不一样。这里要考察当时国家的政治、经济、权力格局等诸多状况，为什么秦国变法相对最彻底，这和商鞅本身的个性、秦国面临政治困境、国君秦孝公本身决心变法意志力等诸多因素是分不开的，所以在考虑一个学说或一家之学跟国家之间的适应过程中不能从单一的因素考虑，应该从综合的因素去考量，个人觉得如此会对诸子之学在社会实践中的运用的理解更加饱满一些。到汉武帝时期最后表现为政治上的阳儒阴法，其实质就是杂而用之，在成为国家主流意识形态过程中相互斗争、互为砥砺、相互吸收，最后融合为中国早期国家的主流意识形态。

听众：刚才看了景先生的简介，是汤一介的弟子，我想问一下汤一介编的《儒藏》是一部什么样的书？

景海峰：首先感谢你对《儒藏》的关注，虽然这个问题跟我们今天讨论的主题没有直接的关系，但我也很乐意解释这个事情。刚才讲我们这个时代，有所谓中华文化的复兴，中国文化的崛起是要做一些事情的，何以复兴？复兴的标志是什么？这和我们这个时代能留下哪些东西是有关系的。首先是思想上的各种创造，今天有新儒家，"五四"以后影响越来越大，也有新道家，还有新墨家，当然也有新佛家，像海峡两岸很多的大德都在讲人间佛教，这实际上就是一种新佛家。所以在今天这个时代，从思想文化层面创造各种各样的学说，这些工作主要就是从价值层面、从学问创造上来做的，有一些跟我们时代相契合的新发展。除了这个以外，我们也需要做一些扎扎实实的资料文献的整理和重新编排的工作，因为今天用的是现代的语言，书写和口语跟古代留下的文献已经有相当的隔膜，我们要花很大的力气才可以读懂这些文献。材料整理很重要，很多学问研究要以这个作为基础，需要对古代文献加以整理。当然这个工作历朝历代都在不断地做，像我们熟悉的《四库全书》，盛世修书是一个很好的传统，要编这么一部大书，将过去的文献归类整理下来。今天的文献整理很多，有做道家文献整理的，有做佛教文献整理的，尤以儒家文献的当代整理为重要，因为儒家是中国文化最重要的思想资源。这个儒家文献在历史上也曾有很多整理，但站在今天这样一个视野和方法上，怎样能够把它保留下来，有一个更好的结集，这就是《儒藏》工作的来由，它的背景就是这样的。简单来讲，所谓《儒藏》，就是儒家文献的大全集，分成两个部分。一个是先从所有的各种文献里面，选出最为重要的五六百种，然后给它进行标点、校注，找最好的版本，经过精心的整理校点以后，使它成为我们今人阅读和后人利用的最好的一个本子，这就是"精华篇"，有五六百种书，也包括域外的，像韩国、日本和越南留下来的一些儒家文献，是所有儒家典籍里面最重要的部分。另一个就是下一步要做的"大全本"，那就没有办法标点了，只是将好的本子集中起来，影印收集在一起，形成一个大的全集，相当于是儒家文献的汇编，是一个总集。《儒藏》的情况大概就是这样。

张晓峰

　　最后一个问题。

　　听众： 今天老师讲的很受用，学了很多东西。今天讲的是诸子百家，刚才这位也问了诸子百家的源头在哪里，其实我们看到中国诸子百家的文章，不管是道家也好、儒家也好、阴阳家也好，都是讲一个"道"字，是否可以说诸子百家的源流来自于"道"？如果不是的话，诸子百家之间对"道"的理解有什么差异？有什么不同？最后可以形成一个什么样的发展？

　　王兴国： 你提的问题是先秦的诸子百家与"道"的关系。第一，我们说先秦诸子百家，可以用一个概念来讲，就是他们都讲道术，但是各家各派对"道术"的理解不可能都一样，他们追求的"道"不一样，正是因为他们从自己的观点和个人的思想出发，对"道"有不同的理解，才形成了他们不同的思想和学说。我现在只能简单说，各家各派所理解的"道"是不一样的。

　　第二，"道"有一个共同点，就是各家各派所理解的"道"一定是可以涵盖宇宙、社会、人生最深层的道理或最本根的道理的东西，但是每家对于他的"道"的说法可能并不一样，就像刚才提到的老子的《道德经》里面的"道生一，一生二，二生三，三生万物"，对于这个道的观点，我们一般是从宇宙发生论去理解，但是这个问题比较复杂，因为每家每派对"道"的看法与表述都不可能完全一样。不管怎么讲，我们可以说这个"道"是大家共同要追求的一个东西，可以说它包含了各家各派的精神。常言道："盗亦有道。"这当然是从另外一种意义上去讲的。我们今天可以根据"道"去阐发各家各派的精神，但是各家各派所讲的"道"的精神也不一定都要统一地用"道"这个术语去称表，这也是很重要的一个差别。当然，谈"道"最多的是道家，法家也谈道，儒家也谈道，但是儒家更多的是谈仁、谈礼、谈义、谈智，这是具体的差别了。不管怎么样，我认为你提的问题值得进一步做研究。谢谢！

景海峰："道"这个概念在整个中国文化里面确实非常重要，以至于后来宋明的理学形态也叫"道学"。求道或者我们现在讲的真理，这是从西方概念慢慢成为今天比较流行的说法，好像真理是一个最高的东西。包括西方的宗教，像基督教的上帝、伊斯兰教的真主，都是从宗教的意味有一个最高的归宿性指向。但中国文化不是宗教形态的，所以中国没有超越的最高对象，比如上帝、真主或者真理之类，但中国人心里有一个道，这个道具有终极性的意义，也可以说是对整个宇宙、对自然理解的最高概括，说是我们人生价值的最后的归宿。以"道"作为一个最高的东西，所以这个字非常重要，以至于后来儒学里面讲所谓的三统，即"道统""政统""学统"。学术、学问是一个路向，是谓"学统"；刚才主持人讲的政治与权利的问题，是所谓的"政统"（政道与治道）；还有一个就是"道统"。道统这个词是唐宋以后才塑造出来的，相当于最高的神明，可以照临一切，代表最高的意义，所有的价值、所有的神圣性都和道统连在一起。怎样认定道统，谁代表了道统，当然后人有很多的论辩，宋明理学是通过道统意识来表达理学的最高理想和价值的。从"道"的根源性和它在中国文化中的价值和地位来讲，这个字眼确实是非常神圣的，是跟终极性的东西或精神性的指向连在一起的，所以我们要从这个层面去讲"道"。

张晓峰

　　刚才景先生讲的"道"是在中国传统文化上作为绝对性的精神指引，黑格尔在其《小逻辑》中讲：只有上帝是绝对的，或者真理是绝对的。道意义和此意义旨趣类同。当然在理解"道"在具体学说中的体现，需要做个界定。道可以作为一种学说创设的伦理基础和宗旨而存在，在具体表现形式上可以为"由道生法"，即是方法论意义上的道。就我个人理解，一般学问的产生有它尊崇的最基本的伦理和精神，也就是学术之道的意思。只要它不是歪理邪说，其根本的创设目的无非人类的幸福、自然的和谐，抑或是更高的政治、文化、精神追求，没有这个支撑学问就会塌陷或者迷失方向。学问薪传最后讲求登堂入室，即得道的过程。其实质就是在强调学问之道的重要性。每个学问里面都有此精神，但是到具体方法里面去，"道"表现为方法，可能就会有诸多差异。由于时间关系，今天到此结束，感谢在座的各位耐心聆听我们几位关于这个话题的解说，谢谢大家。

南书房夜话第二十二期
——说说老子的"无为"与"自然"

嘉宾：李大华　方映灵　曾德雄（兼主持）
时间：2015 年 10 月 24 日　19：00—21：00

曾德雄

　　各位朋友晚上好，欢迎大家参加本期南书房夜话，今天的题目是"说说老子的'无为'与'自然'"。在开始之前，我先介绍一下两位嘉宾，这位是深圳大学文学院的李大华教授。这位是深圳市社会科学院中国思想文化研究中心的方映灵教授，我叫曾德雄，是广州市社会科学院哲学文化研究所所长。他们两位相对我来说还有更特别的一个身份，李大华教授是我们前任所长，他曾经是广州社会科学院哲学文化研究所的所长；方映灵教授是我的师姐，我们都毕业于中山大学哲学系，师出同门。所以我非常高兴来这里跟他们两位一起出席这样一个活动，也特别高兴有机会到深圳参与这个活动。

　　今天我们的题目是"说说老子的'无为'与'自然'"。大家都知道，最近这些年，国学在中国特别热。但是有一个现象，不知道大家有没有注意到，就是提到国学的时候，大家总是会想到儒学、想到儒家，甚至在很多的场合、很多人的心目中，把国学跟儒家等同起来。事实上，国学是包罗万象的，儒学只不过是其中一家而已。我们知道在历史上曾经有过独尊儒术，现在大家提起国学的时候又开始独尊儒术，好像除了儒学就没有别的学问了。其实这是不对的，所以我觉得今天的题目选得非常好，它提醒我们国学不仅仅是儒学，还有其他的很多学问，包括我们今天所说的道家。道家的代表人物我们都知道是老子，所以我们今天讨论的是老子的"无为"与"自然",首先请方映灵老师跟我们讲一讲老子的"无为"和"自然"到底是在什么样的背景下提出,又发挥了一些什么样的作用?

方映灵:谢谢德雄!大家晚上好,今天的主题是说说老子的"无为"与"自然"。其实老子的道就是无为与自然,道家的核心主张就是无为与自然。那么,什么是老子的无为与自然?

应该说,老子的无为就是自然,自然就是无为。老子说:"人法地,地法天,天法道,道法自然。"这里指明了自然是宇宙万物(天、地、人)所效法、所遵循的最高法则。自然是什么?就是无为,这个无为包括两个方面:一个就是纯天然状态,没有任何人为、人工施为的成分;另一个就是不妄为,不乱作为,不强作为。具体来说,可以分两个层面。

第一,从形而上的层面来说,自然一方面是指一种客观存在,一种天地万物本来如此、自己本来这样的天然状态;另一方面则是指天地万物内在自主的原因、自己本身具有的客观规律——"道"。道家认为,在自然面前,人是不可能有作为的,只能是无为,因为一方面自然状态本来就是一种天然的客观存在,不是人为干预后才存在和出现的,而且往往是和谐美好的;另一方面,自然状态本身就具有自满自足、自我发展的特性,都各有其"道",不需人为干预。由于不可干预,也无须干预,所以面对自然,人只能是无为。尽管是无为,没有人为干预,但自然却处处充满生机,所以老子又说:"道常无为而无不为。"

第二,从形而下、具体形态表现层面来说,我们可以从自然界、社会和个人三个方面来讲。

首先,对于自然界来说,花开花谢,潮起潮落,鹰飞鱼跃,这些都是自然呈现的,都不是人类作用的结果,老子说"天地不仁,以万物为刍狗",就是说,天地万物都是自然无为的。道家认为,人只是自然的一部分,与天地万物一样,都是以自然作为最高准则。所以,在人与自然这个问题上,老子的无为与自然导出的结果,是人对自然的尊重、人与自然的和谐相处,而不是像儒家那样,由于过分强调人为、有为和"人定胜天",从而带来对自然界的为所欲为和肆意破坏。正如西方谚语"人类一思考，上帝就发笑"所说的那样，老子的无为与自然所体现的，就是一种自然的无限性和不可把握性，以及人类理性和人为的有限性。

其次，是对于人类社会，应该说，老子提出的自然无为主张主要就是针对社会来阐发的。道家虽然由于提出自然、注重自然而被称为自然哲学，但其实它的根本宗旨和目的还在于社会，所以最主要的还是一种政治哲学，由此秦汉之际得以发展成为帝王统治之术的黄老之学。

在老子看来，社会的原始自然状态是非常淳朴宁静的，人的自然本性也是非常朴实的。所以，当政者不应该强妄作为地扰民，破坏这种淳朴美好的自然状态和本性。一方面，在政策措施上不应该为所欲为地使用严刑重税，弄得民不聊生；另一方面，则是不应该用仁义巧智等来治理社会国家。老子反对儒家人为地倡导仁义道德。他认为，一切人为的仁义道德，都是在朴素的人性自然状态遭到了破坏丧失之后，才得以表现的："大道废，有仁义；六亲不和，有孝慈；国家昏乱，有忠臣。"当社会、家庭、国家处在一种自然淳朴和谐的情况下，有什么机会能彰显仁义、孝慈、忠诚呢?! 只有当社会、家庭、国家混乱不堪，朴素自然状态遭破坏了，才有机会彰显，有必要提倡仁义、孝慈、忠诚。所以，对国家社会的治理，最重要、最根本的是要守住人们朴素恬淡的自然本性，维持自然淳朴的社会风尚，让人们回归纯真的自然情感，而不是人为地倡导圣智仁义、追逐人工巧利。所以老子提出要"绝圣弃智"、"绝仁弃义"、"绝巧弃利"，提倡"见素抱朴，少私寡欲"。他认为，当人们绝弃了圣智、仁义、巧利，回归朴素宁静的自然状态和本性时，国家社会也就自然得到治理，所以老子说："不欲以静，天下将自正。"

在老子看来，顺任自然，顺任民情，实行无为而治，就是最高、最尊贵的道德。他说："道之尊，德之贵，夫莫之命而常自然。"特别是对一个大国来说，更应该实行无为而治，"治大国，若烹小鲜"。强妄作为则会导致国家的混乱，就像搅煮烂了的小鱼。老子认为真正明智的执政者所能做所要做的只是补救民众未能做好的错失，起辅助作用而已，而不敢强作妄为，他说："复众人之所过，以辅万物之自然而不敢为。"他认为,只要执政者能做到不乱作为,安静不扰民,不给人民增加负担,不追逐过多的现实欲望,那么,人民自然就得到了教化,生活就自然富裕,淳正质朴的社会风尚就自然形成,国家社会就自然得到治理。"我无为而民自化,我好静而民自正,我无事而民自富,我无欲而民自朴。"这就是老子的无为与自然思想在社会方面的体现。

再次,是对个人。我们知道,人之所以为人在于他的社会性。每个人从降临到这个世界的那天起,就必须依存于家庭、依存于社会群体,所以必须被社会化。而社会是依靠一定秩序、一定规则建立和维系的,因此人必须逐渐学会懂秩序、守规则,培养相关理性,为此就必须舍弃自己与生俱来的一些自然禀赋、自然习性,以理性规范感性,也就是被"文"化,从而融入社会。人的成长过程就是不断被文化、被社会化的过程,而社会也就由此得以维系和发展。尚文化、重秩序、倡理性、强调社会性高于自然性,这就是儒家所致力的方向,它的"仁、义、礼、智、信"都源于此而展开。

但是,人作为自然的产物和一部分,与生俱来就具有自然性的一面。我们每个人都有各自天生的自然禀赋和自然情性,正是这种各自不同的自然禀赋和自然情性的存在,才构成了社会的多元多层和多姿多彩,这就是人的自然性。人的这种自然天性只有得到应有的保护、尊重和发挥,而不是被强加干涉、扭曲和破坏,个人才得以健康自由地成长,社会才得以正常和谐地发展进步。这就是老子所把握和强调的人的自然性一端,老子的自然无为所强调和维护的就是这种自然性。当儒家过分强调社会性,忽视或泯灭了人的自然性一面时,我们应该说,老子的自然无为主张体现的是对自然生命个体的真正呵护和珍重。

应该说,正是由于道家强调的是人的自然性,而儒家强调的是人的社会性,因此儒道两家构成了互补关系,提供给我们不同的生命智慧,并且对中华民族的心理结构产生了深远影响。我暂时先说到这里。谢谢!

曾德雄

谢谢方老师。我觉得方老师说得非常有启发性，首先"无为"并不是无所作为，也不是消极无为，这个无为就是尊重自然，顺应自然。为什么要尊重和顺应自然？因为自然已经有了最合理的安排，我们人不需要做一些什么东西来改变它，所以只有去尊重它、顺应它。尤其是把这种思想跟儒学来对照，让我们理解得更加清楚。儒家是一种入世的学问，强调人为的力量，要改变自己，改变社会，改变天下；而道家跟它正好相反，道家是要无为，要去尊重自然、顺应自然，这个我们就非常清楚了。下面我们有请李大华教授给我们做进一步的讲解。

李大华：各位朋友晚上好，我们接着上面两位教授的话题往下谈，他们觉得我是做道家的，好像要说得多一点，其实我没有太多的发言权，他们都有自己的深切体会，我从自己的角度谈一点意见，跟他们一起来分享一下。现代西方学说有一种观念，就是在公元前500年前后，在全世界兴起了一个"轴心时代"。"轴心"就是车轴辘转推动历史的车轮向前进，这个时代大家知道，希腊有这么一个文明时期，在东方，印度佛祖是在公元前5世纪左右，老子生活的时代也正好是这个时期，孔子也差不多是这个时候，往下到战国时代，群星灿烂，在中国思想史上产生了一大批思想家。为什么这个时候会出现这么多的思想家，而他们思考的问题是现今我们要接着往下思考的问题，这就是问题所在，学术界有一个说法叫作"问题性"。所谓问题性，一个人提出来一个问题，从古到今人们都在争论不休，永远都是一个问题，比如人和自然的关系，就是这样一个问题，这个问题在中国是老子提出的。我们来分享一下它，看跟我们现时代有多大的差别，或者我们在老子的思想基础上前进了多少。《老子》这本书大家知道，分为道经和德经，共81章。关于道经和德经谁在先谁在后的问题，学术界一直有争论，但是这个争论不重要，因为各章都是相对独立的。这81章总共加起来才5000字。不信大家数一数，今天晚上把我们三位的录音整理下来一定在15000

字到 2 万字之间，但是那个 5000 字把天地、社会、人生统统思考了一遍。我们可能今晚讲了 15000 字、2 万字，也还没有说清，所以我们说了很多废话。但老子不说废话，那个时候写字要写在竹简上，那时候纸还没有产生，所以在竹子上刻字很不容易，惜字如金，5000 个字就交代清楚了。在中国思想史和中国哲学史上，有一个传统，这就是接受了德国黑格尔的说法，中国哲学的起点从哪里开始？应该是从老子开始，所以胡适当时写《中国哲学史》第一个就写了老子。后来冯友兰先生觉得这样把孔子委屈了，要把孔子放在前面，所以从孔子开始说起，再说老子。所以我们现在看到的哲学史，都是先说孔子，再说老子，实际上老子比孔子年长，在儒家经典里面也记载了孔子问礼于老聃，老聃就是老子。大家注意，最近习主席去英国访问，谈到中国文化的时候，是这么讲的，说中国文化有老子、孔子、庄子、孟子，也就是说习主席最近讲的历史秩序是从老子开始的，所以北大有一个人写了一本书，叫《老子天下第一》。《老子》这本书在西方世界是翻译最多的书籍之一，至少和《易经》并驾齐驱，数一数二，关于英文的翻译都有好多种，可见这本书对世界文明的影响有多大。我们今天来分享他的几个观念。

第一个，我们来说"无为"的问题。

这个"无为"其实是一个政治哲学的问题。《老子》这本书在过去有一个说法叫作"君人南面之术"。所谓"君人南面之术"，就是帝王一定是坐北朝南的，所以大家看故宫是坐北朝南的，民间盖房子也有一个讲究，最好的位置是靠着山、面朝着水，方位是坐北朝南，那是帝王之相，这是《老子》这本书的一个说法。当然有人说《老子》这本书是军事的书，这也没有错。因为老子讲过"以正治国，以奇用兵"，两军交战，正面对峙，但真正起决定性作用的是出奇兵制胜，所以有人说它是兵书，我想这是夸大了某一方面。总体来说，如果说《老子》这本书是政治哲学的书，能说个大概，因为它有很多政治哲学的关切。我们就说"无为"吧，现在社会上有很多对"无为"的歧解和误解，这些歧解和误解其实持续了 2000 多年了。人们一说"无为"，就把懒汉的思想、不作为，认为是老子说的"无为"，我就什么都不做。现在有很多官员该做的事不做，也说是无为；学生说我也不读书，无为呀。大家想，如果都无为的话，这个社会怎么存在下去？都不生产了，政府也不上班了，或者不作为了。我想总体来说，这都是一些歧解和误解。老子的确是讲"无为"，但是大家别忘了后面一句话叫作"无不为"。"无为"是一种表象，是一种手段，无不为才是目的，而且这个"无为"也不真正是事事都不作为，这里其实讲的是一个领导的艺术。比如说，国家的最高领导要尽可能做到无为，让下面各部的官员有为。过去会做皇帝的，比如说汉朝的文帝、景帝，唐朝的太宗，都是尊崇无为而无不为，他们所说的"无为"是君主要少说话、少做事情，让大臣们多做事情，君主们不随便发话，让大臣觉得自己有能力、有思想、有能耐、有作为。君主干什么呢？睁开眼睛、张大耳朵去看、去听，不到不得已的时候不出手，让人们自己去纠正自己，与其事必躬亲，什么都要做，不如放任大臣们去做事情。所谓君主睁开眼睛、张开耳朵去看去听，就是明察秋毫，洞若明烛，观察各部委做的事情怎么样，该指点的指点，该出手时才出手。因为你做的事情多了，你的想法太多了，会影响到大臣们的创造性，所以老子说的"无为"是一种领导的艺术，"无不为"才是目的。不仅从国家的层面说，就是从一个地方和一个部门、一个公司来说也是如此。一个会领导的人是把下面员工的积极性充分调动起来，发挥出每个人的个性和创造性，而做老大的尽量少说、少做，他们把事情都做好了，也不去贪功，什么事情做好了，只说大家做的。所以做领导的一定要有一个意识，不应该把什么事情都揽到自己身上，不仅不要把任何事情揽到自己身上，也不要把功劳揽在自己的身上，你越是敢于把功劳分予别人，你就越容易得到尊重，所以这是领导艺术。"无为"的精神是贯彻《老子》这本书的始终的，我们在每一句话、每一章都可以看到和体会到这种"无为"的精神，比如老子讲"生而不有，为而不恃，长而不宰"，这三句话最典型体现了"无为"的精神。所谓"生而不有"，生养万物，让它自己生长、成熟，而不要说一定是自己的，就像我们生养孩子一样，让孩子在阳光下健康成长，不要老是觉得是自己的，属于自己的孩子，而是说这个孩子是通过你生养了，我们要创造一切条件让他自然地生长，这叫"生而不有";"为而不恃",就是说君主或者领导人要会作为,你有时候做了,尽量用一只看不见的手去做,去推动别人做,做完了之后不恃功,不要说这个事情是我做的,事情做成功了,大家不要归功于我,不要说在什么"正确领导下",历史是人民创造的,是大家创造的,这叫"为而不恃";"长而不宰",是长养万物,使万物发生合目的性的变化。什么叫合目的性的变化?阳光雨露,四季分明,生男生女,这就是合目的性的变化,但是我们不要去主宰它,不要把自己的意志强加于它们,强加于对方。这当然是一个领导艺术。关于老子与现代政治哲学的关系有很多,我们还可以说两条。比如我们现在有一个俗话叫"有容乃大",它的源头就是来自于老子。"容乃公,公乃王,王乃天,天乃道,道乃久,没身不殆",这句话的简单意思说出来是什么?就是宽容,一个人要有宽容才可能公平,大家想想看,如果我不宽容,对别人出现了一点问题都不容让,那我怎么做到公平呢?可以说,凡是能够在对待别人、对待他人、对待社会有公平之心的,一定有一个前提,这个人是一个宽容的人。如果一个人不宽容,是永远谈不上公平和正义的,这恰恰是我们这个社会很需要有的。在西方这个"宽容"经过了很长时间的讨论,美国政治哲学家罗尔斯说西方的民主政治是从宗教宽容里面发展过来的。我们现代社会要建立一个和谐、稳定、宽容的社会,公平的社会,没有宽容的精神作为基础,一切都不可能,这也是老子的思想。还有我们要做到公平,怎么样公平呢?老子也说了,要以家观家,以乡观乡,以国观国,以天下观天下,这句话的意思是:你要主持一个家庭的事务,如果你是家长,那你要用全家的方位、全家的视野去看待一件事情,你才会对每个人做到公平,才可能公平。你要主持一个地方事务,如果你怀揣着私利,或者有自己小帮派的利益,或者有集团的利益,你就不可能做到公正,所以老子说要以乡观乡,你是以全乡的观念、全乡的视野去观这个乡的事务,才可能是公平正义的。再往下说,以国观国,以天下观天下,作为国家领导人,那就更不用讲了,你不仅不应该有个人的私利,而且也不能有家族的利益,或者地方的利益,不能有集团的利益,甚至不能有党派的利益,这叫"以天下观天下"。这些都是老子提出的一些耐人寻味的思想。

第二个，我们来说"自然而然"。

"自然"这个观念当然是老子提出的，刚才两位也谈了很多关于自然而然的。到了现在，我们经常是以大自然作为"自然"的，大概最早把"自然"当作大自然来理解的，可能是在魏晋的时候。魏晋的时候把天地万物叫作"自然"，而在老子那里，"自然"原本还不是指天地万物，它是说自己成为这个样子的就叫"自然"，也就是说不是靠外力。依照老子的观念，任何事物有它自身的规律，有它自身的节律，有它自己成长的轨迹，比如说小麦从发芽到开花、结子，这是自然而然，如果我们要它不自然，在开花的时候把它踩死了，哪里叫自然而然？那叫很恶劣的结果，不叫"自然而然"。依照老子的意思，要创造一种条件，让每一件事情按它自身的性情、自身的规则成长，完成这个过程。中国人有一个观念，什么才是长寿？什么是短命？中国人说 60 岁一个甲子，到 60 岁之前死的还没有活够，60 岁之上就是自然而然，所以中国人办红白喜事，说人到 60 岁以上终了是白喜事。现在长寿了，估计中国人要立个 80 岁的新规，活到 80 岁以后死了那才叫喜事，因为我们的寿命在延长，我们自然的周期在延长，这个自然也就是要让每一件事物按它自身的节律去完成自己，而关键是所有发生的事情，用我的话来说，叫作"合目的性"。比如，生男生女，我们这些年搞计划生育，一对夫妇只能生一个，所以有一些很坏的医生利用技术，说你这个肚子里面怀的是女孩，早点处理掉。这造成什么结果呢？我们现在男女失衡了，据说再过多少年，我们中国将有 2000 多万男子汉娶不到老婆。大家看，照这个结果下去会怎么样呢？要绝种了，持续下去就要绝种了，这就是不自然。我所说的合目的性，在老子看来，是天地万物按它的本性去自然地平衡，所以如果生男生女不加人为的干扰，男女生出来是基本平衡的，这就是自然而然。在老子看来，天下有道，这个"道"就是要主宰自然、主持公平的，这个精神就体现在这点。所以人一方面不要胆大妄为，不知天高地厚，不知敬畏，不知感恩，人应该顺应自然，崇敬自然，敬畏自然，这是老子的观念，这是自然而然。有人会提出来，你说自然而然，老子提出的"小国寡民",老死不相往来。从古到今都有这种说法,说老子是反对历史进步的,这样理解老子太偏颇了,太固陋了,为什么老子要这么讲?中国过去有一个说法,话不说到极致没有用,话要说到极致才会产生效果,所以老子在这里就是要对人类文明的进步保持一个警惕,要告诫人类社会不是一味的进步就好。大家到深圳来闯荡,为什么回老家呢?为什么要朝祖坟上两炷香,这是什么目的呢?这就是寻你的根,谁也不愿意变成没根的人,谁也不愿意变成一个没有家族的人,因为我们只有知道我们是怎么来的,才能知道我们应该怎么去。老子就是要对人类文明的进步提一个醒,保持一个警惕,如果没有这种警惕,我们只是一味地进步,科学发展了,我们制造了原子弹,哪个疯子把按钮一按,人类就毁了。现在我们又发明了DNA技术,可以造出生命来,如果放任这个行为,不采取一种文化的保守主义的话,我们可能造出了很多个我们自己,到底我与他是兄弟关系还是父子关系,乱伦了,这个社会将不堪想象。所以2000年的时候,美国发现了人类的基因密码,但是克林顿政府当即宣布禁止美国各种科研机构做这种克隆人的实验,因为人在这个问题上必须止步。老子提出的"小国寡民"就是提醒我们要有意地去维护一个自然的东西,我们要知道,我们是怎么来的,才知道怎么去,这是自然而然。

当然,老子有很多东西我们可以分享,老子的5000字,天地、社会、人生都说了。人生的东西讲了很多,我随便举几例。比如说我们经常说"美",老子说"美之为美,斯恶也",美之所以为美,是因为有丑的东西存在,如果社会生出来的人全是一个模样,比如我们全部学会了改变自己面貌的美容技术,那又怎么样呢?满街都是同一个面孔的美女,千篇一律,有味道吗?我看我们每一个人都不一样,天生就是不一样的,这就是自然而然的,按照自然而然,除非是双胞胎,其他人要长得绝对一样是很难的。但是现在的美容技术可以做得到,可以把人的鼻子搞得一模一样,到了那种地步,也就不知道什么为美了。如果全世界的女士都长得像范冰冰那样,大家觉得还有味道吗?所以这是老子的思想,因为有丑的东西才有美,因为有恶的东西才知道有善。比如我们遇到了不公平的对待,然后我们对别人给予我们的公平，给予我们的善待，才知道感恩，就是这个道理。一定有一个对立存在，这是老子的一个观念。

再如，老子说"信言不美，美言不信"，这是一个很深刻的道理。也就是说，真实的话并不好听，好听的话并不真实，所以我们需要一个容量，需要一个肚量，需要一种气魄，能够容得下不好听的话，哪怕自己难受也要坚持听下来。在生活中，如果你挑他一点儿毛病就跳很高，这种人不可深交；如果你说很难听的话，他还能够听得下去，这种人值得思量，可能是可交的朋友。我们说别人是这样，我们自己更应该这样。那些在你耳边，经常当着你说好话的人，对这个人要提防；经常敢在你面前说你不好的，当然这个是有前提的，在你面前说你不好的，没有谩骂你，没有侮辱你，没有对你的人格不尊重，如果真正敢于指出你的问题的，要么是你最好的朋友，即便跟你不是朋友，也是真心地在说你。我们需要一种雅量。

还有老子说过"报怨以德"，这点跟孔子不一样。孔子说"以直报怨"，老子说以德报怨，我们要通过自己的德行，用自己的有德对待别人的无德，这样给世界传达的是一种爱，是一种宽容，是一种体谅，而不是说你瞪我一眼，我瞪你一眼，你打掉我一颗牙，我打掉你一颗牙，以眼还眼，以牙还牙。大家知道，伊斯兰教和犹太教打得不可开交，就是两种民族都坚信以眼还眼、以牙还牙，就是这个意思。但是老子不是这样的，是希望以德报怨，这是一种智慧。

老子也说到"自知者明"，后来毛泽东把这个话翻译了一下叫作"人贵有自知之明"。我们了解别人是容易的，最难了解的是我们自己，人要真正认识自己很难，所以希腊哲学一开始提出来哲学的任务就是认识你自己，这个的确很难。尽管很难，如果我们始终有这种意识，可能多少对自己有一些了解，然后我们对别人也有更多的了解，所以老子说"自知者明"。

老子说"为学日益，为道日损"。有的人觉得老子是说不要学习了，这个也是对老子的曲解。要说学习知识，我们要每天积累，要不断地学习、积累，增加我们的经验，增加我们的知识；要是为道、求道的话，是要化简，叫"损之又损，以至于无为"，不断把自己身上的包袱扔掉，不断地化简自己，以至于像婴儿一般。在生活中我们会不会发现，有一些人，甚至是老人，七八十岁的人，你会发现他很简单。其实生活当中，你愿意交一个复杂的人还是一个简单的人？我想大多数都会说我愿意交一个简单的人，我不用费思想去跟他对话，有的人就像电影里面一个女星说的：我们过了10年，你天天睡在我旁边，我都不知道你是个什么人，太复杂了，还是分手吧。所以人的交往都是希望简单的，我们生活当中的确可以发现有一些老人很简单，80岁成童子。这种人的确有，他把自己化简了，他不是无知，他很有知识，但是把自己化简得像一个孩子一样，那么单纯，那么纯洁。总之，《老子》能够给我们现代社会提供的东西太多太多了，我想我们可以进一步来分析，谢谢大家。

曾德雄

谢谢李教授，他把我们的问题进一步引向深入。他的演讲很精彩，我觉得获益良多。他提出了很多问题，这些问题一方面带有学术性、学理性，另一方面又跟我们每个人的生活有关系。他提出的第一个问题是老子和孔子到底谁先谁后，这在学界是一个长期争论不休的问题，有说孔子在前面，也有说老子在前面，大家可以去看一下《史记》，里面有一篇《老庄申韩列传》，专门写了孔子向老子问礼这件事情。孔子出来后，他的学生问孔子感受如何？孔子说这世界上有虫、飞鸟，但是最厉害的是龙，他说老子就像龙一样，来无影去无踪。给了老子非常高的评价。从这里可以看出，不管他们谁先谁后，至少在孔子的心目中，老子是个很厉害的人物，是个伟大的人物。

第二个问题，李教授已经提到了，就是儒家和道家到底是一种什么关系的问题。我们现在经常讲诸子百家，也经常讲儒学、道家怎么怎么样，但是大家要明确一件事情，所有这些东西在以前不叫什么家，也不叫什么学，叫"术"。我们中国人对抽象的哲学、对纯思辨的东西是没有什么兴趣的，大家最感兴趣的是人事，也就是现世的生活，最高形态是政治。所以我们中国人对政治是最感兴趣的，因为所有现实生活包括我们的心性特征等都受政治影响，被政治塑造，所以我们中国人最关心的是政治。我们祖先也一样，每个人关心的都是政治。儒家最早叫"儒术"，道家叫道术，法家叫法术，这点司马迁在《史记·论六家要旨》里面有清楚的解释，他说不管是哪一家，目的都是要做帝王师，都是为了要指引、教导帝王。包括我们今天说的"无为"与"自然"的关系，老子当初写这个东西也是要指点帝王，他的主要的目的在于指点帝王。当然我们现在从中获得了很多现代的智慧，那是后话了。

再回到第二个问题，儒家和道家到底是一种什么关系？就像我们的开场白所说，一提起国学，大家都说是儒家，而且把儒家当作中国的文化主流。事实上在那样一个时代，在春秋战国时期，在儒家跟道家诞生的时候，是诸子百家，儒学根本不占统治地位。甚至大家看过《孔子》这部电影就知道，孔子周游列国，想游说各个国家的君王听从他的主张，但是没有人愿意听他的，搞得他惶惶然如丧家之犬。那些君王更愿意听法家。

第三个问题，就是道家在中国传统政治史上到底发挥了什么样的作用？占据了什么地位？我们现在都知道"独尊儒术"，我们也经常把儒学当作中国传统文化的主流，但是大家知道"儒术"是什么时候才开始独尊的？是在汉武帝时期。在这之前，儒术一点都不受重视。刘邦曾经将尿撒到儒生的帽子里面。他夺取天下以后，有个儒生陆贾跟他讲解《诗》《书》这些儒家典籍，刘邦骂他，说天下是我在马上打下来的，干吗要读《诗》《书》这些玩意儿！在汉武帝之前，这些皇帝都不重视儒生，其中最典型的是窦太后，她把儒生关到猪圈里面去，让儒生跟猪搏斗。

汉初统治者不重视儒生，重视什么呢？他们尊奉"黄老刑名之术"，"黄老"就是我们今天说的道家，就是老子，"刑名"是法家。他们为什么尊奉"黄老刑名之术"呢？信仰法家很正常，因为汉承秦制，完全吸收了秦朝的那一套，用严刑峻法来巩固自己的权力。另外又尊奉黄老，这个一直让我们有点莫名其妙。一般的解释是说经过连年战乱，导致民生凋敝，所以要无为而治、与民休息，所以要实行黄老的无为。但是现在学术界有另外一个解释，汉初尊奉黄老，其实有政治合法性建构的意图。刘邦取得天下之后，面临一个很大的合法性危机，因为在刘邦之前，所有人当皇帝，它的合法性基础是贵族世袭，你必须是贵族才能够当皇帝。但是刘邦不是贵族，他出身平民，不符合贵族世袭政治传统，于是遇到合法性危机。后来发现道家很好用，我们今天是讲道家的"无为"和"自然"，其实道家还有一个非常重要的思想叫作"以柔弱胜刚强"，汉初的统治者觉得这个很符合他们的经验：我来自于社会底层，战胜了强大的秦朝，正符合道家的"以柔弱胜刚强"的思想，于是他们尊奉道家，目的是通过道家来确立他们的政治合法性。

到了汉武帝，他开始不太满意这样的合法性建构了，因为他都掌管天下了，你还老是说我柔弱，我不太满意，所以他才发出天人三策，要天下的读书人来解答三个问题，其中一个是凭什么我汉家可以受命拥有天下？"三代受命，其符安在？"其实就是要重建政治合法性的意思。这个时候儒家才粉墨登场，给出了一个非常完整的解释，代表人物是董仲舒，他说"明易姓，非继人，通以己受之于天"，"易姓"就是改朝换代，"非继人"就是不是从前人那里继承来的，以前的贵族世袭就是从前人那里继承来的，现在我们知道改朝换代不是从前人那里继承来的。不是从前人那里继承来的，是从哪里来的？"通以己受之于天"，就是我们后来说的受命于天，那是天将天下给你的，所以你才叫天子。问题又来了，你说是天给你的，那凭什么给你不给他呢？儒家又有另外的解释：因为你的道德最高，"德配天地者称皇帝"，你的德最高，所以要坐最高的位，德位合一。这种"德"是什么呢？就是我们现在说的为人民服务，只不过当时不是说为人民服务，说的是"为民"。"德足以安乐民者，天予之"，就是你的德足以使天下的民众安乐，天就把天下给你。这样就从思想理论上解决了缺乏世袭资格的刘汉政权的政治合法性问题：原来我根本不需要从我们的前人那里继承，我只需要有足够高的道德，然后受命于天就好了。汉武帝一看，这个说得太好了，不仅比道家的"以柔弱胜刚强"说得好，而且比贵族世袭在赋予政权正当性方面更加有力、更加高大上。秦始皇还是从祖先那里继承来，我现在不是从祖先而是从天那里继承过来的，合法性的力度更大、更强。汉武帝很高兴，就接受了董仲舒的说法，"罢黜百家，独尊儒术"。从此以后，儒术成了中国传统政治的意识形态基础，儒家也开始成为儒教，像宗教一样被放在神圣不可侵犯的地位。道家跟其他的诸子百家一样，慢慢地开始被边缘化，走入了民间。尽管道家在历史上被边缘化，但其实在很多人心里面认可道家的。就像我们经常说的一旦得势的时候，是儒家；一旦失势的时候，是道家。我们看中国古代的一些文学作品，道家的思想是非常多的，最典型的是苏东坡写的《赤壁赋》，里面就有浓郁的道家色彩。

第四个问题，道家对我们的现实生活有什么作用？道家的智慧一直在我们的生活中发挥作用，在指引我们更加理性、宽容、合理、智慧地生活，不要那么痛苦，不要天天让自己很辛苦、很累，这是我从大华教授的演讲里面获得的一些启发。当然我自己也有一些疑问。我们经常用一个词——"道德"，这个词特别熟悉，但是我们知道"道德"这个词老子提得特别多，我想请教一下方老师，《老子》里面的"道"和"德"到底是一个什么样的含义？

方映灵：应该说，"道"是老子提出来作为道家学说最核心的一个概念，它是天地万物最高的准则，是形而上的，当形而上的"道"具体辐射到形而下世界，落实到人生社会的时候，就成了"德"。"道"是一种自然状态，"德"是有了人为因素又仍能体现返回自然状态，"道"与"德"是合二为一的，所以后来便统称为"道德"。

曾德雄

现在我们大家知道"道"就是一种普遍的规律，普遍的某种合目的性的存在。"合目的性"是很重要的一个概念，古希腊哲学里面大量讲合目的性，在他们看来，最高的善就是合目的性。在老子那里，"道"就是这种普遍的、最高的一种规律。当这种规律体现在某个具体的物体的身上的时候，就叫"德"，这个"德"除了道德的"德"以外，还有另外一个意思，就是"得"。在老子那里这两个字就是一个字，当你得到了普遍的规律，得到了道，比如花得到了作为花的道，那么它就是有"德"的。我们人也是一样，如果人获得了作为人的道，我们也算是一个有德之人。

现在我们知道了，"道德"这个概念在古代提出来的时候，不像我们现在所使用的这样，它是有特殊的含义的。我再问一个问题，现在我们可以把道家的智慧、老子的智慧跟现代生活来做一些连接。刚才李大华教授提出目前男女出生比例失衡，未来几年之内有2000万的男人找不到女朋友，不知道大家有没有关注这个事情？前不久有个教授建议让那些找不到老婆的穷苦人家可以几个人合伙共享一个老婆。我很想问一下，这是否符合老子说的"自然"？

方映灵： 我想这个跟国家的治理方式应该是相关的。新中国成立之后，我们是一夫一妻制，在这之前的时候一夫可以多妻，在比较原始的时代和地方也有一妻多夫，这跟社会性制度和规范有关系，不是人类的自然状态，毕竟人类是一个社会，要体现社会性的一面。

李大华： 这个话很有意思，其实这个问题可能要从两个角度去看。从自然的角度来讲，男性和女性发生关系，如果不是强迫的，这个是符合自然的。男性与女性发生性关系，只要是真诚的，它就是符合自然的，就像过去，有一夫多妻，其实同时还存在一妻多夫，你能说西藏以前所存在的一妻多夫不自然吗？它自然。我去过藏区，包括女儿国都有，兄弟之间娶了一个老婆怎么样，那兄弟之间不能打架呀，他们还是挺和谐的，单从这点来说它是自然的。所以一夫多妻和一妻多夫，只要是在历史上自然产生过，它就是符合自然的，这是从性爱本身来说的。问题是你一个男的娶多个老婆，或者一个女性嫁多个男人合不合自然，这个不是自然的问题，是婚姻法的问题。在西方的婚姻法中，当然是基督教带来的一夫一妻制；中国从1949年后也实行的是一夫一妻。其实民国也是推崇这种精神的。在民国的时候，娶几个老婆，别人会说你，所以历史是这样的，我们人类在这样一个历史进程当中，既要有自然的精神，符合自然法，同时还要合乎理性，这个理性就是明明男女比例不平衡了，你还要娶那么多老婆，所以要理性，即使你有钱，也不能娶那么多。婚姻法从制度上限定你只能一夫一妻，这就是人类理性的思考，理性一旦变成制度，那就是法制了。法制本身是理性的结果，所以这个事情恐怕要从两个方面去看待。

曾德雄

不知道大家对这个问题怎么看待？其实我对这个问题也是非常纠结的，你说他娶不起老婆，几个人合伙娶一个，好像也符合天道，也符合自然。现在我们讲法制一夫一妻，当然是现在制定出来的，而制定出来的东西就有点人为的意思在里面，就不是无为了。我也看了那位教授写的文章解释他的这个建议，也看了另外的人来反驳他这么做为什么不对，但是到最后我也不知道谁对谁错，孰是孰非，我们等下可以讨论。还有一个问题想请教一下，我们知道中国的传统文化，不管是诸子百家中的哪一家，都是有很多糟粕的，我们刚才提到了道家的很多好处，那么道家有没有什么糟粕？

方映灵：我认为道家还是要跟儒家相配互补才是比较完美的、比较全面的。儒家强调自强不息、积极进取、有责任担当，强调理性秩序、彬彬有礼，这些都是非常可贵的。一味强调"无为""自然"，就会出现一些问题，也会错失良机。

儒家强调的是人的社会性、理性、刚性、动态的一面，道家强调的是人的自然性、感性、柔性、静态的一面，两者只有互补配合，才是完美的。

李大华：我补充一点，据我看，道家属于糟粕的东西很少，5000 字里面讲糟粕基本上会找不出来，但是曲解会造成糟粕。比如老子说"不敢为天下先"，那我们现在都懒惰，什么事都没人出头，该上战场、该拼刺刀的时候，人家都打到家门口了，我们还龟缩在屋里面，不敢为天下先。这个就是曲解老子的意思，就变成了糟粕了。老子说"小国寡民"，人们要是曲解的话，就是老子是反对历史进步的，我们的计算器也不用了，算盘也不用了，就系个绳子记今天用了多少钱、吃了多少碗饭、还剩多少米。那当然是一个历史的反动了，你要这么去理解老子，老子就变成糟粕了。所以老子本身没有什么糟粕的，但是曲解会造成糟粕。另外道教尊崇老子为教主，道教有一些方术性的东西是不太好的，比如最近推出的一个某姓的人想要做王，这种事情是糟粕，这个是道教以后的问题。孔子的《论语》，孟子的《章句》本身也是很少有糟粕的，什么"三纲"（"君为臣纲，父为子纲，夫为妻纲"），那肯定不是一个好东西。但那是董仲舒那些人搞出来的，孔子和孟子没有搞这些东西，所以我们要分别来看。谢谢。

曾德雄

但是《老子》里面好像有一些愚民的思想，这个算不算糟粕？《老子》里面有很多跟孔子说的"民可使由之，不可使知之"类似，就是不要让民变得聪明，一聪明了就不好管理了，所以最好让他们变得愚蠢。这个算不算是一个糟粕？

李大华：老子的确是讲过老百姓要比较无知一点。其实他讲的主要是一种淳朴的观念，使老百姓复归于朴。我们现代搞社会核心价值观，就是让老百姓返回淳朴。如果我们一见面，谁都不信任谁，这样好吗？我们钻空子，我们插队，这就算我们的聪明吗？老子就希望我们能够淳朴一点，返回我们的本性。老子讲过，"国之利器不可以示人"，国家的利器是不要让老百姓知道的，这句话要曲解也会成为糟粕。但是你想想看，国家的要害性东西能让老百姓都去知道吗？能让老百姓去掌握吗？我们如果做了国家领导人，我们应该去考虑；如果不是国家领导人，有很多谋略性的东西还是不要告诉老百姓好。比如我们跟西方各国打交道，打这个牌，打那个牌，跟美国打俄罗斯牌，跟俄罗斯打美国牌；跟美国打欧洲牌，跟欧洲打美国牌。这全是一些技术，甚至是诈术，你把这些告诉老百姓了，讲谋略，把老百姓都教坏了，所以这些东西当然不要让老百姓知道了。你到了那个位置，你就应该知道；不到那个位置，不当国家主席，不在其位，不谋其政，你不在那个位置，为什么要想这个问题呢？

所以让老百姓淳朴一点，我们代价会低一点。我们彼此淳朴一点，不要见面时你心怀鬼胎，我也心怀鬼胎，我们比聪明，那个聪明值得比吗？

曾德雄

　　谢谢大华老师纠正了我多年来的误解和曲解，愚民看来并不是愚民，只是希望民变得淳朴。淳朴用我们现在的话说就是遵纪守法，不要乱来就好。这个并不是愚民，而是淳朴，这样一来我们社会就会安宁有序。我们说了这么多，现在留一些时间跟在座的朋友互动一下。好，这位已经举手了。

　　听众：我想就今天的话题发表一下自己的看法。刚才说到道家跟儒家的关系，还有传统的思想，诸子百家思想的一个定位，实际上，人的思想，不管哪一家都是有局限性的，任何思想体系，无论是东方还是西方，只要是人为的，全部带有局限性，我们只是从我们人的角度感受这个宇宙世界所得到的浅显的感觉，但这里面有高低之分，显然道家在诸子百家里是带有最高境界思想观念的体系。到目前来讲，我们人类只能到这个顶端了，没法超越，无论东西方都无法超越，只能在它的基础上做一些解读。所以我们后世的解读会带有极大的堕落性，它会离开道家和老子思想的本意，后面为什么会堕落呢？这跟历史的发展有关系，我们后面没有了思想自由的环境，从秦始皇以后，我们就失去了思想自由的空间，被权利、被一个强加的暴力所约束，这个暴力就是帝王专制，一定会约束，只要它存在，就会约束。儒家跟道家是一体的，我认为道儒实际上是一家，都是道家体系的，只是儒家是针对我们个人的现实生活做一些探讨、做一些追求，它同样是符合道的。刚才说到的"道"与"德"，实际上道就是宇宙的本原规定、规则，我们人依据这个规律规则所制定的行为规范叫"德"，实际上是很简单的一个东西。至于说去考察我们现在所谓的这套诸子百家，我们现代人都已经不清楚了，是在前人的解读的基础上去认识的。这个解读经过了 2000 多年，带有极大的误区，那个误区是由后面的人的不纯洁带来的，很难有一个纯洁到追求思想境界的人产生的时候，所以是认识不到这一点的，我们现在的学术也很难达到这一点。刚才所谓的儒家和道家的误区不是儒家和道家本身的误区，是后世人对它们的误解产生的误区，那些思想的先驱不存在多少误区，它们是根据对整个宇宙的观察所得出的最本原的认识、非常到位的认识，只是我们不清楚而已。谢谢。

曾德雄

我发现这位先生对中国哲学体会特别深，我也问您一个问题：在您看来，西方社会已经进入了我们道家理想中的自然的境界，我们反而不行，那我们有没有希望进入那种美好的自然境界？通过什么途径进入？

听众：这个实际上是人类的普遍的问题、同一性问题，无论是东方还是西方都在探索途径。只是西方在近代先接近了这个途径；东方，根据我们对诸子百家思想体系的理解和考察，东方的思想体系之中早就蕴含并超越了那种素养。也就是说，西方后来发展出来的民主、宪政、人权平等的思想在我们的道家里面有，儒家里面同样有，诸子百家里面每一家都有。那我们为什么没有发展出来？2000多年时间浪费在哪里？就是我们后来走错了路，春秋战国后面的秦始皇时期，他用暴政把天下人的思想扼杀掉了，就是那里走错了路。如果保持那种思想的自由，我们的诸子百家一定会比西方更快、更先地走到民主宪政那一步，就会寻找到人类的统一的价值，宪政的价值，人权平等的价值，不会等到西方在16世纪、17世纪来发现。老子的思想里面这种素养是非常丰厚的，因为他崇尚自然，一定会发展出人权宪政、人人平等的思想。谢谢。

曾德雄

很有启发，让我们对中国传统文化的精华有了更深刻的认识，同时也让我们对中国社会的未来有了更大的信心。其他朋友？

听众： 大家好，进行到现在，我注意到大家都谈得比较大，如果说我们今天晚上所谈的老子的"无为"和"自然"都是从道的层面上，我相信也是找到这个根的所在了。如果从哲学的角度，我们把它诠释为一种智慧的话，我认为可以更多帮助参加的朋友们处理好我们的工作、我们的生活以及我们的为人处事这块，所以想就这方面请教三位专家。比如说无为，我的生活中是不是要赚到多少钱，我赚到一个亿，表面上是有为了；如果无为，我是不是就不用赚这个亿，给我半个亿，还是 0.1 个亿，还是 0.01 个亿，以此类推而已。这里面包括我们说的另外一个主题，"自然"这块。在我们的日常生活中，在座的，我注意到从年龄看可能有一些都是有了小孩的。孩子成长像小树苗一样，我们真的崇尚自然把他放在外面去放牛，整天跟自然接触，当然这是一种理解。如果没有一个人为的所谓的干预，比如教育，我们又怎么让他更好地成长呢？

曾德雄

他这个问题让我想起最近在朋友圈流行很广的一个段子，就是一个人跟一些企业家在一起吃饭，他问企业家你们赚了这么多钱，那你们下一步的理想是什么？有一些企业家就说我就是希望买一个农庄，养一些鸡，养一些猪，天天早上睡到自然醒，然后起来喂一下鸡、喂一下猪。结果那个朋友说，这不就是我现在的生活吗？到底如何理解"无为"？

方映灵： 我还是主张和赞赏儒道互补的。挣钱，教育小孩，这都是儒家所关心和讨论的事，而不是道家的。挣钱和社会经济文明的发展还是要靠儒家的积极进取精神，但对事物规律的把握、对我们个体生命的珍重保全，道家的自然无为智慧就用得到。如何健健康康地挣到一个亿，这既需要儒家的积极进取，也需要道家的自然无为。我们只有顺应自然，顺势而为，才能把事情做好，才能挣到钱。只有珍爱保全我们的生命，事业才能拓展，才能挣到一个亿。所以，我觉得儒家和道家这两种智慧是互补和相辅相成的。

李大华：我也是主张儒道互补的，各自有自己的能耐，有自己的长处。这位先生提到的"无为"的事情，我想谈一点我的看法。我们刚才从政治哲学方面去讲了，其实这个"无为"呢，我们说它是一种高超的领导艺术，但是不能滥用。其实它有很强的针对性，比如说作为国家领导人、作为部门领导人、作为一个家长，你要学会领导艺术，这是需要无为的。这个"无为"是你该为就作为，一味的不作为，不叫"无为"。比如说建立一个公司，我先要使公司运作起来，我要把公司的章程写好、公司的规矩定好，甚至把公司的企业精神建立起来，还要使公司打开局面。之后是应该让员工们发挥他们创造性的时候了，这个时候你可以"无为"了。如果你这个时候再有太多的作为，就会干扰了他们的作为，会干扰他们的创造性。所以"无为"只能在这个意义上讲，任何事情我们都无为了，还没有做事情我们先无为，比如政府新官一上任就无为的话，那恐怕问题很大了。这种"无为"是一种精神，是一种领导艺术，但是不能滥用。

曾德雄

我的理解就是以无为成就有为。无为不是说天天躺在那里睡大觉，什么事都不做，而是像方老师说的顺势而为，以无为成就有为，至于最后达到一个什么程度，就要看天时地利人和了，不必强求。

听众："无为"这个概念在道家对我们有点滥用了，实际上道家是从自然观导出来的一套思想体系，"无为"只是我们后来人的解读的错误，使得我们不能理解它。从老子的角度"无为"很显然不是强调我们不做事，而是强调我们要因自然而为，它是在"为"的基础上要强调自然的前提，也就是依据自然、依据规律去为，那个"为"才是真正的"为"。它不是说你不做事，它是要你根据规律为，所以很简单，但是很多人就是以为不要管，这是我们后人的极大的误解，每天拿着无为滥解读，造成很大的困扰。老子已经很清楚地、非常清晰地、根本不存在任何障碍地、非常清澈透明地放在那里自然而为、依道而行。一切人的生活，一切社会的规范全部要根据道来规范、来设置，大道至简，一句话两句话就能说清楚的问题，反而我们现代人讲不清楚了，是我们出了问题，不是老子有问题。

曾德雄

我觉得您说得很有道理，对于中国传统思想我们真的要正确地去理解，比如"无为"不是无所作为，而是要顺着自然而为，顺势而为，这个可能就是最大的"为"了，最高智慧的"为"。所以看来有必要对传统文化做一些重新解读和理解，才会找到它的精义。好，下一位。

听众： 谢谢老师。我想问一个问题，在西方经典柏拉图的《理想国》里面，讲了理想国的经济制度是公有制，在我们中国的经典里面，像《老子》《论语》《管子》都没有提到对经济制度究竟应该是公有制还是私有制。我们有时候可以看到原始的社会，男人出去打猎了，猎物大家都是平分的，原始社会实际是实行公有制的。我觉得在《老子》里面有一句话是对时世的一种批判，在当时可能贫富分化已经很剧烈了，他说"大道废，有仁义"。就像我们现在社会一样，很多人是穷到了没有办法应付一些重大的事变，比如有人生病了，或者上不起学了，所以现在社会就开始搞公益和慈善，为什么有慈善呢？就是因为这个社会很不慈善了，所以《老子》的话可能是有一点批判私有制情况下的这种弊端。请各位老师评判一下我们中国古代经典里面为什么没有提到关于分配制度的问题、关于所有制的问题，但西方从柏拉图的理想国就说出来了，包括西方的基督教好像也是主张公有制的。

李大华：我不懂经济学，所以没有太多的发言权。关于公有制和私有制的问题，的确在我们早期的文献里面没有系统的论述，公有制和私有制，在天下大同的理想中，有一点公有制的味道，但是都是一种政治理想、道德理想，不是一种经济理想。关于经济方面的东西，其实涉及一个法律的问题，私有制和公有制的问题涉及的其实是权利的问题。中国的思想走了跟西方不同的路线，比如说你所说的公有制、私有制的问题，这个根本是所有权的问题，而所有权说到底是一个权利的问题。我们中国有5000年的文明，却是很少有权利的观念，这是我一向的意见，各位从事中国古典研究的，你能找到权利的观念吗？普天之下，率土之滨，都是皇上的，什么时候是属于你的呢？所以所有权问题，归根到底，就是权利的问题，中国人没有这个传统，这是中国文化所缺憾的。而现在法律制度属于西方的东西，它一开始界定就是权利的问题，这是我们所缺憾的，所以这点我们不能求全于古人，他们已经贡献很大了。是我们后来贡献太少了，尤其是从唐以后，1000多年，我们对人类的文明乏善可陈。

曾德雄

大华老师说得很有道理，首先所有制的问题是西方的问题，是一个产生于西方社会的问题。我们中国的文化也好，中国的历史也好，中国的社会从来不存在所有制的问题，为什么呢？就是普天之下，莫非王土；率土之滨，莫非王臣，都是皇上的。我们中国人的传统思想里面是没有权利这个概念的。另外，我觉得这个问题非常重要，因为我们中国社会正在转型，要重新组织社会秩序，形成新的社会秩序，所有制问题是一个必须面对的问题，这个问题必须寻求解答。这个问题的解答，我们从古人那里找不到智慧。以土地为例子，现在的很多社会矛盾都是跟土地的所有权不明晰相关，各种社会矛盾、社会冲突，都跟这有关。所以在中国要谈所有制，土地所有制是最核心的，但是关于土地到底是公有还是私有，我们中国的传统文化、传统思想从来没有一个明确的答案，以至于我们现在面对这个问题也不知道怎么办。这可能就是历史摆在我们面前的一个课题，这个课题前人没有提供答案，必须我们自己去寻找答案。

听众：我特别想请教中间的李老师的看法：对于"圣人不死，大盗不止"，您觉得这个说法是正确的吗？您是怎么看的？

李大华：这个问题的确比较尖锐。千年来，我们崇尚圣人，向往圣人，我们也期待有一天自己能做圣人。但是老子说"圣人不死，大盗不止"，这也是千年来有颇多争议的一句话。为什么老子这么讲？主要是出于一种对比的效果。依照老子的观念，什么是圣人呢？圣人搞了一套制度出来，搞了一套仁义伦理的规范出来，他说这些规范都是把人教坏了，使人动了心智，动了心机，动了杀心。强盗和圣人，强盗是怎么成为强盗的，是因为有了圣人才有了强盗，所以没有了圣人也就没有了强盗，这是一个对比。《庄子·胠箧篇》里面讲到"窃钩者诛，窃国者为诸侯"，窃国者——盗窃国家的真正的大盗——当了王，当了侯，甚至当了圣人。小偷小摸的逮住就被杀了，而真正的大盗做了国王。老子所说的圣人不是真正的像孔子这样的人，而是那些君王、帝王，所以对这句话颇多争议。老子所说的圣人是有所指的，并且强盗与圣人之间的关系是微妙的。

曾德雄

虽然说的是历史，但是生活也一样，我们大家都有切身的感受。因为时间关系，今天的夜话到此结束。非常感谢各位的参与，希望大家以后经常参加这个活动，这个活动会长期举办下去。谢谢各位。

南书房夜话第二十三期
——庄子的为人与道家的德性

嘉宾：李大华　方映灵　王绍培（兼主持）
时间：2015 年 11 月 7 日　19：00—21：00

王绍培

今天晚上的题目是："庄子的为人与道家的德性。"庄子对中国人的影响应该说是相当大的，尤其是对中国文人。很多中国文人在过去历史上也好，在现代也好，在当代也好，都或多或少地在庄子思想的旋涡里打过转，个人遭遇的好坏也或多或少受庄子精神气质的影响，这里面的情况比较复杂。今天来的李大华博士是这方面的专家，专著出了很多，有很深湛的研究，所以我们今天就很放心、很安心，主要是听李大华教授讲，到时候我们可以向他提点儿问题。还有方映灵博士也是这方面的专家，也是成果累累，对此深有体会。坐在后面的朋友可以往前面坐。我首先随便问一个朋友，简单谈一下你对庄子的印象是什么？有哪位愿意回答一下？

听众：逍遥。

王绍培

也可以用另两个字来概括他，还有什么？

听众：无为。

王绍培

好，我们现在先请方博士破题：庄子的为人与道家的德性。

方映灵：谢谢绍培兄！大家晚上好！今天的题目是"庄子的为人与道家的德性"。那么，我们首先说一下庄子是什么人。应该这么说，庄子是老子思想的继承者，是先秦道家学派的旗帜性代表人物，道家就是由老子创立、庄子发扬光大的。所以我们一般称老庄道家，与孔孟儒家相对应。

接着我们正式进入今晚的主题。我觉得有一个故事——司马迁《史记》里面的一个故事，很能体现我们这个主题。《史记·老庄申韩列传》中讲到，楚威王听说庄子非常有才华，便派使者"厚币迎之，许以为相"，就是说，想用重金聘请庄子来做楚国国相。但庄子却对使者说，千金、相位虽然在世人看来很尊贵难得，可在他看来，就像用来祭祀的牲口一样，虽然平日好吃好穿，但终归是太庙的祭品而失去了自由；所以他让使者赶紧走开，他宁愿像一条小鱼一样，虽然在污浊的水中，却可以无拘无束、自由快乐地生活。所以他一生只做过小小的漆园史，就是管理漆园的一个看门的，司马迁说他"终身不仕，以快吾志焉"。从这个故事，我们可以看到两点：第一点是庄子的为人，那就是：个人的自由快乐比什么都重要，千金、爵位，在他看来不仅一文不值，反而是个累赘和负担。第二点，就是道家的德性，也就是人的自然性。

我们先说道家的德性。道家认为，"道法自然"，宇宙本性是自然无为的，而这个自然无为的"道"向下落实到人生社会层面时，就是"德"，所以自然无为的"德"就是人生社会的本性。也就是说，道家的德性就是人的自然性。

我们知道，儒家强调的是人的社会性，它所提倡的仁义礼智信都是围绕人的社会性展开的，也就是说，都是为了协调好人与社会的关系。但在这个过程中，由于儒家强调了社会性而往往忽视了人的自然性，不仅不太注重人与自然的关系，也忽视了人的自然天性、个体性的一面。与儒家相对的，道家强调和把握的就是人的自然性，认为每个人天生都有各自的品性和性情，这种品性和性情应该得到充分的尊重和重视。所以庄子提出了一个词叫"天放"，认为人的天性是自由自在的，不应该受到肆意破坏，就像一匹千里马一样，伯乐发现了它，就给它套上铁蹄、马鞍，这就给马造成了外在的负担，破坏了马的自然本性，结果往往把好端端的一匹马给折磨死了。同样，在庄子看来，儒家的礼乐教化也是破坏了民众自由自然的"天放"本性，从而把真正的道德给毁了："毁道德以为仁义，圣人之过也。"所以庄子的理想社会是"至德之世"，在这样的社会里，人们都能够率性自由地生活。

从重视人的自然自由天性这一基点出发，庄子的为人、庄子的人生哲学突出了以下几点。

第一，个体性。每个人天生都是一个独立的存在，就像佛教所说的"一花一世界，一叶一菩提"一样，每个人、每个生命个体都值得尊重。庄子认为儒家礼乐教化束缚了人的自由，破坏了人的自然天性，就像人给马套上铁蹄、马鞍一样，是"残生伤性""残生损性"。他主张"任其性命之情"，认为率性自由的生活才是真正的道德。所以从这点上可以说，庄子是一个个人主义者，也是一个自由主义者，他充分体现了宗法专制制度下个体的存在和个人的觉醒。

第二，万物平等。庄子主张"齐物"，他写了《齐物论》，认为天下万物都是平等的，"道通为一"。一方面，"通天下一气耳"，万物都是由气构成；另一方面，事物存在都是相对的，都是时刻变化着的，"方生方死，方死方生。方可方不可，方不可方可"。世界上没有什么永恒的、一成不变的事物，所谓"三十年河东，三十年河西"；也没什么绝对权威、高高在上的东西，万物都是平等的。所以，在庄子这里，一方面人与人是平等的；另一方面，每个学派也都是平等的，没有一个学派理论可以独断专行凌驾于其他学派之上。庄子反对一切高高在上的绝对权威，既反对独断论，也反对专制独裁；既反对等级制，也蔑视高高在上的权贵权威。在这一点上，我们可以说，庄子是一个反抗现实的理想主义者。

第三，超然物外，逍遥浪漫。庄子认为，人们追求现实的功名利禄是"人为物役"，为外物所累，是很可悲的，"终身役役不见其功，不亦悲乎？"他向往心灵和精神的独立自由，专门写了《逍遥游》，追求人与自然合为一体，进入"乘天地之正而御六气之辩，以游无穷"的逍遥境界。他认为"相濡以沫，不如相忘于江湖"，觉得像鱼儿在江湖畅游是最自由自在的。从这一点上，我们又可以说，庄子是一个超越现实的浪漫主义者。

总的来讲，我们可以说，庄子是一个激烈反抗现实、追求人格独立和精神自由的理想主义者、个人主义者、自由主义者、浪漫主义者，是一个非常富有艺术家气质并兼有文学家和哲学家特质的人。此外，我们还应该说，庄子是一个重情深情的人。他激烈地批判现实，与现实不合作，是因为看到现实的黑暗和不公，是出于对社会人生和个体生命的热爱和保全，是"爱之深，恨之切"。所以明清之季的思想家方以智说庄子是"天下最深情的人"，说他"眼极冷，心肠极热"。

那么我们今天应该如何看待庄子的为人？应该说，一个国家、一个社会当然需要儒家的仁义礼智、刚毅进取等来支撑和维系，庄子在这一点上显然过激了。但是，庄子所提出的这种社会群体对个人的尊重、宽容、自由，以及反对独裁专断等，也给后世以深刻警醒。另外，当社会动荡黑暗、统治者昏庸无道时，庄子的思想又给失意的人们以精神滋养，历史上受统治者迫害的传统士大夫知识分子，都从庄子的思想中获得极大的精神安慰，它让人在最困苦的时候，仍然能对人生生命保持着热忱和信心，能超然物外、自得其乐。所以，我们应该说，庄子哲学给我们开辟了另一种人生理想、人生价值和人生走向，从而拓宽了我们生活的宽度。我想，这应该就是庄子哲学给我们最大的启示和价值。我就先讲到这里。谢谢！

王绍培

方博士显然是有备而来，三个方面把庄子的哲学基本上讲完了，而且长处、短处也都说到了，整理出来基本就是一篇很好的文章。现在有请我们的李博士。

李大华：各位朋友晚上好。刚才两位都谈到了，方教授从她的一个角度对庄子给大家做了一个自己有切身体会的分解。其实搞了这么多年的庄子，我感到也说不清楚他，各位朋友有谁搞得清庄子是一个什么样的人？刚才主持人问了，有听众回答了，一个是逍遥，一个是无为，说得都对。有一个问题：我们深圳这个城市简称鹏城，大家知道这个"鹏"跟庄子有没有关系？其实有很大的关系，我们称为鹏城的名字就来自于《庄子》，第一篇《逍遥游》就是讲"大鹏"的，不仅如此，我们河对岸的香港的会展中心也是一个"鹏"，有鹏从北溟飞往南海，因为在北方它身体太大了，不自在了，不自由了，要飞9万里之高，然后向南飞到南海，这个鹏就落到了南海，所以我们深圳叫鹏城，香港那边搞了一个很大的大鹏的形象。其实我想，张艺谋可以把孔子及其三千弟子读书的场景描述出来，却没有哪个艺术家可以把庄子的思想境界或者场景以一个形象化的东西表达出来。为什么呢？因为场面太大了，想象力太丰富了，张艺谋是绝对想不到这个份上去的。庄子是一个思想境界很高的人，一般人对他既喜欢，又有点怕。我们说庄子的人生，庄子究竟是一个什么样的人呢？我搞了这么多年，也说不清楚他，我只能用勉强的几句话来说他。

第一，我们说庄子是一个平实的人，很平实，刚才方教授已经说到了，他做的最大的官就是看漆园的一个小吏，我们现在的科级干部。没做过大官，但是呢，他有过做大官的机会，但是被他谢绝了。刚才方教授也讲，楚威王派人去请他，话说得很客气，"愿以境内累矣！"愿以我们楚国这么大一个国家的相位连累你，很客气，是外交术语，被庄子很婉转地谢绝了。所以他很平实，这个"平实"里面其实有一个非常不简单的东西。庄子这个人可能跟我们每个人没有什么不同的地方，很平实，在座的很多可能都是做过处级、厅级干部的，庄子只做过科级干部，而且做了没多久就把它辞了。但是又有人说他这么大的学问，那一定是一个没落的贵族。这也是有可能的，只是一个可能，我们没有办法搞清楚他的身世，但是就是这么一个平实的人，不做大官，只做大事，你看我们深圳这个"鹏城"的名字都跟他有关系，做的是很大的事，没有人能像他做这么大的事，做什么大事呢？他的想象，他的文章，滋养了我们这个民族2000多年，凡是做文学的，做美学的，做中国文学和美学的，可以说没有人不知道庄子的，也可以说，凡是做中国文化的，没有不喜欢庄子的。这很奇怪，我们可能不喜欢这人，不喜欢那人，但是凡是有一点文化的，没有不喜欢庄子的。这说明什么？他给我们开发出了一个我们中国人骨子里向往的自由、逍遥，而且他与人相处的时候，还很和平、很和气，不伤人，处物不伤物，与任何人相处，他不会把自己的意志强加于别人，也不会说我有智慧，你没有智慧，没有看不起你，也没有恃才傲物，也没有对任何人不好，所以任何事情跟他相处得都好，不仅是人，连动物、植物、天上的空气都跟他好。就是这么个人，没有人不喜欢他的，所以中国千年的文人对他有很多评价，有人说他是绝顶聪明的人，这是没有错的，大概没有人是比他聪明的。有人说他是大文豪，大智慧，无论怎么评价都不为过，因为的确我们很难找到比他更聪明的人了，就是这么一个人。这么抽象地说他聪明，可能不足以表达他的精彩。具体地说，在西方世界，有《伊索寓言》，但其实只是给小孩写的，西方人很多想象，包括希腊文化都有很多想象。要说想象力，中华文明5000年，能够说那么多的寓言故事，创造那么多的成语，什么朝三暮四、白驹过隙、相濡以沫、相忘于江湖等，都是他创造的。他的寓言故事创造了一个奇绝，就是用说故事的办法来说哲学、说道理。可以说，中华民族5000年也就只有他了，所以他又很平实。我们第一句话：他是个很平实的人。

第二，我们说他是个很孤高的人。据说他的朋友惠子在梁国做了宰相，他觉得朋友当了宰相，应该去祝贺一下，就去了。惠子一听说他来了，就很紧张，加上旁边的人给惠子说，庄子这次来是冲着惠子的相位来的，惠子一下更紧张了，全城搜索了三天三夜没搜着。庄子知道这个事以后，就大大方方出来了。既然这样我就出来了，就去见了惠子，跟他说了一番什么话呢？一开始就给他讲故事，他说你有没有听说南方有一种鸟叫鹓鶵，据说这种鹓鶵就是凤凰，说这个鸟不是练实不吃，不是梧桐不止，不是醴泉不饮。所谓练实就是那种竹米，不是竹米，它宁肯饿死也不吃；不是梧桐树，它即便累死它也不会停下来歇息，一般的树它不会停；要不是醴泉，所谓醴泉就是甘甜的泉水，不是醴泉，它宁肯渴死也不饮。这个时候，它从天上飞过，正好地上一只鸱鹰得了一个死老鼠，正在有滋有味地品尝着，看到它飞过来以后很紧张，对着天上鹓鸰就吼叫，说"吓，走远一些，别靠近我"。这个故事讲到这里突然庄子不说了，话锋一转，对惠子说：你该不是拿你的梁国的相位来吓我吧？你就是得了一个死老鼠嘛。你看庄子非常的孤高。所以我们说庄子是一个孤高的人，孤高也就难免孤独了，他有时候会孤独的。他"以世为沉浊"，一般人听不懂他的话，所以一般他不愿意跟人说话。但是呢，他在跟大千世界对话，所以风、鸟、雨、万物都可以对话，他的世界很丰富，是个孤高的人。孤高到有时候家里断了炊烟，揭不开锅了，去向监河侯借米，监河侯说行啊，你等着，等我把税金收回来，我借你300金，要多少给多少。监河侯是个收税的官。庄子听到了就不高兴，又给他讲了一个故事，说：我昨天来的路上，在路上碰到一件怪事，我坐在车上，听到车辙轧过的沟里面有一条鱼对我在喊叫，它喊庄周。我问你是谁？有什么事？他说，我是东海的波臣，是东海龙王的使臣，不小心处在这种地步了，你能不能给我一桶水或者一升水让我活命呢？庄子说没问题，我去激西江之水来救你怎么样？这个鱼听了很不高兴，它说我只要一桶水就可以活命，你却要跑到西江，所谓西江就是现在的西湖，激西江水来救我，要那样就不必了，你还不如到卖鱼干的市场去找我。等你把西江的水激过来，我不就变成鱼干了吗？大家看，他这么回答监河侯，意思是说你现在只要借上点米给我就可以了，你却要借我300金，可是眼前拿不到。你看我们生活当中是不是也有这样的事呢？你向朋友借钱，你需要救下急，你朋友说没问题，等我发工资了，你要多少给多少。这种人实际上是太不厚道了，给个一桶水、两桶水就可以活命的，给一点钱就可以救急的，马上钱掏出来就给人家的这是厚道，那种说我以后发了工资再给你，是太不厚道了。庄子就对监河侯说了这番话，所以他很孤高，孤高的代价有时候就是孤独。

　　第三，我们说庄子是一个简单的人。人来到世间一趟要说简单是很难的。因为我们天天在学习，不断在长进，如何使自己简单下来，是非常不容易的。我们的知识在不断地增加，怎么简单得了？庄子就喜欢这种像婴儿一样的人，这是一个化简的功夫，是可以做到的。是化简，就是我们一方面增加知识，增加社会阅历；但另一方面，我们要不断地去化简自己，用老子的话叫"损之又损"，不断地化简自己，把自己化简成一个简单纯真的人。生活中有没有这样的人呢？肯定是有的，除了庄子，我们现在生活当中，一个很有智慧的人，年龄很大的人，你会发现他像婴儿一样，很简单，这样的人是不是我们愿意交往的呢？各位，你们愿意交往一个复杂的人还是愿意交往一个简单的人呢？我想大家可能都愿意交一个有智慧，但是又很简单的人，你绝对不愿意交一个复杂的人。庄子就是个简单的人，那么智慧，但是很简单。他怎么简单？我说一个例子大家就知道了。他曾经到一个地方去玩，然后就闯到别人的林子里面去了。他是为了弄明白一个现象。一个大鹊撞到他额头上，出于好奇的心理，这么大的鸟，这么大个翅膀你飞不起来，这么大个眼睛你看不见我，于是他拿个弹弓准备把鸟打下来。跟着进去林子后他看到一个奇异的现象，原来这只鸟是为了捕捉一只螳螂。螳螂又干啥去了呢？螳螂是去捕捉那只蝉。蝉干啥去了？蝉是为了躲在树荫下面免得晒太阳。庄子马上想到：这是利益相召，所谓利益相召就是一环扣一环，是个利益链条关系，一说大家都明白了，现在很多官场那些乌七八糟的事情都是利益链条，利益输送，一环扣一环的。庄子马上回去想，你看，我又并不是图什么利，我就去看个究竟，结果我回去的路上被守树林的人骂了一顿，他以为我去偷他的栗子。于是庄子在家里闭门思过，三天不出庭院，弟子问他师傅怎么三天都不出来，他说自己闭门思过，他说"我观于浊水，迷于清渊"，在利益面前我是清楚的，我不会糊涂，但是在清渊面前我糊涂了，我遭人骂了，所以我要反省，三天不出门，反省自己。他的简单是化简来的，所以说庄子是一个简单的人。

第四，庄子是一个清醒的智者，这是我们最想说的。所谓清醒的智者，非常的睿智，他创造了我们中国文学史上的中国式的美学，所以美学一定要从他那儿开始。我们现在讲的自然主义也好，后现代也好，无论哪一种艺术，有一个基本的原则叫返璞归真。用庄子的话来说呢，叫"既雕既琢，复归与朴"，无论哪一种艺术，用什么方式，最后都要回归自然，如果不自然的，那就是不好的。其实我们现在这个城市建设也罢，做城市花园也罢，或者家里布置也罢，我们都要用尽可能的艺术匠心，去塑造一个尽可能的自然，这是最高艺术，最高的境界，这是他开创的这个东西。庄子在哲学上最伟大的贡献就是相对主义。相对主义有很深刻的道理，其实简单化来说又很直白，所以我们经常把什么事情看得绝对，大就是大，好就是好，坏就是坏，美就是美，丑就是丑，富就是富，贫就是贫，在庄子看来，一切都是相对的，因为越过了那个界限，一切都发生了变化，越过了那个时段，也一切都发生变化了。中国人有一个传统说"富不过三代"，还有一种说法叫"官不过三代"。不管你做什么，你很难说世世代代往下做一个行当的，因为一切是在发生变化，没有一个东西是绝对的。所以大相对更大的是小，小相对更小的是大，由于这个原因，我们把一切事情都不能看绝对了，我们对任何事情保持一种怀疑的态度，而怀疑，恰恰是科学和社会进步的前提条件，没有怀疑，就不可能有进步。我们有梦想，我们现在讲梦，这个梦其实是对现实生活的一种怀疑，跟现实生活不一样。人本来不会飞，如果没有梦中飞的想象，就不可能造飞机；你没有梦到游泳，没有想象潜到深水里面去的话，你就不可能造出潜艇来。这一切东西都是建立在一种对现实的怀疑的基础上，所以科学也就是这样一步一步地前进过来的，没有怀疑的精神一切都不可能。可以这样说，这一条也使得我们对权威、对权力、对富贵、对教条，一切我们都可以持一种怀疑的态度，不把它看绝对了。所以呢，我说了四句话，还可以说五句、六句，总而言之，庄子呢，我是说不清楚他。但是，经常我们说到什么事的时候，其实很难超出他的思想范围。通俗一点说，他是穿越了历史的时空，他2000多年前预见的事情，我们现在还没有预见，所以他这个人生活的时代离我们很久远，其实他又离我们很近，这就是他的魅力所在。有关庄子的人生，我先说到这里，后面大家再讨论第二个话题。

王绍培

　　李博士讲了一个平实的庄子、孤高的庄子、简单的庄子、清醒的庄子，刚才方博士还讲到了一个多情的庄子。我有一个叫庞贝的同事，他去年写了一部话剧叫《庄先生》，就是以庄子为原型，今年在北京、上海、深圳很多地方的剧场里面，到目前为止演了50多场，像他那样一个小话剧能演50多场是很不容易的，也说明了这个话剧非常受欢迎，很多评论家认为这是今年话剧界的很大一个收获。庞贝写的《庄先生》，我不知道在座的有谁去看过？他在深圳倒是演得不是很多，尽管我们是鹏城，跟庄子有关系，但是《庄先生》这个话剧在深圳是在很小的剧场演的，观众也不是很多。庞贝在他的话剧里面给我们呈现的是一个什么样的庄子呢？是一个很憋屈的庄子，我们刚刚有人说庄子是逍遥的，庄子是无为的，但是在庞贝的眼里，他觉得庄子其实是很憋屈的，虽然看起来是很逍遥，很无所谓，但其实他有很多的苦闷，很多的不如意，这也就印证了西方有一个谚语叫100个人有100个哈姆雷特。100个读者就有100个庄子，所以李博士刚才说，我们要把庄子这个人说清楚其实是很难的，是不太容易的。我们看过很多人讲庄子，但我觉得庄子有一个非常重要的、非常核心的部分，是我们过去比较少提到的，那么我是从哪里有这样一个体会呢？过去中国道教协会前会长陈撄宁介绍过一种功法，叫静功。静功是干什么的，就是你失眠了，或者你这个人多愁善感，你有抑郁症，通过练静功，就可以回补你的元神和元气，如果元神和元气得到了一个很大的补充的话，几乎失眠这个问题是可以根治的。一般大家来治疗失眠，要么吃药或者有一些什么别的办法，都会有副作用，陈撄宁说用静功来治疗失眠，绝对不会有副作用，而且会让一个人变得很健康、很快乐，那么他介绍的静功是什么呢？其实就是庄子里面的一章，叫"听息法"，就是听自己的呼吸，但其实不是用耳朵听，而是用自己的心去听，将自己的注意力关注在自己的呼吸上，不要听之以耳，要听之以心，听到最后，就只有一个东西了，就是呼吸，最后连呼吸这个东西都忘记了，与天地万物、与天地的本原完全地浑然一体。到这时候你的所谓的失眠，你的多愁善感都一扫而空，你的身体会得到非常大的修复，回到一个很健康的状态。当然进一步的话，里面还会出现很多很多的境界，但是陈撄宁就认为那些境界是我们一般的人不用去追求的，我们只要求把自己的身体养好了、练好了就足够了。通过陈撄宁的描述，你发现了什么？发现庄子的一本书里面，其实是一套功法，尽管那个时候好像没有道家，没有修炼的这种人或事存在，好像我们不从这个方面去想象他。但事实上，老子、庄子这些人证明在他们那个年代，甚至于比他们更久远的年代，在中国的这片土地上，一定有人是致力于这一套东西的，这一套东西是什么东西呢？就是我在那里静坐，我在那里打坐，我在那里修炼，我要通过我的努力重新回到一个先天的状态，这是我认为我们理解老子和庄子、理解道家的一个非常重要的路径。后来我去看一本书，你们在网上去找也能找到，去买也能买到，斯里兰卡有一个法师叫德宝法师，他有一本书叫《观呼吸》，他是佛家的一个高僧，他《观呼吸》里面的很多法门、很多修炼的步骤跟庄子的"听息法"是很一致的。这说明了什么？说明古往今来是有一个一以贯通的东西，只不过后来有了专门修炼的人——道士，我们不把庄子看成一个道士，但事实上，他一定是道家功法的业余爱好者。如果从这个角度来理解庄子的话，你就知道庄子说的是什么，为什么庄子可以这么想，因为庄子本来就是一个出世的人，不是一个入世的人。一个出世的人他追求的、他的志趣是什么？他的志趣就是把人间的、把一般人看重的东西看轻，而把他们那些人所追求的东西看得很重。所以钱钟书先生在他《管锥编》里面写到过，在远古、上古的时代，一定有一个神秘宗，他没有说这个是道家还是佛家还是什么家，他就说神秘宗，神秘宗就是一种宗教流派，这些人他们是来修炼的，要从这个角度来说就比较好理解老子讲的话、庄子讲的话。比如老子过去说"为学日益，为道日损"，什么叫为学呢？就是我们要学习文化知识，越多越好，从小学、中学、大学、研究生，到博士，这都是加法；什么叫为道呢？修炼，"日损"就是把这些东西都减掉，怎么减掉？就是因为后天我们人的脑子变得很复杂了，我们的私心杂念很多，我们很难专注到某一个点上，这些修炼的人就是要把所有的杂念去掉，要让我们的注意力关注到一点上，关注到最根本的东西上，甚至于连关注这件事情都忘掉，于是你就跟这个存在的本体完全同一了，这个同一的过程就是他们修炼的过程。要做到这个同一就要改变你对人间的很多东西的看法，不重要，因为跟你的那些，我要重新回到跟那个世界的本原一体的，这个东西比较起来，跟这个价值观比较起来，人家当个科长、当个局长，当个宰相、当个总理、当个总统都是无所谓的，而且对他的修炼是没有帮助的，越清净越好，杂念越少越好，人间的很多功名利禄看得越淡越好，越有助于你进入那种境界里面去，所以庄子讲本体，讲世界的本原。太初的时候存在一种东西，这种东西叫什么？就叫无，我们给它一个名字就叫"一"，"一"是没有形体的，得到了这个"一"就开始有万事万物了，万事万物都是因为有这个"一"，所以才有它的德性。我们讲道家的德性，其实这个就是他们的德性，这个德性看起来好像是万事万物之所以有成长性、有生命力的一个根本原因，相对来说这是一个能量。那么我们整个人的成长过程其实就是一个能量不断地损耗的过程，我们怎么样能成为一个有德性的人呢？减少我们的能量损耗，重新地找到能量的源头去补充能量，也就是补充我们的德性，于是你又变得非常饱满。他们为什么喜欢像婴儿那样的人的状态呢？是因为孩子生下来的时候，他跟宇宙的本体、本原是最接近的，先天的东西非常的饱满、非常的充足，他的生长的过程就是先天的东西变得越来越少、后天的东西变得越来越多的一个过程，这是人类自然生长的过程。反过来，就是把后天的东西一点一点去掉，重新回到一个先天的状态，所以庄子讲说，我这个人为什么不做官，什么都不做呢？我就是要以快吾志，我就是要让我的志向得到快乐。那么他的志向是什么？他的志向就是要跟先天的德性一体化，融为一体，这是他的德。第一你不是一个修炼的人，第二你的智商没有他高，第三你被后天的东西干扰，已经被后天的东西彻底地洗脑了，所以庄子要讲很多很多的寓言来告诉你他说的是什么意思，要用很多很多的比喻打比方告诉你他讲的是什么意思。我们听着都觉得是一个哲学的话题，是一个美学的话题，是一个艺术的话题，乃至于是一个文学小说的话题，但其实在庄子看来，我认为他其实讲的是一个修炼的话题，就是我们怎么样重新回到一个先天的状态。我觉得这样的庄子应该有所提及，比如冯友兰写的《中国哲学史》，像李大华博士的导师写的《中国哲学史》，一般的哲学史里面很少讲这一部分，但是我认为，这一部分恰好是理解老庄的一个关键。为什么这么说呢？他说的到底是什么东西呢？他们的"相对论""齐物论"的结论是通过什么思维方式得到的？也就是所谓的庄子在现世、在实际生活当中的憋屈可能不是那么回事，不一定憋屈。还有他的多情，他可能确实是很多情的，这种人他的感性的能力是强的，正因为他是一个感受性很强的人，所以他特别容易会走到出世的、修炼的道路上去。我们生活中也有很多这样的人，如果你是一个迟钝的人，你一般对修炼这回事是没有什么兴趣的，一躺下来你就睡着了，该醒的时候就醒了。只有那些多愁善感的人、被七情六欲所困扰的人，会寻找一个根本的解决的办法，慢慢就会找到，就会跟上去，就会找到庄子，找到庄子的"听息法"，找到庄子的很多的哲学和美学等。我认为从本末的关系上来讲，庄子所谓的道，他的修炼是本，其他的都是生发出来的东西。尽管那些生发出来的东西，在哲学上、在艺术上、在美学上、在我们的实际生活上有很大的作用和很大的影响。但是我们要真正地吃透庄子，了解庄子，乃至于说吃透道家，了解道家，我觉得这是一个很重要的路径，要知道庄子这些人他们是钱钟书所讲的神秘宗。你们要是对中国的一些修炼，儒释道三家都有，比如说怎么打坐，怎么禅修，对这个东西有了解的话你再去看庄子，会发现庄子讲的跟后来的各家各派讲的东西很多地方是一脉相承的，是相通的，是可以互相诠释、互相理解的。我是觉得这样一个庄子，如果从这个角度来谈庄子的为人和道家的德性，就相对来说比较容易，比较简单，这是我对他的一点了解。两位对今天的话题还有没有什么补充？

李大华：《庄子》33篇都是用寓言故事讲出来的，5000年里，中国人就出了他一个，讲寓言故事，讲寓言故事创造成语，这如果不是绝顶聪明的人是做不到的，我们一生可能都创造不出一条。现在进入下面一个题目就是道家的德性。说起德性呢，庄子这个人是最讲德性的，但什么才是道家的德性呢？我们说它跟儒家很不同，儒家有一个德性，大家都知道仁义礼智信，这叫"五常"。伦理上还有"三纲"，"三纲"这个东西该扔进垃圾桶了，什么"君为臣纲、父为子纲、夫为妻纲"，这不是好的东西，但"仁义礼智信"这五常还是好的。那么道家的德性、道德就是老子讲出来的，老子不是著了《道德经》吗？先讲道，后讲德。那么道家的德性究竟是个什么样的？简单地说就三句话，或者叫三个字，三个字就叫"真""容""公"。"真"就是要真实、真诚，做人我看这个很重要，你再怎么仁（仁爱、仁义），如果你本身不真，这就很有问题了。我爱所有的人，但是你这个爱是做出来的，如果内心不真诚，不是真实的话，这是虚伪的，做人第一条我觉得还不是仁，要真，这是道家的东西。第二个是要"容"，"容"就是宽容，宽容大家好理解。第三句话"公平"道家就是这三个德性。"真"是中国文化比较缺失的东西，这三条其实在中国文化中都比较缺失，主流文化，就是意识形态那个文化是缺失的。老子讲过，"容乃公，公乃王，王乃天，天乃道"，他所说的"容"就是宽容，孔子讲过"以直报怨"，老子讲过"报怨以德"，以自己的德性对待那些怨恨的人，如果不是有宽容的心是不可能做到的，道家是特别讲究宽容的。庄子有一篇叫作《在宥篇》，《在宥篇》里他用的两个字，一个是存在的"在"，一个是宽宥的"宥"，这个"在"是讲自在、自由，"宥"呢，宽容，就是要讲宽容的。第三个讲公平，老子就说容乃公，公平是我们要追求的东西，这个公平中国最缺失。远的不说，我们几千年文化了，就说1949年新中国成立之后，我们也不讲公平，我们什么时候讲公平的？讲公平这事是近10年来的事，温家宝到处讲，说公平像月亮、公平像太阳，公平比什么都重要。这个话说得一点都没错，我们这个社会缺乏公平，我们这个社会充斥着种种的歧视，性别歧视、职业歧视、出生歧视、年龄歧视，为什么招工只规定说要漂亮女孩、身高多少、年龄多少，这完全是一种歧视，因为公平是像太阳、月亮一样，所以我们现在就把公平、公正写进了我们的核心价值观。庄子所追求的逍遥自在也进了核心价值观，但是这些东西还很期待我们去开发，我们要多讲，反复地讲。那么，老子为什么要讲"容乃公"呢？如果一个人不宽容，我们是很难说这个人有公平、公正的。你什么时候碰到一个心胸很狭窄的人、利欲熏心的人有公平呢？一定是个宽容的人，能够容许别人犯错误、能够给人家改正的机会的人，这样的人才是公平、公正的人。我们现在这个社会很不公，既不公平，也很不宽容。大家都知道，最近西南财大一个教授大闹飞机的事，后来警察把他拘留了，西南财大就马上做出一个决定，开除公职。把人家开除了，把人家饭碗砸了。我说这件事情做个检讨、公开认个错不就得了，为什么要把人家开除了呢？我想这样的事件还有很多，我们现在的社会越来越不宽容，这一点不太好，我们要学习道家的精神，要宽容一点，要公平一点。那么这个德性在庄子那里是怎么描述的呢？还是一个水，庄子用的也是水德，德是什么？庄子说"成和之修也"，就是养成一种和顺的修养，就是心平气和，把它养成一种德性。他讲了一个水德，水是什么德性呢？因为它客观公正，客观意味着真实；第二呢，他又讲到了公正的问题，因为庄子讲"人莫鉴于流水而鉴于止水"，那个时候没有我们现在的玻璃镜子，不会照镜子，最好的办法是用水照自己的形象。而过去的人就喜欢用水来照自己，那么这个水，它的公平、公正、客观体现在哪里？它是平静的水，它不会把一些人照得漂亮，它不会把那些有钱的人、爱美的人照得漂亮，也不会把一些丑的人照得更丑，无论人们对它爱或恨、喜欢或不喜欢，它都会客观公正地照出来。所以庄子说，要像一面平静的水那样客观而公正，这就是道家的德性。庄子举过例子，要说万物当中，可以做这种公正的镜子、像水的一面镜子，就是松和柏，因为松树、柏树四季常青，所以它们可以做万物的标准，可以做万物的镜子，其他的树都是要花开花落的，而这两种树呢，四季常青，所以是客观公正的。人谁可以做到呢？尧舜，我们的祖先，最美好的过去。为什么他们可以做到呢？是这样的，尧和舜都把自己的帝位让给了别人，没有说传给自己的儿孙，尧把天下治理好了让给许由（这是庄子描述的），他说请你来坐天下。许由打了个比方说，我不能够越俎代庖，这个成语也是这么来的，说主持祭祀的人不会去越过自己的位置去代替厨师的事情，厨师是一个平常的工作，主持礼仪是一种很高尚的工作，他说我不能去代替那个位置，就是说我不能代替你做这个事情。那么尧呢，他满天下找到一个人，找到了舜，说舜这个人公正又有智慧，就把天下传给他了。那么舜呢，也把自己天子的位置传给了禹，大禹大家知道，大禹治水。就从禹那里开了个不好的头，把自己的位置传给了子孙，从此中国形成了一个"家天下"的传统，所以庄子说只有尧舜这样的人可以做万人的镜子。那么简单说，就是道家的德性叫"真""容""公"。我们这个社会呢，恰恰很需要这个东西，所以说我们谈 2000 年前的庄子实际上是很有现实意义的。

王绍培

　　方博士还有补充吗？要是不补充的话，我们就进入到互动环节，我们把互动的时间留得多一点。好，看看在座的有什么问题？

　　听众：我听了三位老师的观点后，觉得跟我以前接触的不一样。我想问的问题是：我目前接触到的一些信息或者一些知识，因为庄子也算是一种国学，我目前接触的更多的是大量的伪劣的东西，在中国包括现在的主流传播平台网站或微信朋友圈等，要么就是心灵鸡汤、成功学等听上去感觉让人很恶心的东西，反而这种真正的真理性的东西的传播很少，就这种现象想听听老师们的理解，这是我的一个疑惑。

　　李大华：我明白了你的意思。你的意思是说现在这个社会充斥着满街的成功学、厚黑学，像庄子这么精粹的东西为什么不流行一下？我觉得你这个问题也是我关切的问题，其实我们这个社会充斥着一种庸俗的气息，就是缺乏追求那种真实的精神，可能是因为几千年的君主制度，我们性格当中总是那么不由衷地说话，所以造成人格扭曲。官场的那些人扭曲了，因为他长期以来不能说心里话，自然会扭曲，本来境界也没那么高，他不是高尚，他是坐在位置上假装高尚，这个社会充满着庸俗的气息。我刚才从音乐厅过来，满墙贴的广告，刚才有朋友问，他说这些东西为什么在西方的鉴赏，听众不需要知道你获得什么大奖，马上就可以鉴赏到你一个人弹奏得好不好，小提琴、钢琴弹奏得好不好；而在中国是要靠名气，就一定是获了大奖的人才是弹得好。这个很俗，也说明这个民族缺乏真正的艺术鉴赏力，要靠所谓的大奖来装点。你的问题提得很好，我始终觉得这个社会充斥着庸俗的气息，这一点又跟西方社会不一样。在西方社会的每一个人，包括小孩，都很主张有自己的表达，能够说出跟别人不一样的东西，这个大家很欣赏，这才是个道理，所以我希望大家，我们每个人做回我们自己，不要跟着人家跑。中国人有一个从众的心理，如街上有一个人突然停下来，他停下来蹲在地上看，他蹲了一会，结果来了很多人蹲在那里，看到了啥，啥也没有看到，就是因为有一个人蹲在那里看，所以一帮人觉得那里一定有什么东西可看，这就是中国人，大家不要做这样的中国人。

王绍培

方博士还有没有补充？

方映灵：补充一下，你的问题既然这样理解的话，我就想到一个问题，就是我们现在社会的价值观仍然是非常单一的，还未能够形成多元的价值观。这跟庄子给我们开辟的另一种人生态度、人生价值观，确实有一定距离。现在社会就像你说的，大家都崇尚成功学，认为挣更多钱就是成功，这就像大华教授刚刚所说的，非常庸俗。确实，在我看来，国家和社会需要大家这样"庸俗"地去做，从而推进国家建设和社会进步。但是，一个健全发达的社会应该是多元的，这其中包括人也应该是多元的，价值观是多元的，人生态度是多元的。所以，不应该说我得到了大家心目中的荣华富贵才叫成功，而我按照我的天性从事我自得其乐的工作就不成功。中国古代陶渊明说"采菊东篱下，悠然见南山"，西方荷尔德林说"诗意地栖居"，这些不以外在物质而以自己内在精神富足作为追求目标的人生态度，我认为也应该得到宽容、肯定甚至鼓励的。这也就是大华教授刚刚所说的"宽容"。而道家的独特价值,应该就是在这一点上。我相信,随着社会的进步和我们国家的真正强大,社会会越来越多元,给予我们个人生活选择的自由度和宽容度会越来越大。所以我希望你这个问题,随着时间的推移,会得到一个满意的解答。

王绍培

我觉得问得不错,为什么好的东西不流行,而比较差的东西大行其道?就以庄子、以道家为例,其实庄子和道家要真正理解的话,不是很容易,真正理解他的精髓是很艰难的,而且你要走一条庄子的道路其实非常非常不容易。到了世俗的层面,到了一般人的层面,就把庄子庸俗化了,庄子一庸俗化之后呢就变成一个很容易的东西了,庄子是很容易变成心灵鸡汤的,像鲁迅写的《阿Q正传》那种精神是跟道家、跟庄子有关系的。比如说林语堂讲中国人圆融、圆滑,其实都跟道家是有关联的,跟我们对道家的误解、曲解是有关系的,因为我们理解不了它的精髓,于是我们按照自己的想象对它进行理解,然后这个球越滚越大,最后中国人变成这样一种玩世不恭的人,一种不敢活在真实状态中的人,跟道家、跟这种很好的哲学其实又有关系,为什么?因为我们回避了理解它的一条很艰难的道路,我们走的是一条很容易、很顺的道路,所以最后拿过来用的就是一个比较差的东西,乃至于说变成一碗鸡汤放在你的面前。传统学问里面的很多东西是很容易变成鸡汤的,如果不是对它有一个非常深刻的体悟、有一个很系统的把握的话,就很容易把这个东西变成鸡汤。另外再说一下刚才李博士讲的,说为什么北大的教授好像比其他的教授厉害一些,方博士又说庸俗又有他的现实性,这一方面,我觉得真是这样。因为在现在这样的商品社会,我们看一个东西往往不是看这个东西怎么样,而是看它的标识、看它的品牌,这就是建立标识、建立品牌的重要性。重要性在哪里呢?就是我们在很短的时间很快就要鉴别它是什么,最快鉴别一个东西是什么东西的,就是它的品牌,就是它的标识。我们看一个人,我也不知道你是谁,你是北大的教授,我就觉得你比较厉害,比深大的教授有可能会厉害一点，但是不一定，但总体来说，比如说美国的名校的教授可能会比中国的大学的教授要好一些，是不是就个体来讲，美国名校的教授就真的比中国大学里面的教授要好一点呢、要厉害一点呢？也不一定，但是这里讲的是一个概率，就是我们一般人鉴别一个人的时候，往往就是这样鉴别的，否则，了解一个人真实的水平是需要很高的时间成本、其他的知识成本和各种成本的，这是他的现实性。我们就通过这样一个标识来认识事物，但是我们往往就会被这些标识所欺骗，有很多人用这个标识来骗人。比如说一个很厉害的人他就是仁波切，一个高僧他可能就是活佛；反过来，有些人直截了当说我就是仁波切，我就是活佛。于是有些人就说你既然是活佛，你既然是仁波切，那一定很厉害，那也不一定。所以我们既要相信、既要知道有这个头衔，知道有这个标识、有这个品牌，除此之外，你一定要对这种标识和品牌保持警觉，有标识的人不一定真的厉害，没有这些品牌，没有这些头衔的人不一定就不行，有可能什么都没有的人是非常厉害的，我们要有这样一种意识，就相当于庄子所谓的清醒。好，下一位。

听众：我问一个问题，庄子是一门哲学，在中国也是一种宗教，在中国有很多哲学家，但是为什么会没有科学家。西方会有很多人是一个基督教教徒，同时又是一个伟大的科学家，在中国，像清朝1840年鸦片战争，就是因为科技落后差点亡国。在中国，为什么哲学和自然科学不能达到一个结合，为什么不能是一个哲学家同时又是一个科学家？

王绍培

我觉得上一次南书房夜话的时候，有一个胡子很长、头发也很长的人，他几乎每次都问这个问题，然后我做了一个很长篇大论的解释，为什么会有这样一个现象，可能在座的也有很多长期在的人。你问的问题相当于问一个什么样的问题呢？为什么姚明的篮球打得那么好，但是他跑不快呢？因为姚明长得很高，他专攻篮球，他为什么没有博尔特跑得快？博尔特篮球还没有姚明打得好呢！也可以这么问，西方人也可能这么问，说我们的科技那么发达，为什么我们没有出像印度和中国那些修行很好的人，那些圣人呢？对不对？这是第一个回答，就是各种文化、各种文明的价值观的着重点是不一样的。在东方我们发展了这一部分，我们发展了比如说人的心性的自觉，而在西方他们发展了另外一个方面，发展了对客观世界的科学的认识，发展了知识性的体系，于是我们跟他们的路径不一样。再比如说，我们中国很早在政治上很成熟，但这个成熟并不是说我们政治制度很好，而是我们的政治制度在很早的时候就很有针对性，很有效，很解决问题，虽然不一定是最好的，但是它曾经很好，这是我对这个问题的第二个回答。第三个回答，为什么西方有，中国没有？我记得我上一次是这样回答的：五四运动的时候，我们迎来了德先生和赛先生，我们都知道，德先生就是民主，赛先生就是科学，但很少人知道德先生跟赛先生的关系，德先生是赛先生的母亲，为什么这么说？就是科学的摇篮是民主，是自由，你要去看《理性的发明》这本书，法国人写的，你就知道，在古希腊的小城邦，因为当年他们处在一个民主的状态，他们不是靠一个人的拳头大来制服你，不是靠武力降服你，而是靠什么？靠我讲道理讲得非常好，要你承认我讲的是对的，为了追求这个目标，为了追求我讲的比你还要好，于是他们发明了很多认识的思维的工具，最重要的工具就是理性。理性这样一种最重要的工具是在古希腊人手上发明出来的，其他的民族没有，其他的民族有理智、有理性、有思考的萌芽、有思考的习惯，但是成系统的理性思考的工具、成系统的理性思考的体系古希腊人发展的水准是最高的。他们用理性思考，他们追求了一种东西，追求什么呢？追求普遍性，追求这个世界的本体在认识层面上、在知识层面上是什么，这在中国，我们可能会想普遍性的一个东西，可能是气，可能是庄子老子所说的无，可能是德，可能讲这个东西。但是他们讲的是什么？他们讲的是规律，讲的是真理，讲的是我可以用语言和逻辑描述的一个对象。有了这个东西，他们就一步一步去寻找客观世界的规律了，就是它最早的一个源头。

听众： 那这样是不是中国的哲学要比西方的落后呢？

王绍培

这首先是一个取向的不同，一个价值的不同，你要从一个个人的完整上来说的话，可能西藏的一个高僧作为一个个体是非常完整的，但是作为文明，显然西藏的文明跟西方的文明是没有办法相提并论的。你不能说我跑得快就一定比打篮球的跳得高要好。

李大华： 我来回答一下你的问题。一个民族所走的路程不是说它走的是一个可以概括人类所走的路程、中华民族所走的路，像刚才王先生说的问题，就是我们这个民族其实曾经出现过辉煌的时期，有辉煌的哲学，像庄子和老子这样的人，但是我们缺乏一个像西方那种用以发展科学的工具理性。所谓工具理性呢，就是一套方法。比如说，公式化的，用字母可以代替的公式化的方法，在中国的先秦墨家出现过这种逻辑方式，但是墨家有个问题，这个学说很快就断了。其中的原因之一，是他这一套论证方式是文字，他不是依靠一种符号来公式化，只有公式化才能够运用到别处，所以中国缺乏这个东西。中国曾经创造过很多科学的发现和发明，但是我们始终缺乏一种工具理性，这种工具理性其实在西方也不是各个国家都有的，是希腊传播出来的，希腊发现了这个，然而中华民族没有这个东西。于此来说，每个国家想要进步的话，只有互相学习，中国如果把自己的门继续锁起来，100 年、1000 年也搞不出这个东西。事实就是这样。

王绍培

是不是用文字来表述这是其中原因之一，其实还有一个很重要的原因就是中国很早就进入了一个帝国统治的状态，那么专制社会有一个什么问题呢？就是一个最高的东西不是说它是不是真理，而是看权力在谁手上，谁权力最大它就是真理。

　　李大华：中华民族千年以来在君主制度下形成的官本位是深入骨髓的，像当年的抗英，洋人怕三元里的老百姓，但三元里的老百姓怕官府，官府又怕洋人。这是什么问题？就是中华民族千年的君主制度确实造成了大家一直忠君的思想，所以人人都想做官，有能力的不去搞科学。过去美国人列文森写了一本书就是谈这个事情，他举了明代那些画家，那些画家本来应该是天才的画家，做职业画家，然而，不，他们要做官，一定要做官，会作画是装饰，因为我会作画，所以我可以做官。为什么不去做你擅长的事情而要做官呢？用西方的眼光来看，现代化的一个前提是职业化，如果不分工、不职业化，就没有现代化，做科学的还想去做官。这就是中华民族的一个问题。

　　方映灵：我觉得你这个问题提得非常好！确实跟我们今天讲的主题密切相关。中国文化、中国哲学的一个特色、一个突出特征，用李泽厚的一个词，就是实用理性，而这个实用理性跟儒家是密切联系在一起的。儒家长期以来，基本都是作为一种官方的意识形态，所以它深刻地影响了中国的社会和思想文化。而儒家又是一种人生社会哲学，所以自古以来，中国人关注的往往是人生、社会、伦理这一面，而较少关注自然和科学那一面。道家一个突出的特征、一个突出的贡献和价值，就在于它突破儒家的局限，把我们的目光和思考范围从人生社会扩展到整个宇宙，指出人生社会只是宇宙自然的一部分。这样的结果，不仅使人们的境界和思维变得开阔、豁达、高远，也让我们能够放眼大千世界，继而探究宇宙奥秘。所以，假如说中国历史上对道家的这一思想能够充分重视的话，我们的自然科学发展定会是另外一种局面了。

　　听众：道家主流和儒家主流两个历史被汉武帝割断，对中国哲学都没有什么发展。中国到清朝打开国门的时候，就算以道家为主流，也不一定能发展出来。

方映灵：从汉武帝到清朝这么多年，假如不仅仅只关注人生社会问题，而能够多些关注宇宙自然的话，情况定会不一样的。

王绍培

方博士的意见是这样的，如果我们是把道家作为主流，那可能我们中国的形态就不一样了。但她并没有说我们要是把道家作为主流，我们中国的科学技术就会很发达。

李大华：方博士回答的是你这么说，其实你缺乏认真的对比，你很难说先秦和汉的时候中国的科学技术比西方落后多少。

方映灵：其实儒家的影响是给我们中国形成了一种思维定式，就是过于关注人文社会科学而忽视自然科学。西方的自然科学也就是十六七世纪从宗教那里争得一点地盘才开始发展起来的。所以，假如我们从秦汉时代开始就能够注重自然科学发展，那此后是一种什么样的状况，相信大家都可以想象到。

王绍培

方博士讲得有道理的一点在哪里呢？就是李约瑟的书里面写过，说中国的很多技术，还不是说科学，是技术上的发明跟道有关系，道是很关注自然的，比如炼丹，有很多技术上的东西就是与道家有关的。他问的问题其实是一个思维类型的问题，就是有些思维是更理性化，有些思维就不是这样的。这个问题李约瑟都用了很大的篇幅，在我们过去的 80 年代、90 年代这个问题讨论得热火朝天，但能很好地解决这个问题的好像也不是很多，所以这个问题说不清楚。我们换下一个问题。

听众：感谢三位老师的分享。我想问一个问题：其实我对道家的学说没有太多的学习和研究，但是最近着迷了，我也想请教三个小问题：第一个是提到庄子就不得不提到老子，那庄子对老子来说，在道家这个学说上有什么独到的创新或者发展？这是一个问题。第二个问题，道家跟道教有什么不同？它们是什么关系？第三个问题，我现在想去学习道家的哲学思想来完善和发展我的价值观及生活处事，三位老师能不能分别推荐一本书？

方映灵：我简单回答你第一个问题，就是老子与庄子继承发展的问题。简单地说，道家是老子创立的，自然无为的核心主张是老子提出的，对这一点，庄子是全盘继承的。而庄子对老子的发扬光大，也就是庄子独特的东西，最主要的，就是我刚刚说过的，一个是更加突出个体性，强调个体的自然自由；另一个是提出"齐物"，强调万物平等；还有一个就是逍遥，追求人格的独立、精神的自由。我认为这三方面是庄子最具特色的思想，是对老子思想的发展。

李大华：你的问题很大，我只能简单回答你。老子和庄子，老子相对来说比较关注政府的事情，就是关心国家怎么治理，关心得更多一点，所以有人说《老子》这本书实际上是君人南面之术。《庄子》比较关心的是个人的修养、个人的精神自由，以及哲学的问题，这方面考虑更多一点。老子讲的那套政治性的东西，庄子讲得很少，庄子不太讲这个东西，但是庄子发展了一些东西是老子没有的，比如他的相对主义，他所谓的逍遥自由，是老子都不太讲的，庄子的这方面是老子完全没有做过的。尤其是他的相对主义是独树一帜的，我们现在讲爱因斯坦的相对论，就是一个怀疑精神，要破除这个绝对，庄子这套理论就要我们不要把一切事情都看死了，一切事情都不要绝对了，相对主义在哲学上贡献非常多，我简单这么回答你。第二个问题，老庄和道教的关系，老子是道教的教主，庄子被奉为南华真人，这都是后来的事情，老子和庄子在世的时候，道教作为一种宗教是没有产生的，道教产生的时间是汉代的后期，离庄子起码要过四五百年。所以作为一种宗教，老庄毫无疑问是道教的思想资源，这是没有问题的，但道教在很长时间内其实也没有认可庄子。庄子进入道教的经典是在唐朝玄宗时期，唐玄宗时期把

《庄子》这本书命名为《南华真经》。其实道教产生以后，就一直在吸收老庄的东西了，但是之前没有学好，这是道教一个很失败的地方，所以跟佛教辩论的时候，总是处于下风。因为佛教从印度来，有因明哲学，因明哲学是讲逻辑的；道士们只知道崇拜，但是把老庄，尤其是没有把庄子那一套思想方法学过来，要是把庄子的思想学得一点半点的，那就很不一样了。所以老庄跟道教的关系就是这样的，现在的道士还要好好地学老庄。第三个问题，你要说读什么书最合适。因为这个要根据你的兴趣，还要根据你已经拥有的老庄修养的程度，其实一般应该是循序渐进的，开始读一个比较通俗的，然后再读一个比较专业的东西。大家知道我有比较专业的书是《自然与自由——庄子哲学研究》，是一个研究性的书；通俗一点的呢，《庄子的智慧》是比较通俗的，是讲故事，通过讲故事来讲道理，但是这本书我没有办法送你，市面上你也买不到，印出来是手写体，是行书的、是草书的，所以只印了1000本，只送给了朋友和学生，我现在手头也没有了，但是明年或最迟后年，会出一个铅印本的，这个你读起来可能会比较方便。之前，陈鼓应写过一个庄子的寓言故事，薄薄的一本，三联出的，那个就几万字，陈先生的文笔是不错的。我觉得真要读庄子的话，要理解庄子是需要一点智慧的，是需要一点文化基础的，但是你学庄子学得多了，你自己也会变得聪明起来，这就是庄子的魅力。至于《老子》，《老子》的版本很多了，陈鼓应的版本本来就不错，《老子今注今译》就是比较通行的本子了，但是市面上很多流行的东西，就是刚才这位朋友提的这个问题，有很多不太专业的。大家都很有兴趣去解老子，每个人都有权力去研究他，老子庄子都是大家的，但是你要尽可能找一个比较好的本子，就是一个真正做研究的专家的本子去看，读陈鼓应的《老子今注今译》是不错的。所以我还是建议你要选一个地道的本子。不要看谁在电视上镜头出得多就买，就是你刚才的问题，好书没人看，流行的书、场面上的书大家抢着看。然而，不好的本子会误导读者。

方映灵：我的建议就三个字：读原典。你应该去读原典，找一个比较好的译本，像陈鼓应先生的译本就很好，然后好好读原典。

王绍培

好，今天的南书房夜话到此结束，谢谢大家。

南书房第二十四期——法家（上）
——人性的悖论：性善与性恶

嘉宾：韩望喜　问永宁　张晓峰（兼主持）

时间：2015 年 11 月 14 日　19：00—21：00

张晓峰

　　今天的话题是：法家——人性的悖论：性善与性恶。在开始本次活动之前，我简单地对两位来宾做个介绍。中间这位是韩望喜先生，中国人民大学伦理学博士，深圳市委宣传部副部长，他本人在伦理学、中国儒学上有很深的学术造诣。他本人近些年将精力放在传统文化的复兴与传播方面，社会反响良好。旁边这位问永宁老师是深圳大学文学院副院长，武汉大学哲学博士，其学问主要集中在中国哲学方面、伊斯兰及回教研究方面，成果颇丰。论及法家，就不能不从人性的最基本属性初始说起。人性，即人类天然具备的基本精神属性。人类社会的一切现象，都是基本人性的映射，人有神性（理性），亦有兽性（本能和情感），欲望是人根本属性，事实上，这也是一切生命的根本属性。在自然属性中，人性本无善恶之分，人生而如一张白纸；在社会属性中，人性会因环境的变化、时间的推移而发生改变，而在不同的情境下，善恶表现也会有所不同。关于人性的学说一般有四种，即性善论、性恶论、无善无恶论、有善有恶论。持性善论的，传统文化里有孟子；持性恶论的有荀子及其弟子韩非子、李斯；持无恶无善论的有告子；西汉的扬雄持有善有恶论。在这里首先有请问永宁老师从传统文化角度给大家交代下人性论在中国的起源流变，然后请韩先生再给大家讲讲孟子、荀子、韩非等人关于人性的论说。下面有请问永宁先生。

问永宁：谢谢大家，刚才张晓峰博士介绍我们，我补充一个事情，一个是关于韩先生的。韩望喜老师近年做了件功德无量的事情。我记得好像是 2005 年的时候，韩老师就在推广《论语》广告，我们都知道，以前公交站台的广告是乱七八糟的，很多已经让人看不下去了，结果在韩先生的推动下，我们现在看到路边有很多《论语》的广告，这是全国做得最好的，其他的城市都没有做这个，我国台湾学者对此赞赏不已。他还做了一个交响乐，叫《人文颂》，影响也非常好。我对这个非常感动，韩博士对文化的用心比我们这些学者要深。

第二个是关于我自己的，我就职的单位是深圳大学文学院，不是人文学院，不过我们文学院有中文、历史、哲学三个系，还有一个国学班。实际上我们差不多相当于有四个专业，所以我们文学院实际是相当于内地的人文学院。

我接着刚才张博士讲法家，讲一点学术史。我们讲到先秦的时候，经常说诸子百家，但是在先秦，没有"诸子百家"的说法。先秦能成家的，大概就是韩非子在《显学》里面讲到的两家，一家是儒家，一家是墨家，他说儒墨显学。其他的很难说成家。

中国历史上，最早讲学术史的文章是《庄子·天下篇》，《天下篇》里面，庄子说"道术将为天下裂"，就是根据道的标准，这个道，不好翻译，简单说来，道比较接近宗教、伦理、哲学等形上层面的问题，根据这个标准，庄子把当时学术界做了划分，这个划分没有法家，当然也没有道家。其他像《吕氏春秋·不二》、荀子的《非十二子》《尸子·广泽》等，都是按点人头的方式划派的，没有提到一个什么家。

到了汉代的时候，司马迁的父亲司马谈，写了一篇文章，收在《史记》的最后一篇《太史公自序》里，叫《太史公论六家要旨》，这个时候，讲到家了，这才有了儒、墨、名、法、阴阳、道德。再后来到《汉书·艺文志》，就顺着这个话往下讲，就是九流十家。司马谈分派的标准和庄子是不一样的，司马谈的标准是"为治之术"，强调政治主张。庄子的分类标准是宗教的、哲学的；司马谈分的标准主要是政治的，这两个标准不一样，实际上分出来的学派也不一样。

我们后代讲的法家代表人，就是邓析子、商鞅、慎到、申不害，然后集大成者的韩非子，这样一个谱系。如果按照庄子道术的标准，这几个人可能就划不到一起。

甚至在《史记》里面，司马迁自己也说《老庄申韩列传》，他把老子和韩非子绑在一起讲，这个是有道理的。韩非子思想的形上层面，主要就是出于老子，韩非子是最早重视老子的思想家，《韩非子》里头有《解老》《喻老》，专门讲老子。

两个标准不一样的时候，我们根据哪一个标准来讲法家呢？根据司马谈的标准，法家的成立是没有问题的，如果根据庄子的"道"的标准，法家能不能成立都是一个问题。比如说邓析子，邓析是传统上列为法家的标志性人物。关于邓析有一个经常讲到的故事：有个地方发大水，有一个人被淹死了，尸体被冲到了下游，下游的人把他的尸体捞起来。这家的人就到下游去要，说希望把我们的人拉回来安葬，下游的人不给，说我们捞人很辛苦，见义勇为也要支持一下，给个20万吧。上游的家属一听太多了，不能接受，回去找邓析。邓析说你不用急，让他放着好了，你不用担心，尸体那个东西，除了你们，是没有人会要的，他放着也是麻烦的。下游一看上游不急，自己急了，也来找邓析。邓析说不用急，他家人的尸体，不找你要找谁要呢？

这样一个人，他没有什么价值原则，真正的思想家，不会是这样。一个有学派归属的人，比如墨子、孟子，一定有一套价值主张，他会讲哪种事情可以做，哪种是不可以的。邓析的价值观，完全看不出来。

后期的所谓法家，商鞅、申不害、慎到，一个重法、一个重术、一个重势，韩非子当然是合起来了，所以人性的这种问题，比如慎到、申不害和商鞅还有韩非子是不是一致的，这个可能都有问题。我们如果把法家的人性论当作整体讲，恐怕不好讲。

韩非子是法家的集大成者，如果只是讲法家代表韩非子的人性论，那就比较好讲了。韩非有一套关于人性的理论，他的人性论，是顺着荀子下来的。而荀子，还有秦汉时代的其他学者，对于人性的说法很多，除了刚才讲到的孟子和告子，像公孙尼子、乐正子春，还有其他像刚才张博士说到的汉代的扬雄等，都有讨论。扬雄说"人之性也善恶混"，人性里面有善有恶，他说"养其善者为善人，养其恶者为恶人"，关键看你怎么教育，看后来的环境是怎么样的。

总之，人性论是很大的一个话题，不好简单概括。我觉得，从荀子往韩非子讲法家的人性论是比较顺的，人性论的内容很丰富。

张晓峰

韩老师对这个问题有专门研究，我们听听韩老师怎么讲。

韩望喜：谢谢两位老师，很高兴到这里跟大家一起探讨学问。关于人性，中西方都在研究。《论语·阳货》中，子曰："性相近也，习相远也。"就是说人的性情本是相近的，但是熏习和习染会不同，便相差很远，这就是后天的教化或教育不同，所以叫"性相近也，习相远也"。

花开两朵，各表一枝。我们看看儒家的传人，一个是主张"性善论"的孟子，一个是主张"性恶论"的荀子，都是儒家的传人，而且都是思想的高峰，极大地影响了中国的哲学思想以及治国理政的实践。韩非子是荀子的学生，绝对是性恶论的代表。今天怎么来看这个，非常有意思。

孟子对人性之善是确信无疑的，法家对人性之善是完全不信的，记住这两点就足以区分了。孟子认为人性之善是确信无疑的，《孟子·滕文公上》有个故事：滕文公为世子，将之楚，过宋而见孟子。孟子道性善，言必称尧舜。世子自楚反，复见孟子。孟子曰："世子疑吾言乎？夫道一而已矣。"（滕文公做太子的时候，有一次出访楚国，经过宋国时，特地拜见了孟子，孟子对他讲了人性本善的道理，言必称尧舜，人皆可以为尧舜。滕文公从楚国返回时，又去拜见孟子，孟子说，太子是在怀疑我的话吗？其实天下的大道只有这一条。）

孟子的逻辑是建立在人心上的。正如当代哲学家牟宗三先生说的，孟子的心性论是"仁义内在，性由心显"。每个人都具备同样的人性，四海有同样的人心，此心就是不忍人之心，"人皆有不忍人之心，先王有不忍人之心，斯有不忍人之政矣。""老吾老以及人之老，幼吾幼以及人之幼，天下可运之掌上。"

当然关于人性之善并不是没有争议的。公都子问孟子：告子说，人性本来没有善与不善，可以为善，可以为不善。这就好比一个水坝，你在东边决个口子，水就往东边流；你在西边决个口子，水就往西边流。所以水不分东与西，人性不分善与恶。但是孟子很坚信人性之善，他说，你有没有看到，天下之水、万川之水都是从上往下流的呢？万川之水，包括黄河、长江的源头唐古拉山脉的水奔向大海，都是从高向低处流的呀，所以他说了一句话：水无有不下，人无有不善。人从本性上说，是善良的，而且，这不是一个假设，他确信是良知的呈现，这一点也影响到中国佛教和阳明心学。

也许有人会说，夫子太迂阔了，您怎么不睁眼看看这个世界呢？那么多杀人放火的，那么多贩卖妇女儿童的、贩毒的，大奸大恶的数不胜数，你怎么能说人性是善的？夫子自有他的道理，夫子讲给你听。他说从前有一座山叫牛山，牛山上的树木郁郁葱葱，流水淙淙，很美，但是每天都有人赶着牛羊上山去啃食，每天都有人拿着斧头上山去砍伐，我们就问一句：斧斤之下，可以为美乎？天天都有人去砍伐，还会有青山绿水吗？也许经过一个晚上的休养生息，会长出一两片嫩芽，但是第二天斧头又相加，这座山就变得光秃秃的了。孟子说的山是指人，山上之木指的是人心、人性，他说你今天看这山是光秃秃的，就说这山原本就是光秃秃的，这是实情吗？这是山的本性吗？不对！它原本是何等的青葱！只是现在被人戕害，它变成了这个样子。他说，人生来也是有善良之心的，人性是如此之善，但是长成之后为什么有些人是如此之恶呢？原因在哪里呢？那是因为人在后天失去了自己的本心、初心，他的心灵失去了滋养，就像一朵花一样，一棵树一样，开放得非常的茂盛、非常的美，可是你要是10年、50年不给它一滴水，不给它一丝的阳光照耀，它会怎么样？它会变为齑粉，会变为瓦砾，万物皆是这样，人心更是这样啊！事物得不到滋养会毁灭、消灭，人心得不到滋养，一样陷入黑暗之中，所以孟子一再要"求放心"。他说"学问之道无他，求其放心而已矣"，学问没有别的什么，就是要把这个心求回来，把这个心放在它应有的地方去。所以他举了很多例子说，乡下的人都知道白天把鸡犬放出去，晚上要呼唤回来，那你的心放逸了那么久、偏离正道那么久，怎么不知道呼唤它回来呢？你的无名指能屈不能伸，你跑到秦国、楚国那么远的地方去治疗，你的心坏了你为什么不知道去呵护医治它呢？他说人就是不知道什么为贵，什么为贱，什么为大，什么为小？其实在人身上，心是最大的，呼唤心回来，走入正道才是人生最大的一件事情，所以叫作"先立乎其大者，则其小者不可夺也"。你把正心立住了，把善良的心立住了，那别的东西就没有办法让你屈服，让你让步了，就能做到富贵不能淫，贫贱不能移，威武不能屈，就是这样的啊！如果你的这个心不能稳固地立住，那一点小小的东西、小小的厉害就把你牵引过去了，所以儒家讲的就是要为天地立心，就是这个意思啊，这颗善良之心要立在天地之间。

孟子说，这颗心在孩子的身上其实是一个很微小的善端，就像种子种下去，刚刚长出一片叶子一样，所以你要去呵护它，就像泉之始达，像火之始燃，你要去呵护它，要去扩而充之，扩大它，让这水成江河湖海，让这个火成燎原之势，让人成为大人君子，所以要去呵护，要去培养，要去教化，这是儒家主张的。所以孟子讲要"四心"，就是仁义礼智这"四心"。如果一个人没有仁爱的心，没有恻隐的心，那这个就不是人了；如果没有羞恶的心，那就不是人了；如果没有对人恭敬的心，这就不是人了；如果没有是非的心，那就不是人了；要做一个人，就是要有这个"四心"。这"四心"是从哪里来的？"非由外铄我也，我固有之也"，是内在的，本自具足的，不是从外面来的，要把它呵护，把它扩充，把它发扬光大。

儒家一直讲要诚意正心，要修身齐家治国平天下。正心是什么？诚意是什么？在善恶之间要有取舍，格物是什么？阳明大师说，是用善战胜你心中的恶，这叫格物。致知是什么？你懂得良知这样东西了吗？所以要格物致知，要诚意正心，要修身，"自天子以至于庶人，壹是皆以修身为本"，什么叫修身呢？就是懂得仁义礼智信这五常。然后是治家，朱熹说的治家无私法，没有什么自己家特别的方法，也没有偏私，全是按照按仁义礼智信。治国也要按照常理来治，然后再平天下。孟子从人性的方法，将心比心，求诸己来推导到外的方法来治国，根子在哪里呢？根子就是孟子特别相信人性是善，他坚信人性是善。

荀子是主张人性恶的，但他所谓的人性恶，指的是人的自然本性。"人之所以为人者，何已也？曰：以其有辨也。饥而欲食，寒而欲暖，劳而欲息，好利而恶害，是人之所生而有也，是无待而然者也，是禹、桀之所同也。"荀子在《非相》篇中说，以人之常情而言，饥饿时就想吃饭，寒冷时就想穿暖，劳累时就想休息，喜好得利而厌恶受害，这是人生下来就具有的本性，是不需要学习就会这样的，这也是圣人大禹和暴君夏桀所相同的。

荀子为什么特别值得讲呢？虽然他同是儒家，但是和孟子非常不同。孟子讲人性善，而荀子讲人性恶。所谓人性恶是说，人天然地有各种情欲，不加限制地发展下去，必然导致暴乱争夺。既然人性是恶的，人生来是小人，那么要变为君子，就不能向内求，只有走向外求的道路，那就是学习，以学来变换我们的心性。必须"化性起伪"，讲"礼法"，他相信通过后天的学习熏染，可以达到善的境界，"涂之人可以为禹"。所以他在《劝学》篇中说："故君子居必择乡，游必就士，所以防邪僻而近中正也。"什么意思啊？就是说：君子居住必然选择乡里，交游必然接近贤士，这就是所谓的防止自己走上邪路而接近正道。

荀子的学生韩非子在楚国跟随老师学习帝王之术，又加上韩非子本身就在宫中长大，是"韩之诸公子"，对战国末期的人性残酷的一面看得非常清楚，甚至有些偏执。韩非子认为，君主要统治天下，必须依据人性人情。人性饥而食，寒而衣，渴而饮，自私自利，趋利避害，这正是法制可立、赏罚可施的人性基础。儒家治国，讲君仁臣忠，君王要仁慈，臣子要忠心。韩非子说最好是君不仁，臣不忠，一断于法，所以是很清楚的，那他理论的线路是怎么样的呢？我们过一会儿再讲。

问永宁：孟子也是这样的。孟子讲到性善，用的话是"若夫可以为善，乃所谓善也"，他不是说人是善的，像后来社会上经常有人误解的那样，以为孟子说人性善是人善。孟子没有讲人善，人是有问题的，但是人性是天生的。他说"此天之所以与我者"，是说人天生有成为好人的可能；"人皆可以为尧舜"，是讲人有成为圣人的潜质，不是讲现成的人是圣人。

韩望喜：孟子对人性至善或者人性向善一直都有非常大的信心，他说易牙做的饭菜好吃你知道，师旷弹的琴好听大家都知道，子都的美大家都能欣赏，难道人的心就那么不同吗？他觉得这应该都是相同的，人性上有一个共同的价值、共同的判断，就应该天然地知道什么是善良、什么是邪恶，所以他特别强调教化，强调教育，强调内心的启发和启蒙，这是儒家从孟子这一派讲的。另外一派是荀子，荀子是把人的一种自然的欲求当作人的本性，人要吃好，要穿好，冷的时候要穿衣，饿了要吃饭，希望舒适一些、安逸一些，把这些作为人的本性。但是他说人的本性是可以改变的，通过教化，"化性起伪"，教化之后，"涂之人可以为禹"，本性不好的人也可以多教化使他弃恶从善。但是到荀子的学生韩非子的时候，因为韩非子的出身不同，他是"韩之诸公子"，是王室的人，他对于王室生活和整个政治治理是非常清楚的，他绝对不是书呆子，他关于人性就走得非常的远，如果说他的老子荀子还说人性是可以改变、"化性起伪"的话，韩非子说完全不可能，他对人性之善是完全不相信的，这就是他治国理念和方法的不同。一个哲学家或一个治理国家的人对人性的判断不同，他实行的策略是绝对不一样的，包括管理都是这样，他对人性的判断不同，他做的完全不一样，方法是不一样的，所以他整个《韩非子》55篇10余万字，都在讲君王怎么样能够管理这个国家，怎么样来处理这些政事，非常有意思。

前两天我听一个领导说，最近酒驾的少了很多。我要问你，酒驾少了很多是因为这些酒后驾驶的人觉悟提高了呢，还是害怕法律的制裁呢？是后者！说明法律有很大的震慑作用。

韩非子认为，治国，要以道为常，以法为本。天下的大体就是法，观天下，知大体，必须"寄治乱于法术，托是非于赏罚，属轻重于权衡"。他说，有一个小孩特别不成器，他妈妈跪在地上说，求求你，你一定要改邪归正，不然我被别人耻笑；他的邻居说：你不可以这样，我们这社区挺好，你来了就不成器了，搞得那么乌烟瘴气的，他也不理，踢人一脚；他老师也来说，你怎么能这样，你的同学都是正人君子，就你在这里瞎胡闹，杀人放火，他也一脚踢。最后告到官府，官府一拿绳子，这人立刻就改正了，为什么？韩非子说法治还是有它的作用的。

韩非子在讲治国的时候，可精辟了。第一个就是他要问我们，你们说治国到底什么最重要？什么为主，什么为次？这个搞不清楚可能要麻烦了，明君一定要明白，治国到底是以道德教化为主还是以法律制裁为主？他讲了一个故事，我们都知道了，比如秦伯嫁女。秦穆公把自己的女儿嫁给了晋文公，嫁就嫁了，陪嫁还特别多，还陪了六七十个妾送过去，结为秦晋之好。去了之后，人家收下了那六七十个妾，把他女儿给退回来了。后来韩非子说你这叫善于嫁妾，你不善于嫁女。什么意思？就是你整个主次不分。治国，到底以什么为主来治国？还有一个楚国人在郑国卖宝珠，他不在宝珠上下功夫，而在那个盒子上下功夫，盒子熏得香喷喷的，最后人家要了那个盒子，把宝珠还给他了，买椟还珠，你也是一个表里不分、主次不分的人。

儒家老是说讲孝道，有个人跟着鲁国的国君去三次战场打仗，三次都跑回家了。国君说：你这个逃兵，我要杀了你，你跑回来干什么？他说我家里有80岁的老父亲需要我奉养。孔子听到这个之后呢，就赶快把他官升三级，要孝道嘛；而韩非子说你这个错得太离谱了，父亲的孝子成了君王的叛臣，作为一个国家你怎么来取舍？作为明君怎么来引导？哪个战士是没有父亲的？如果都想着父母奉养，那么谁去上战场，治国恐怕还不能这么治。所以韩非子看问题特别犀利，他是特别反对"儒以文乱法"。什么叫以文乱法，就是以这种仁义惠爱来乱了法度，因为如果乱了法度，就没法治国，就没法弄了。先讲到这里。

张晓峰

　　我接着两位老师的话题，从另外一个角度去诠释法家的人性观在社会及早期政治哲学中的具体表现。要讲清楚这个逻辑首先要把社会、个人，包括社会与人性的基本关系、逻辑关系讲清楚。

　　这里首先说清楚社会的基本起源问题。天地作为人类生活的最基本场域无私也无所藏。天地万物孕育了人类以后，万物因人所占开始有归属，这便是私的开始。而国家的起源和私有制的产生是分不开的，这一点有社会人类学家做过具体分析和阐述。从人类起源上讲，在地球上的某一个地域，资源禀赋最好的地方是最先产生人类的，也产生了相应的人类社会及人类文明。但因占领的环境和资源不同，便孕育了不同的社会形态。人类之繁衍，因血缘产生部落，部落的发展又产生了氏族。人类早期是群婚状态，母系社会、父系社会的划分跟早期的生育和早期的婚育制度有密切关系。这里就分化出了社会角色和最基本的社会关系个人与集体。国家是后来演变出来的集体的更高级形态。在国家治理过程中，是不能摆脱个人与集体这个最基本的关系。社会治理要平衡核心问题也是集体与个人的关系。单独地讲一个人，人是具有自然属性的，即作为动物的基本属性，放在集体的单位下讲就具有基本的社会属性。动物属性的表现，就是它要生存，也要吃喝拉撒。比如新生婴儿会自然吸食母乳。一窝小猪崽去吃母乳的时候，一个小猪崽固定一个乳头绝对不会乱，从遗传学或者心理学讲，一出生就处于某种为生存而出现的一种利己状态。人作为社会最基本的细胞，长期积累下的集体生活形成的观念和习惯伴随着单一精神个体的成长，渗透在个体的生活、工作中。作为一个成年人，其心理思维便有这种双重因素的影子。社会环境有好的诱因，也会有坏的诱因，刚才韩老师也提及了。在社会场域里，一个群体在自然资源比较丰富的地方，而且这个地方没有受到其他群体的侵扰的时候，因为血缘伦理在自己的群落里是愿意跟人共享资源的，一旦这个资源比较稀缺的时候，而且大家都需要的时候，这个过程中就出现了抢夺。比如在座的大家处于非常饥饿的状态而无其他东西可吃的时候，这里放一个馒头，没有集体纪律的约束很难出现排队一人分一块的现象，而很可能出现的结果是你争我抢。所以基本约制产生的需求就顺应产生了。一个集体必然就会产生对分配等最初基本生活进行管理的理念。人类早期社会有氏族便有酋长，有宗族便有族长，上升到国家的层面，必须产生代表国家公权力的法律制度，而这种最早的法因先哲们的从自然法（nature law 或者 nature ruler）生发出来，是自然规则里面演化出来的东西。社会生活中人和人之间必然会因很多伴生问题产生争议，在古代社会里面，族长会按族约或者乡约去评判，而更重大的讼事则需要官府出面解决，那么在制定制度法律的时候，先哲们就不得不面对人性的问题。国家治理过程中就逐渐在集体和个人之间形成不同的学问体系。人作为精神性的动物，有思辨有行为，对应的就有这两个层次的约制。早期的学问分德化治心，行为法律约制自然就能讲得通。儒家更侧重前者，法家则侧重后者。德化的核心就是让人自我约制，自我约制到位，法律的东西往往就不必用。然人良莠不齐，不可能每个人都能达到自我约制的状态，法律自然也就不能缺失。法有恶法，亦有良法。社会有它的集体的利益，有其共同的精神诉求，他们之间的关系有些方面统一，有些方面则不统一。国家政治也有恶政和良政之分，公权力得不到有效约制，便会侵害私权利，也就是个人的合法权益。公权力和私权利之间的矛盾一直伴随着几千年来的中国政治文化，尤其是在中央集权的王朝（政统、道统、法统）比较衰弱的时候，出现吏治崩坏、民不聊生的社会惨景，既有法在集体生活中的失效的因素，更有人性伦理崩塌的因素。国家制度看待人性和先哲们看待人性角度有相同的地方也有不同的地方，在中国传统政治结构里，国家治理主要有两个维度：治民与治吏，而皇权治理还没有找到更好的约制办法，这也是古代社会最难的政治问题之一。治民更多的是讲教化，法家里面是重行不重心，由于对人性的清醒认知，将大家统一拉到同一起跑线对待，以法作为最高仲裁。这是国家政治生活对内的重要内容。韩非子所在时代诸侯互相征伐，诸侯国需要生存，必须把国家的资源统一调动起来，形成一股力量，跟其他的国家去抗衡。法令自然就是主要的行政工具。先秦时期，中国政治，尤其是到了战国时期，是中国第一次大的人文灾难时期，诸子百家面临种种社会现象提出各自的治国学问，这些治国学问里面总分为两种：礼、法。前者强调治心，后者强调治行，还有一些学说要上升成国家的学说。国家的学说，两位老师刚才提到，有申不害、有商鞅、有慎到，这些人前面还有管子、孔子、老庄等等。他们的学说中或多或少地都涉及人性的基本问题，各自学说的理论对人的研究着墨必不可少。管子曰："法者，天下之程式也。万事之仪表也"，"法者天下之仪也，所以决疑而明断是非也"。欲成法治，必宗二术。一曰立法之术，一曰行法之术。然立法之理万万离不开对人性的基本辨识论定。这是政治哲学的第一问题。韩非子曰："人主之大物，非法则术也。法者，编著之图籍，设之于官府，而布之于百姓者也。术者，藏之于胸中，以偶众端，而潜御群臣者也。故法莫如显，而术不欲见。"他们各自学说都在不同的国家进行了政治实践，有些国家短时期内强大，有些国家是短时间里面有一段辉煌时期，而秦国取得了更大的收获。秦国法律根据历史阶段分为两段，前期即商鞅变法的时期，后期即李斯、韩非子入秦后的法家实践，这又是一段，所以它这种不同的法家在社会属性上的运用对战国时期主要的国家产生了不同的国家命运归宿。所以从这个角度上讲，国家单位下的各个层级的管理都离不开对人性的基本研究，从集体看个体，从个体观集体，人性的认定是有交集的，也有不同的地方。从管理学的角度来审视一个小单位、一个小团体甚至一大个家庭，所遵从的习惯和制度的确立好像和人性没有直接关系，但背后支持习惯和制度始终脱离不了人性的影子。而法律在制定过程中受习俗、环境、文化传统等多方面因素影响。依任何一个法学思想或者法学理论包括它体现出来的法律规则的成立依据是绝对不能忽视对人性的考量的，就像刚才韩老师说的，没有人性作为原点依据，法是流于空浮的。外国学者曾有这样的学术观点即中国只有刑法，没有法律的影子，或者说古代法律对私有人权方面尊重不够，具体学术表现即公法和私法之间没有明确的界限，造成中国政治文化特有的现象——官民相仇。这是一个很深的人性的悖论问题，因为古代很多官员出身普通百姓家，一旦飞黄腾达便忘记了初衷。社会学里面有个名词叫"踏板原理"。举个简单的例子，在大家挤拥挤的公交车的时候，当一个人挤上去了以后，便会对没上车的人说车满了，这个转换背后的就是位置的变化，也是人利己心理的微妙变化的体现。这种现象放大到社会中，因为社会因素的诱导，人往往会失去本心，刚才两位老师也讲这个问题，在这个过程中，表现出了不同的人性立场。一个国家强调的主导精神，跟社会本身发育的精神时而是吻合的，时而是分离的，尤其在一个多元的社会里，冲突的概率就会大很多。从另外的程度上去讲，我们如何在个人权利和集体的权力中找到一个平衡点，这也是法学学科里一个比较难的问题。从专业角度讲，它是在建构一个新型的现代国家，一个现代国家有它基本的法的精神，而基本的法的精神需要不断地积累和修正。人文社会学科的设立有一个最基本的原点：人要将自己作为研究对象，但人往往蔽于己而不知他人。我对这个问题大概讲这么多，看两位老师有没有什么补充的。

韩望喜：韩非子是说不相信人性善。对人不信，君臣不信，夫妻不信，兄弟不信，朋友更不信，人性本恶，而且不会改变，这是他的基本出发点，所以你看韩非子，就这么回事，我直接跟你说了就完了。他说郑武公想要灭胡国，要灭胡国就灭去吧，但是又打不过，那怎么办呢？糖衣炮弹，先把自己18岁亭亭玉立的女儿嫁给胡君，结为了亲家。胡君就想，都是亲家了，肯定不会杀了我。有一次郑武公开会，开会的时候就说，咱们郑国的土地比较少，咱们这样也活不下去，咱们要想开垦，你们觉得附近的哪个国家可以打呀？有一个很老实的大臣关其思就说，"胡国可伐"，可以打胡国。停了半晌没有人说话，这时郑武公勃然大怒，说你这是什么意思，胡国和我是亲家的关系，杀了胡国的国君，不就是让我女儿守寡吗？你这安的是什么心？左右，把他拉出去杀了。然后左右把那个大臣拉出去杀了，并把他的脑袋送到胡国去给胡君看，看我决心多大。胡君相信了。相信了就好了，在一个月黑风高之夜，郑武公就发兵伐胡，整个城就被包围了，他那倒霉的女婿跑出来被乱箭射死。这是韩非子举的例子。

　　还有一人，就是楚国的郑袖。楚王最喜欢的妃子郑袖，很得宠，很喜好，但是楚王新从魏国得了一个美人，叫魏美人。魏美人长得好看得不得了。这时候就只听新人笑，哪管旧人哭呀！郑袖就没办法了，哭就哭，谁管你呀，所以郑袖想了一个招，想了一个什么招？第二天郑袖洗洗脸，就跑到魏美人那里去，说：你长得真好看，你想不想和楚王白头到老。魏美人说，作为一个女人，我从魏国嫁到楚国，山长水远的，哪个女人不想和楚王白头到老呢？当然想呀，有什么法子呢，男子都是见异思迁的，何况楚王。郑袖说，那有何难呢？楚王喜欢女人有女人味，婀娜多姿，下次见到楚王的时候，你拿手绢捂着嘴就可以了。从此之后，魏美人为了有女人味，就捂着嘴不肯放下手绢。楚王就犯嘀咕，这是为了什么呢？什么原因呢？然后就问郑袖，郑袖说我不敢说，楚王说不说就杀你，郑袖就说，魏美人，她嫌你臭！她说你哪儿都臭，所以她只好用手绢捂住鼻子。楚王就起了杀心，有一天看见魏美人又在捂着鼻子，就对左右说"劓之"，就说割掉她的鼻子，当时左右就上去按住了魏美人，割掉了魏美人的鼻子。韩非子讲了很多这样的故事，什么意思呢？在他的眼里，人与人之间，父子夫妇兄弟之间，都是兵戎相见的，都是利益的关系，子弑父，臣弑君，夫妻相背，兄弟相残，所以他不信，但是要治国怎么办呢？你总不能找一大堆离心离德的人来治国呀，不信你也要治国怎么办呢？你要把这有各种不同的想法，有自己小九九的人拧成一股绳，怎么办？他说根本不能相信"君仁臣忠"这一套，没用的，得另想一招，是什么？就是法，这是治理国家的大体。刚才我们讲了孟子讲的大体是人心，就是爱人；法家讲的大体就是法，治国至简，一断于法。

韩非子说：以法治国。这是最有效的。他讲了一个故事，楚王养了一只白猿，有一次楚王拿了弓箭射白猿，白猿根本不怕，跳上跳下，不把楚王放在眼里。过了一会儿，楚王让神射手养由基来射它。你们猜怎么着？养由基还刚刚开始在那里调弓，猿猴就抱着树哭，它为什么要哭呢？因为这一箭下去就会要了它的命。楚王调弓，我知道你射不中我，所以我无所谓，我照样酒驾，我照样醉驾，反正你不能把我怎么样；但是养由基一来，还没搭弓，只是调一调弦，白猿就开始抱着树哭，为什么要哭？因为这一箭下去就会要你的命！

是不是这样的呢？我们之所以经常搞各种花招逃避制裁，就是因为我们有侥幸的心，你教育我可以，你谴责我也可以，但是伤不了我的骨头，但是若是运用法度，罚得你倾家荡产，我要你死无葬身之地，我把全世界都给你，但是我要你的性命，你会做吗？你断然不会，这就是韩非子发现的道理。他说在楚王的南部有一个地方叫丽水，盛产黄金，很多人去淘金，但是黄金是国家之产，楚王说了，谁要是淘金可以，如果被发现了，我就砍了你的脑袋，把你的脑袋挂在城墙上，城墙上挂满了人头，丽水被尸体堵塞了，杀的人多吗？多，但依然有人在那里淘金，就问他为什么还在淘金，你不怕吗？淘金人说，那也不一定被逮着啊！若是没被逮着的话，我岂不是富了吗？所有的人都侥幸，所有人做事都存在着侥幸之心。所以韩非子说，如果我说把全国都给你，我现在要你的人头，你愿意吗？你必定说不要不要。但是如果说我能够得到全世界，同时可以留着我的人头，我干不干？我半夜都去干。所以猴子为什么楚王射它的时候不怕呢？楚王何曾练过弓箭呢？整天吃喝玩乐的，它知道你武艺不熟、不精，你射不着我的，所以不怕，这就像仁义惠爱，人们不怕。但是养由基一搭上弓它就开始抱着树哭，它知道这一箭下去必然毙命，这就是法的强大的威慑力。

儒家以仁义礼智信为常、以人为本，但是法家以什么为常？以什么为本？法家以道为常，天下之道为尺度，以法为本，这就是韩非子的原话"以道为常，以法为本"。一会儿再解释为什么是以道为常，以及其跟老子的关系（《解老》《喻老》是韩非子写的两篇关于解析老子的文章）。在韩非子这里，是以法为大体，我们都要知其大体，以法为大体，所以在《大体》这一篇，韩非子说了一句话，"看天下，观沧海，因山谷，云布风动，寄治乱于法术，托是非于赏罚，属轻重于权衡"，寄治乱于法术。你怎么治把国家从乱变成治，要靠法术，不是靠人心善良，要看你怎么处理是非，要靠赏罚来引导，你赏足以劝善，你罚足以胜暴，能够治理那些不好的，那他立刻就改邪归正了。宝安有一对夫妇，10年以来每天把病猪肉、死猪肉杀了给我们吃，我若是依法来治，他们还敢这样做吗？他们必定存有侥幸之意，你罚我，明天交了款我再害人，所得更多。我用法，就是要让你不要有这侥幸之想，赏罚要到位，国家的价值观才能够呈现，什么是引导，什么是不可以，什么是 Yes，什么是 No，属轻重于权衡，这道理是半斤还是 6 两还是一斤，大概差不多吧！什么叫差不多？拿秤来称。所有的法律的判断，你这个人能不能用，不是有人说你好，有人说你不好；也不是你说好，别人说不好，要用法度，用事实来验证。所以法家讲的东西，第一要求国君要做一个明君，第二个事情一定要做到公正。做明君是很不容易的，一个是内在的欲望使你不能明，另外一个是外在的诱惑使你不能明，这是韩非子反反反复复强调的。齐威王的正妻死了，要从 10 个妃子里面选一个出来做王后，他自己当然知道谁最好，但是他不说，他让大臣薛公田婴来说哪个可以做皇后。一般都是这样的，大臣说了我画圈就可以了，但是你要选对可以，要是选得不对是要杀头的，给你三天时间。天哪！我怎么知道谁可以做皇后，你跟这 10 个妃子说，个个都说皇帝最爱我，是不是这样的？那你去跟齐威王说，齐威王说你这个没有用的东西，要你选，你让我选，怎么办呢？最后回去之后，他老婆教他一个方法，他就掌握了。这个方法是：你去找 10 副耳环，九副是一样的，唯独一副不一样，特别光华四射，美极了，拿着第二天见到了齐威王就说平常也没有什么孝敬您的，这有 10 副耳环，您给您的 10 个妃子去戴一戴，反正也不是什么很贵重的东西。第二天，上朝的时候，薛公田婴就看这 10 副耳环戴在哪些妃子的耳朵上，那九副相同的你没必要看了，只看那一副镶了钻石和翡翠的戴在谁的耳朵上你就知道了，为什么呢？这就是人性，一个人必定会把自己最爱的最好的东西给最爱的人，自古至今没有改变过，这是人性的弱点，就是你会把最好的东西给最爱的人，屡试不爽。这个是人性！

韩非子讲这个故事，并不是称赞薛公田婴怎么聪明，不是这个意思，韩非子他是王室的公子，他想说王你不要重蹈覆辙，你要治国，治国怎么样呢？就是你做王要虚静，不要表示出你的欲望和爱好，因为你一表示出你的欲望，就会有人来捕捉、围猎你这个爱好。领导喜欢打乒乓球，全是打乒乓球的，有那么多打乒乓球的吗？领导喜欢打羽毛球，全是打羽毛球的，有那么多打羽毛球的吗？这里面有多少是真，有多少是假，有多少是迎合？所以作为君王很难判断，就像一个女子有了万贯家财，就不知道那个男子是爱她还是爱她的钱，做君王更是要命，什么都有，是爱你吗？所以你一定要节制你的爱好，你不能把你人性的弱点呈现出来、暴露出来，假如那10副耳环都是一样的，你能知道我爱谁吗？那是不可能的！

君王要节制审慎！讲到这个道理，就要讲齐桓公的故事。齐桓公的相国管仲要死了，要再选一个人做他的相国，齐桓公就问管仲，你说说谁可以。管仲就说有三个人一定不可以，一个是你的厨子易牙，为了你吃好吃的，他把自己的儿子杀掉了烹熟了给你吃；第二个就是你的宠臣竖刁，为了好色的你，挥刀自宫，为你管理六宫；第三个是卫公子开方，跟着你15年，齐卫之间快马不过几天路程，15年都不去看他的妈妈，就跟着你，这三个人不能用。但是齐桓公说，这三个人怎么不能用呢？他都把自己的儿子杀了给我吃让我尝尝人肉是什么滋味；他为我管理六宫多好啊；还有这个卫公子，他妈死了他都不管的，整天跟着我跑，这太好了，这都是为了满足我的欲望。在管仲死了之后，齐桓公偏偏就用了这三个奸臣，这三个人简直是要了命，结党营私，结果把桓公活活饿死。所以你看这齐桓公是春秋五霸之首，最后死在这三个小人的手里，岂不是很好笑，如果没有法度，不以法度来用人，不以才能给予奖赏和惩罚，以自己的爱好来用人，最后就是国败身亡。你不以法度，以你的爱好来用人，前面一个竖刁走了，后面一个竖刁又来了，你的奸臣永远也绝不了。这其实对现在也是一个很好的提醒，你若一直用你喜欢的人，你真的能做到客观吗？这是一个很大的问题，就是君王不能过于表现自己的诱惑和自我的欲望，另外一个就是外面的诱惑太多。韩非子讲了八奸：第一个是同床，同床是什么，就是你美丽的姬妾，受人之托这样的话、那样的话，你就听她的，这是不是偏听偏信？第二个在旁，你身边这些个服侍你的人，这些人聪明得要命，你眼神还没有表示出来就明白了，你还没有指东他就知道去东了。第三是父兄，父兄是什么？就是你的叔伯兄弟亲戚，有好多利益在里面。还有包括为你建立亭台楼阁、满足你声色犬马的人，还有一些盗取国家的资产满足自己名声的人，还有一些豢养邪恶势力来威胁君王的人，还有一些代表外国的利益威胁本国的国君的人，等等。有"八奸"这么多，要么是威胁，要么是利诱，林林总总，使君王不能得其正。韩非子这里头写得很细，他说法最重要的特征就是公正，首先你作为君王怎么样能做到公正呢？如果君王做不到公正的话，你的法还有什么用呢？如果法是那么公正，明主之国，以法为教，别的东西都用不着了。

你的千金财产都放在神射手后羿的保管下，你还担心什么呢？谁还敢去偷呢？那些所谓的谋略，那些所谓的猜忌，都有什么用呢？君王就做君王的事情，臣子就做臣子的事情，一切按照法度来判断，就没有什么问题了。

还有一个，治国必须要有问责制。齐宣王喜欢吹竽，南郭先生就来说他能吹竽，300个人在一起吹，谁知道谁会不会吹呢？然后他会说领工资去吧。到齐愍王继位的时候，就要一个一个吹，一个一个来吹，就是你的才能和你的职位要相配才行，如果你不配就杀了。那些所谓的吹的，那些所谓的耍嘴皮子的，那些东西能够在朝廷存在吗？那些才能和名声不相配的人还能在吗？就不能在了。所以韩昭侯对他的大臣说，300人吹竽，我怎么知道谁是真正的吹竽手呢？他的臣子说："一一听之。"一个一个来听。韩非子讲的治国理论还是很细很细的，我讲的只是九牛一毛。

战国末期，韩非所处的时代，是风云变化的大时代，是中国历史上诸侯争霸、战争连绵的空前动荡时期。当时的韩国是"战国七雄"中实力最弱小的国家，又介于秦楚齐赵魏等大国之间，各大国虎视眈眈，韩国危在旦夕。因此，韩非子口口声声不离"亡国"二字，他不停地告诫：韩国要亡了！韩国和秦国接壤，真是主辱臣苦，非常辛苦，所以韩非子总是希望国家能治理了，希望能有一个法度来治，有一个理性来治，而不是根据君王主观的爱好来治理，你今天喜欢红色，明天喜欢黄色，后天喜欢绿色，那国家就没有治理之道了。他希望有一个可以放之天下而皆准的东西，而不是根据爱好来治，因为人毕竟是不可靠的，即使是君王，他的认识能力也未必是可靠的，明智的君王是那么难得，忠心的臣子也是那么难得，怎么办？靠一以贯之的法度来衡量才可以，所以要"寄治乱于法术，托是非于赏罚，属轻重于权衡"。他希望建立一个非常客观的标准，于是就把老子的"道"定为法家的"法"，他希望普遍的东西，他不希望一个投机取巧的东西。有一个人说一个人用三年时间雕了一个树叶，它跟真的树叶是一模一样的。别人说这人真是神通啊，能工巧匠；韩非子说这算是什么鬼东西，三年才成一叶，天下就没有叶子了，如果只是信任这种能工巧匠，雕琢出一个东西来，而不能顺从天下的大道，那这个世界怎么弄。我先讲到这里。

问永宁： 我们今天的论题是人性的悖论。刚才韩老师讲韩非子，他们老韩家的人。韩非子口吃，是有名的结巴，但是韩非子很能写，很会讲故事，他讲话不行，写出来却非常好。韩老师刚才讲的故事基本都是韩非子写的，这也算是一个悖论吧。

再讲两个悖论：孟子基本上是从爱、仁，从情感往下讲的。他认为人如果有正常的环境，会成长为好人；他认为外在干预是不好的，像目前的小孩教育，家长不断给小孩报班，幼儿园吹嘘三岁的小孩认识 3000 字等，就是过度干预。我们知道，成年人大学毕业，能写的字多了就是五六千字。一个人在幼儿园毕业，就写 3000 字，那后来的教育还教什么？早期的认字教育，会破坏小孩的想象力，对以后的成长也未必是好事，孟子认为这就是坏的教育。他讲过一个拔苗助长的故事，说一个人去把苗拔起来，结果苗死了，这个干涉是有危害的。如果把这种关系落在制度上，他可能觉得一个松散的、宽松的政府是好的。我们讲教育、讨论政府的时候，有一个分类，一种是宽松的，就是弱政府强社会；一种是强调全能的，弱社会强政府。孟子就是强调政府要弱一点，靠教育和引导，让人自己慢慢成为一个好人。

但是孟子这里有一个悖论，孟子说我做好了，就会影响别人，"中天下而立，能者从之"，从此大家都能做好。有人问，在路上你碰见"牛二"怎么办？孟子说："你要反思啊，我都做对了吗？我没有错吗？自己真没错，处理的方式对吗？"如果都对，他还是一个牛二，你怎么办？孟子没有办法，孟子最后只好说："此亦妄人也已矣。如此，则与禽兽奚择哉？于禽兽又何难焉？"说我们不要跟牛二一般见识，牛二不是人。牛二怎么就不是人呢？孟子其实是对他没有办法，所以这就是一个悖论了。

后来荀子讲人性，强调从欲望着眼，人的生命中，最强的冲动是欲望，不是道德冲动，不是宗教冲动。这种欲望的东西怎么处理，人可以通过学习，化性起伪，改变人性，让那种社会的、文化的东西积累，积累多了就成圣贤了。

其实荀子也有一个悖论，文化的东西是哪里来的？荀子说是圣人教出来的，但他讲圣人的人性，跟我们是一样的，圣人的人性也是坏的，那么圣人怎么就会了那些好东西？

这里面，孟子的逻辑是没有问题的，善是上帝给的，但是到现实中碰见牛二，就没有办法；荀子对牛二有办法，但是逻辑讲不通，两个都有悖论的，这是他们的悖论。

韩非子是荀子的学生，刚才韩老师讲韩非子受到了荀子的影响，其实老子对韩非子的影响更大。老子讲"天地不仁，以万物为刍狗，圣人不仁，以百姓为刍狗"，强调治理天下，要不动感情，只要感情参加进来，对这个世界就是有害的。韩非子则认为人只要动心，只要有情感的参与，对治理来说都是很有害的。韩非子不管孟、荀的悖论了，他只强调管理和操作。

另外一个值得注意的问题是，讲学术史的时候，我们要注意文化的地域性，先秦诸子不是铁板一块，老庄孔孟的文化背景是不一样的，他们是在不同文化中成长起来的。荀子是赵国人，韩赵魏是所谓三晋，后来讲三晋法家，荀子的思想在这点可能与韩非子是一样的，这几个国家都是强政府，秦国也是强政府，这种强政府甚至都不一定完全是华夏文化的产物，我们想想后来匈奴冒顿单于的所为就有点像法家的那种做法，部下完全听他的命令，他说射谁就射谁，他父亲就被射死了。

张晓峰

我对刚才两位老师的观点再补充一下。人文社会科学根据人性的不同假设，产生两种学术动向：一种是现实主义，一种是理想主义。前者对人性是悲观的，即人性幽暗意识；后者对人性是乐观的，即理想主义的源起。现代国家学说产生以后，国家从逻辑上讲是目前地球上最大的自私自利的单位，由于文化习惯、宗教偏见、历史宿怨等因素，国家和国家之间是互相不信任的，历史在信任和不信任悖论里前行。

西方哲学家柏拉图，在其《理想国》中提出一个概念叫哲学王。哲学王类似于中国的圣人的概念，这个治国角色不光得有很高的德性，还得有很高的学识。还必须通晓政治之理，更得懂人性。这是他对人性给予很高的期许。晚年的时候，他发现哲学王世间不常有，最后将人类的福祉寄托于法律。这个学问的转换值得深思。马克思曾说过，如果这个世界有300%的利润，人可以踏尽人间的一切法律。古代有一名言，"窃国者侯，窃钩者诛"，法律面前人人平等这是一个漫长的人性等待。中国历史上很多的政治灾难，大多数都是在人性嬗变中发生的。诸葛亮《出师表》告诫后主刘禅"亲贤人，远小人"，可是悲剧还是发生了。利用人性的弱点，无往而不利。评价一个制度的好坏从伦理学方面讲是对人性的归置得当的问题。在政治实践中对人性杂用的故事屡见不鲜，一个聪明的管理者从来不回避人对人性的诱善，也往往利用人性的弱点而达到管理的基本目的。西方政治哲学家阿克顿有断言"权力是人性的试金石"，复杂的人性构成复杂的人类社会。面对人性的不确定性，面对社会中的复杂性，关于道德建设与社会治理就成为世界各国的最难以解决的问题。面对人性问题，情何以堪、心为之伤。但生活还得继续，还得正向超前，尽管满身伤痕、心神憔悴，但希望不能丢。中国文化的先哲们给予人性以"正"约制，中国在传统政治、在治乱兴衰中前行，和中国政治思想中注入的雄健正向的哲学思想是分不开的。一个群体对人性保持积极乐观的态度，这也是社会良治最基本的社会心理基础。由于时间关系就这个话题今天就讲这么多，接下来的时间留给听众提问。

听众：谢谢张老师。我想问一下韩老师和问老师。我听韩老师讲的这些，我有一个印象，您认为治国之道，儒家的和法家的应该进而取之，不可偏废。对我来说，我觉得今天讨论这个话题"性善和性恶"，有一个基础的问题，今天好像没有完全涉及，就是关于平等的问题，我觉得如果相信人性本善的话，那么你就相信人性是有等级的，就像柏拉图在《理想国》里面讲的，每个人都是代表一种金属，金银铜铁，在儒家也指出，代表一种精神在儒家里面也指出，"刑不上大夫，礼不下庶人"，就是对人要分别对待，实际上这种观点是反映了我们社会的现实。对于韩非子来说，韩非子并不是认定人性本恶，他的观点就像问老师说的，他是不在乎善还是恶，他曾经举例，木头长得很圆，可能会做成轮子，芦苇很直，可以找出一些做箭杆，但是如果从几千个里面选出一个做箭杆，对他是根本没有意义的，所以不论它是好是坏，通过我的记忆，我可以使很多变成箭杆，使不圆的木头变成车轮，就是说要有一个统一的法度，对于韩非子的法来说，我觉得它是不分等级的，是对所有的人都平等对待。这里有一个关键的问题，韩非子在讨论采用法家的时候，曾经讨论了政治的不同的发展，上古时期、中古时期和现当代，也就是说，发展成他那个时代的时候，不用法就不行了，也就是在他那个时候，为什么要强调平等呢？而不是说这时候大家都特别平等，而是平等成了问题，这个时候就必须用法。我觉得这个问题好像没有深入探讨过。也就是说，如果当平等成为问题的时候，是不是需要用法的政治视角来恢复呢？

问永宁：讲中国历史上的人性论思想，内容很多，不是我们刚才提到的那些"性善和性恶"就可以概括，《徐复观文集》第 3 卷《中国人性论史先秦篇》这么厚一本，还没有讲到法家。考虑到后代的董仲舒、扬雄、韩愈等，讲人性的内容很丰富，关于人性的讲法很多，并不是只有性善和性恶。

讲到性善的问题，孟子强调的是人性是平等的。他没有讲人平等，但人性平等，他说"人皆可以为尧舜"，人为什么善，"此天之所以与我者"，就是天给人的，这点上他认为人是平等的。人平等才都可以成圣人，这是讲性善的。至于治理，汉代以后，都是儒法合流，汉宣帝讲："汉家自有制度，本以霸王道杂之，奈何纯任德教，用周政乎！"就是强调儒法兼用的。

韩望喜：其实你讲的可能会比较偏颇，因为讲哲学必须一以贯之，就是一个理论要与逻辑贯下去，而不是从表面来看。什么叫平等？你直呼父亲的名字叫平等吗？什么叫不平等？这个事情不在表面上看。儒家讲有教无类，人皆有不忍人之心，人皆可以为尧舜，一直到了我们讲《坛经》的时候，五祖说"不识本心，学法无益"，一定要知道人的本心、本性，你要懂得人性和佛性，所以其实是每个人都有成佛的依据，这就万法平等，每个人都可以成佛，都可以成为觉悟的人。为什么有些人不能成为觉悟的人呢？为什么成为凡夫沉迷下去呢？是因为他的心、清静的心被乌云所遮盖，下雨天，乌云遮盖，上明下暗，不能见青天，这个时候如果有善知识来给你开导，好像惠风吹散乌云一样，一时万象森罗，万法皆现，所以说大乘的佛学讲的是什么，讲的就是佛性，所有的众生都是本具，本自具足的，"何期自性本自具足，何期自性能生万法"。尤其是中国佛教到了唐代的高峰，印度佛教走了六七百年才和中国的儒道相融合，尤其是跟儒家思想相融合，这个平等思想就是和儒家的思想融合在一起，才会形成这样一个万法平等的思想。到了阳明大师在《传习录》里面讲，一次他和学生在一起谈话，像我们一样，说：你心里住着一个圣人，他学生赶快起来说对不起，我怎么可能是圣人呢？不是的。阳明大师说你谦虚什么，每个人都是圣人，只是他忘了自己是圣人，他忘了自己有一个成圣成贤的心、善良的心，他把自己比成了魔鬼，他不能觉悟。所以儒家讲的思想其实是从每个人的根本上讲的，就是从人性上讲它是有充分的信心，就是每个人都有善良的心，或者向善之心，或者有清净之心，清净本性，有初心，所以这个方面来讲是非常平等的。但这个平等，我们说的万法平等，外面有高山，有低谷，有乔木，有草地，这是平等吗？这才叫平等，如果不是这样才叫不平等。当然，韩非子从另外一个角度也是希望世间平等，韩非子真的希望强不凌弱，众不暴寡，希望每个人都各得其分，各得其所，上下无为，而事物自己成就，这就是你刚才讲的道家的思想。所以不是说表面看的东西，他所看到的就是用法度来治理社会的一切的事情，一切都要在法度上做测量，是金是铜用试金石测量，是轻是重用度量衡来称，这样才能够说得清楚、说得明白到底是怎么回事，他讲的是这样一个平等，但是君王和臣子能平等吗？显然是不可能的，韩非子绝对不会说君王和臣子是平等的，是不可能的。君王是要管理臣子的，管理天下的，这个其实是不平等的，所以对这些理论看法一定要看原典，然后要综合思考，圆融思考，你才能知道什么叫平等，什么叫不平等，这是很重要的。

张晓峰

我对刚才的问题举几个例子帮助你理解你所提出的问题。什么叫平等？什么叫不平等？这个侧重点不同即程序平等与实体平等的问题。而实体上的平等往往是滞后的，很多平等体现在程序过程中。首先讲一个故事，比如 100 米短跑，假设有 10 个运动员参赛，比赛规则：不允许抢跑、不能抢道、不能服兴奋剂、裁判不能吹黑哨，等等，最后得出的竞赛结果排名就是公平的，或者说是平等的。如果有违反这个程序规则的，结果就是不平等的。所以程序规则对大家一致的规制，得出的结果不会挫伤认真训练运动员的积极性。这就是程序平等。实体上出现的比赛结果会与运动员的体能、训练水平、竞赛技巧等因素有关，得出的结果大家都认可，反之为了大家所谓的绝对公平，制度如果对正当竞争强制平等约制，那么社会就不存在进步的可能性。这是法对平等和不平等的认定。再讲一个唐太宗的故事，唐太宗李世民登基不久，有人投其所好，敬献给他一张弓。他看了又看，试了又试，认定是难得一见的好弓。于是得意之余，就向一个专门制作弓箭的匠人炫耀。但是这个工匠仔细看过之后，却得出了一个意想不到的结论："这张弓虽然强，但不是好弓！"唐太宗急问原因。工匠回答说："一张弓的好坏，不单要看它是否射得远，更要看它是否射得准。而能否射得准，关键取决于做弓用料的纹理是否好。制作此弓木料的木心不在正中间，木头的脉理自然都是斜的。因此，这张弓虽然有力，但射出去的箭势必不走正道，偏离目标，所以算不上一张好弓。"（上谓太子少师萧瑀曰：

"朕少好弓矢，得良弓十数，自谓无以加，近以示弓工，乃曰'皆非良材'，朕问其故。工曰：'木心不直，则脉理皆邪，弓虽劲而发矢不直。'朕始悟向者辨之未精也。朕以弓矢定四方，识之犹未能尽，况天下之务，其能遍知乎？"）太宗少入军旅，弓马娴熟。任何弓箭在其手中，均能百发百中。但对于普通兵士是很难做到这个的，这个就需要制弓的时候制式化，选材用料标准化。从这个故事里面大家就能明白规矩的作用。

还有一个例子：一个新王朝建立，经济上的头等大事就是建黄册统计国家资源，统计人口分封土地。这就是经济制度的确立。百年过后，因人而异，有人经营得好，有人经营得不好，便会出现土地流转。比如有人好赌而败家，其田产输于他人。刚开始百姓人人50亩田产，但牛二经营不善，张三兼并了他的50亩土地，张三现在是100亩土地，但按照黄册只交50亩土地的税，牛二没有50亩事实的土地，他还要交50亩土地的税，当然具体社会变迁肯定比这个情况更复杂。当土地兼并与法律规定不合，这时法律在实行过程中产生互相再衡平，这个王朝的经济秩序开始崩塌。

从这三个故事想必你能悟出些什么。法的精神是为何物，通过我们对人类社会的经验研究，加上个人知识判断，总结不同的国家、每个地方的东西法律传统，你就能得出自己的判断。我国地大物博，地域差异性很大，统一的法律也要结合当地的具体情况，一刀切的办法在实践中很难行得通，下一位。

听众：各位嘉宾好。古代人讲善与恶，我觉得跟现代人讲的德与法好像有一致的关系。现在也有人说法是一个渔网，有漏洞；德像一座墙，没有漏洞。为什么以法治国，而不以德治国？

张晓峰

记得上大学的时候，在法学院，有些老师批评以德治国的提法，有老师赞扬这个提法。我们知道，对于一个社会或者一个国家而言，刚才韩老师也讲了，强社会弱政府，或者弱社会强政府，很多人认为西方国家讲现代社会就是弱国家（弱政府）强社会，这样的话会很好，老百姓的权利也能够得到彰显。举一个例子，西方强调的自由主义是什么，政府越弱，资本才能够为所欲为，他们一直在强调弱政府，把这个国家榨干了放在另一个政府，因为资本从来不讲国界，哪里有钱哪里去，所以这个东西要有一定的警惕。任何一个社会制度设计不可能完全是刚性的或者完全是柔性的。中国传统政治讲求治国就是治吏，老百姓好治，只要把官员的标杆立起来，民自可端正。官员也是要训练教育的，也不能不教而诛。西方有位哲学家说监狱是文明社会的毒瘤，但是监狱目前的社会条件能取消掉吗？能，但得加一个前提，人性的进步和人的自治，但目前没有这个条件。治理国家治理社会往往是分而治之，反对一刀切也是本着实事求是的态度。

韩望喜： 我接张老师的话说几句。我觉得肯定要坚持依法治国，韩非子写的是以法治国。虽然我是学伦理学的，但我还是要说依法治国，其实依法治国就是以德治国，在法的精神里面，它的理想里头，高尚的法、良法、好的法一定是贯彻着道德的精神，如果一个好的行为被法所误判，那会影响很深，比如说对老人，假设我是出于好心扶一个老人起来，但是被老人以各种理由诬陷，法庭如果不能正确地判决，而反判我去怎么样，那可能会影响非常深，所以法庭判决是一个道德的导向。它总是有道德的光芒在里面。怎么样能够保证世间的法在制定的时候是正确的，我们在执行的时候，又是怀着善意去执行的呢？这个真的是法律方面的问题了。

张晓峰

这里让我想到两个问题，我们知道法律的惩罚本来就有救赎的功能，没有救赎功能的法基本是没有意义的，现行的法律可能滞后，民法里面规定必须尊崇公平秩序原则，这些运用就是最基本的伦理道德精神，没有法律规定是从习俗和习惯出发。我们经常说法不容情，但其实法里面是有情的，不是有句律诗："天若有情天亦老，人间正道是沧桑。"我们经常站在自己的本位或者站在某个学科的本位或者某个视角看，因为我们本身看不见世间的全貌，所以我们得出的结果有些时候是可以理解的。所以我经常想，人如果认识到这个问题，就是法律上讲的人如果能够预见出行为的结果，你做了这种结果，如果违反了法律，法律是要重惩的；但是如果无意识地犯，或没有这种意识你犯了，法律会减轻，量刑上也会减轻。同样从伦理上讲，人如果认识到了这样的结果，还主动做了，就是恶；如果没有意识地犯了，人是可以原谅的，达到最高程度的谅解，人类的悲剧如果你眼睁睁看着它发生而不能制止，这个就是悲剧，如果你看着能够制止，那就属于人类的理性。但是我们知道，人类在集体过程中，往往可能不是一个人能够制止的，就会出现人文主义灾难，所以这些东西需要我们在平常学习思考中进行反思。就我们在座的，我们搞这么多活动可能更有意义，我们更多的意义是让很多的观念互相对话，而不是说哪个观念谁对谁错，这个没有什么意义。还有最后一个问题。

听众：三位老师好。我在早上的时候，听到一个消息，说是欧洲恐怖组织在法国杀了近200人，像IS恐怖组织从小被训练，这种遇神杀神、遇佛杀佛的人，连生命都不要了，法制对他们还有用吗？他们的人性究竟是怎么样的？比如南京大屠杀他们面对无辜的群众下了屠刀，甚至于以杀人比赛为游戏的这种丧失人性的做法，在今天的话题下分析一下他们的性善跟性恶，及一些人性深处的东西，能否解说一下。我对这个问题不是很明白。

张晓峰

我们经常提到的概念就是有良法、有恶法，这种法就是"恶法"。我们知道，法有滞后性，它违背了基本的公共精神和基本的伦理，这个法也是恶的。你刚才所说的IS恐怖组织，美国也提到人权高于主权，它跟中国早期的墨家思想似乎有点相像。墨家以前其实提倡相当于相对辩证的人权高于主权，墨家是游侠剑士的鼻祖，他们的功夫也很好，个体能力很强。如他们认为哪个国家的君王乱杀大臣、乱杀百姓，出现这种暴政的情况下，可以派刺客诛杀，但他本身就是本着真正意义上的人权。事实上现代恐怖活动过程中，往往是本身的主体不是对于这个，而是以对于无辜的老百姓的杀害来威胁政府以达到某种目的，所以他这种意图就改变了。你要把恐怖这点区分开来，最基本的东西，恐怖叫什么？恐怖就是以制造危害公共安全、造成大规模死伤的行为来要挟政府达到他们想要达到的目的。有些恐怖主义经常干的事情，他们认为他们可能是对的，但是在整个人类的良知面前可能是不对的。例如，德国的纳粹大屠杀，这跟当时纳粹的教育是有关的。日本人进行军国主义教育的过程本身就强化的是这些东西，如果你对日本文化很感兴趣的话，可以看看美国社会学家鲁思·本尼迪克特所写《菊与刀》，可以去看一下日本的文化，看看日本为什么是这样的心态，也可以看看日本早期崛起的历史。比方说，一个人在社会底层经常被人欺压，有一天崛起的时候，对曾经欺负他的人是一个什么心态呢？比如朱元璋，因为早期是要饭的出身，所以他管制官僚富户非常严苛，这跟他早年的人生经历是有很大关联的。日本有一部叫《望乡》（又名《山打根八号娼馆》）的电影，尽管早年日本赢得中日甲午战争，并且获得巨额的战争赔款，但整个国家仍然很贫穷，就有人组织穷地方（九州等地）的女人到国外（马来西亚英属婆罗洲）去卖淫，换取外汇发展他们的国家，日本崛起过程中的畸形发展，其民众的社会心理是不会多正常的。所以人性累积的压抑愤懑一旦失控，尤其在战争状态下，什么人间悲剧都能见到。战争，本就是人性的灾难。

韩望喜：其实人类真的是一个悲剧，我不知道未来会怎么样。因为人的理智像天神，但是人生活在这个世界上，每天都经历着血雨腥风的事情。如果从宗教角度来看，每个宗教都有自己的神，这个可能是不能通约的。伊斯兰的神和基督教的神可能不一样，是不能通约的，但是人类有基本的生活伦理，这是可以通约的，包括儒家讲的仁义礼智信，包括佛家讲的五戒十善，还有基督教讲的十诫，包括伊斯兰讲的一些道理，在生活伦理的层面都是讲的对人要尊重、对生命要尊重，包括伊斯兰教不能够杀生，这是基本的第一条，从这个角度说，人类在宗教的分歧和争斗之上，应该有一个共同的价值观，就是确定人的尊严、生命的尊严、人性的尊严。所以在巴黎联合国教科文总部的院子里面竖着一个纪念碑，用七八种文字写的，就是你在思想中解决你的暴力、避免暴力，你才能在行为上避免暴力，所以联合国教科文组织一直在致力于人们平等的文化，在聆听，包括宗教间的对话，包括伦理间的对话，包括文化之间的对话，包括人与人的对话，希望能够找到大家可以共同的、能够理解的东西。1989 年开的一个宗教和平的会议，最后得出的一个结论就是"己所不欲，勿施于人"，你不希望别人强加在你身上的东西，你一定不要强加给别人，你爱护你的生命，不希望别人随意地杀掉、剥夺你的生命，你就要对别人的生命进行尊重；你不希望别人剥夺你的家庭、毁灭你的家庭，你就对别人要尊重，这其实是人性和神性之间共通的东西。一切宗教说到它立的是神，但是实际上教化的是人，这就是神人的关系。关于那些以杀人为乐的人，其实我觉得对于宗教的理解可能真是出现了很大的偏差，这也是人类最难的地方，因为西方总是在讲人的理解论，在讲人与人怎么理解，英国的哲学家都在讲这些东西，到底人与人怎么理解、怎么通约呢？天下的水怎么能够相互贯通呢？这确实是我们一直在思考的问题，所有的知识，所有的道德、伦理、宗教、哲学都在想这个问题。科学可能比较容易通，人家算一个数字，你也一样，这样才可以。但是人文的东西，习惯的东西，法律的东西，这些层面上的东西有哪些可以通约得到，我觉得这是一个很重要的任务。

张晓峰

　　我认同这个观点，认为人文科学最大的难题是认同，而自然科学，在公式上及运算过程中自然达成统一了，这也是人文科学，包括社会科学很大的难度所在。今天由于时间关系，我们的活动就到这里。谢谢大家。

南书房夜话第二十五期——法家（下）
——法家治国之道：法术势

嘉宾：周炽成 韩望喜 张晓峰（兼主持）
时间：2015 年 11 月 28 日 19：00—21：00

张晓峰

现在开始"法家（下）——法家治国之道：法术势"。承接上期法家性恶性善的悖论之争的话题，本次话题将更接地气。自古谈治国之道皆帝王将相类较为私密，仿佛与平民百姓没有多少关系。现代社会的发育和媒介信息的流畅，使得这个话题变得不再那么神秘。新的历史条件需要重新对治国之道的思想体系解构诠释以便于更好地继承。众所周知，治国之道并非一家学说或单一思想体系能够完全囊括的，这个话题涵盖的范围是广阔深沉的。法家作为中国传统文化一枝叶，在传统治国之道中扮演重要的角色，而且深深地影响着中国传统政治性格和治国逻辑的形成。这么浓重的一笔，也不是淡淡几笔可以勾勒的。自当是高屋建瓴式地摄取法家"法术势"作为治国之道的引子和灵魂。既然讲法家治国，就不能脱离当时社会政治生活的场域，脱域理解法家学说难免肤浅、似是而非。在这里有必要对当时历史条件下的政治、经济、文化等主要方面做一个简单的描述，以便大家更好地理解法家治国之道产生的社会土壤。以便两位专家后面阐述得更到位一些。下面对今天请到的两位学者做简要介绍：中间这位是周炽成教授，广东人氏，中山大学哲学博士，华南师范大学政治与行政学院副院长，国内著名的荀子和韩非子的研究专家。旁边这位是韩望喜先生，中国人民大学哲学博士，香港中文大学访问学者。韩博士是中央电视台理论专题片《道德的力量》的主要撰稿人之一，《深圳市民行为道德规范》的主要执笔人之一。

也是国内出色的荀子和韩非子专家。韩先生在国内推动传统文化复兴方面成绩显著，得到社会各界广泛好评。我本人主要做东西方思想史比较、政治社会学研究。

接下来将重新切回刚才的话题——对春秋战国时期诸侯各国的政治生态做一个简单的回顾性介绍。历史学界将西周和东周（春秋战国时期）界定为中国封建社会阶段，指实行封建制度的社会状态。封建社会即分封制，在中国盛行分封制的时期是秦始皇建立中央集权制之前，尤其是西周时期，周武王灭商以后，周天子分封天下，那时诸侯小国林立，一个面积几平方公里的小国，其统治者被周天子分封为君，以"国"自居，这个时期的社会形态被奇怪地称为"奴隶社会"。这种政治社会形态的典型特征是国家的权力掌握在以周王室为轴心的封建贵族群体中。这种封建政治的核心维系依靠血缘和王室贵族身份。自东周起，周王室衰微，王室血统逐渐衰落，国家权力逐渐被新兴贵族掌握。周王室原有血缘和贵族身份失去了维系政治的重要作用，变得名存实亡。整个东周的政治社会形态就是诸侯割据，不义之战横行。当时的历史处于大争之世，社会动荡流离。诸侯国相互攻伐，面临着内部社会管理和国家生存的双重考验。自春秋以来，原来的政统、礼法为主的道统衰落。依据记载这是中国历史上第一个政治人文灾难期。君王死于杀戮屡见不鲜，孔子《春秋》即为明证。春秋时期的政治血淋淋的残酷经验不可能不影响后世政治学说的形成。春秋战国时期法家学说兴起是离不开这个基本历史主线的，从后世政治发展和演变来看，法家学说对于中国古典政治时期的法统的构建功不可没。法家学说在春秋之政、大争之世的历史条件下，对内变现为治国安邦、富国强民，对外强调征战吞并诸侯国、壮大诸侯国。今天讲的话题则侧重诸侯国内部治理之道。法家自春秋已降有管仲、子产、李悝、吴起、商鞅、慎到、申不害等人予以大力发展，逐渐蔚为大观。至战国末韩非对他们的学说加以总结、综合，集法家之大成。其学说范围涉及法律、经济、行政、组织、管理诸方面，涉及社会改革、法学、经济、行政管理、组织理论等方面。而"法术势"三字精义自当蕴含其中。治国之道分为制定法律、循名而责实、好利恶害、治道不法古、法术势结合、法布于众、依法办事、刑无等级、法律稳定等方面。今天着重论及"法术势"治国之道。法学起源于春秋战国时期，特别是儒、法两家围绕对待"礼"和"法"的态度进行了激烈的辩论，其中法家代表人物大都源自三晋大地，从中华法系第一部成文法典的著者李悝，到"礼法并重、刑德并举"的荀况，再到"刑过不避大臣，赏善不避匹夫"并且提出权力制约理论的韩非，以及吴起、商鞅、慎到等。其法治精神和法治思想共同构成三晋法家文化的精髓。战国时期，法家主要划分为齐法家和秦晋法家两大阵营。秦晋法家主张不别亲疏，不殊贵贱，一断于法；齐法家主张以法治国，法教兼重。秦晋法家奉法、术、势为至尊与圭臬，齐法家既重术、势，又重法、教。

在这里有必要对"法、术、势"做一个简单的解释。韩非以前的法家有三派，其一重"术"，以在战国中期相韩昭侯的"郑之贱臣"申不害为宗。所谓"术"，即人主操纵臣下的阴谋，那些声色不露而辨别忠奸、赏罚莫测而切中事实的妙算。其二重"法"，以和申不害同时的商鞅为宗。他的特殊政略是以严刑厚赏来推行法令，使凡奉法遵令的人无或缺赏、凡犯法违令的人无所逃罚。其三重"势"，以和孟子同时的赵人慎到为宗。所谓势即是威权。这一派要把政府的威权尽量扩大而且集中在人主手里，使其变成可怕的对象，以便压制臣下。而韩非子兼容并蓄，故此说他集法家的大成。我就先讲到这里，下面将话题交给周先生，请他给大家讲讲法家治国帝王术的演化，有请周先生！

周炽成：刚才他说到的是前期法家分别有所重，重法、重术、重势，到后期法家就把三者统一起来，统一起来的这个人就叫韩非子。韩非子的整个思想体系实现了法、术、势的统一，这三者的统一，我们也可以理解为一种帝王术。司马迁《史记》里面说，韩非子是跟荀子学帝王术的，李斯也一起，李斯是韩非子的同学，这两个人都跟荀子学帝王术。帝王术用今天的语言来说也可以简化为治国之术，但是在很多人眼里，帝王术好像是比较负面的，我今天就从比较中性的角度来讲一讲韩非子的帝王术。其实在很多人的眼里，韩非子是一个负面的人物，郭沫若的《十批判书》给现代中国人制造了很负面的韩非子印象，但是这个印象后来改变了吗？在70年代，"批林批孔"运动期间，韩非子的地位极大地提升，评法批儒，法家的地位上升了，而作为法家的集大成者韩非子升到了历史的高点，真的历史太沧桑了。我们回到韩非子自身，我们应该知道，他事实上有很多说法，后人就遗忘了，比如说君王要带头守法，这一点，我们后人都不太讲它了，总以为韩非子就是喜欢搬弄权术，是喜欢教帝王去搬弄权术的一个小人，"君王带头守法"这点是韩非子思想中很突出的一个东西。另外，他还要用道来限制君权，以道来限君，也被很多人忽视了，因为道是老子所重的，而韩非子对老子的思想也有很多的吸收，他作了著名的《解老喻老篇》，那是中国解释《老子》这部书的最早的作品。其实，我们回到汉代，韩非子在很多人的心目中不是一个负面的形象，而是相当正面了。看班固的《汉书》，《汉书》里有对各种人物分了九等来归类，"上上，中上，下上，中中"，一直这样排下来，分九等，最厉害的就是第一等，孔子、尧舜禹，第一等是上上的圣人；第二等就是孟子、荀子，第二等是贤人；韩非子处于属于中上人，中上人还是好人；最坏的就是下下等，像周那些暴君就是下下等。韩非子的形象在当时是非常正面的。还有对韩非子有一个极大的误解，我不知道上次有没有讨论过，就是以为韩非子是性恶论者，因为他的老师是性恶论的代表，我周某人就做了翻案，师生二人均非性恶论者，我这个惊天动地的看法已经在学界引起了热烈的讨论。我在10多年前，在书里面已经为他的老师翻案了。为什么荀子不是性恶论者呢？我的基本理由就是因为性恶篇是出于后学，是荀子后学的作品，而不是荀子本人的作品，荀子本人主张性朴论，最著名的名言出自《礼论》。《荀子》这部书的《礼论篇》，出自"性者本始材朴，伪者文理隆盛也，无性则伪之无所加，无伪则性不能自美，性伪合，然后成圣人之名，一天下之功于是就也"，很明确说"性朴"，"性者本始材朴"，朴素的朴。性朴意味着什么呢？打一个比喻，一块玉石没有雕刻、没有人工改造的情况就是朴的状态，你看玉璞，有另外一个字，玉旁后面那个字就是璞，人生下来而没有一个具备完善的，如果玉就是非常完善的状态了。但是人生下来的时候，有完善的潜质，但还不够完善，还不够善，有善的潜质是这种状态，所以它跟恶是绝对不相容的，荀子本人绝对没有说人生下来就是恶的。我们读的《劝学篇》最有名，几乎每个上过高中的人都读过《荀子》的《劝学篇》，没有任何人性恶的显示，"青出于蓝而胜于蓝，冰水为之而寒于水，木直中绳，輮以为轮，其曲中规，輮使之然也"，一点人性恶的思想都没有，相反，它就有性朴的思想，尽管没有用"朴"这个词，但是整篇《劝学篇》都表达的是人性朴的思想。我们看他的学生韩非子，韩非子本人也没有说人性是恶的，没有说，他对三个问题严格来说不那么关照，他也有价值判断，他比较客观冷静地表达人性。有一句很有名的韩非子经常被人引用的话，就是"做棺材的人喜欢人家早死，做车子的人喜欢人家富贵"，但是很多人就因为这句话以为韩非子主张人性恶，其实没有。他后面接着说，他并不是说做车子的人就是好的，做棺材的人就是不好的，两个人都是从自己的利益出发，来寻求对他人的一种关系，就是求利。如果说我们一定要定义韩非子的人性，就是一种好利论，但是他不认为好利是恶的，也不认为好利是善的，好利就是一个自然的事实，帝王必须具备这种事实，从这种事实出发，引导出治国的方针、政策。就是要顺应人情、顺应人性的状态。你说他怎么主张那些，他没有任何对人性恶的明示或暗示。在这种状态下，他在这种人性假定的他所建立的治国之术和帝王之术事实上有太多合理的地方，值得我们今天的领导重视。我们今天的领导应该好好读读《韩非子》，我们普通的百姓读《韩非子》也能明白政治家的一些想法和做法。就是我们要懂政治，我们经常说懂政治要讲政治，当然我们经常看中央电视台是懂政治的一个途径，但是事实上还有一个途径，读古书、读《韩非子》是懂政治的一个好的途径。当然我们有更多懂政治的人，候任外交官的政治意识比我还强。下面看一看他的高论了。

韩望喜：我很欣赏周老师讲课的风格，就是直指人心，我觉得特别过瘾。韩非子分析问题讲究逻辑，条分缕析，非常务实，就像司马迁在《史记·韩非列传》中说的，"韩子引绳墨，切事情，明是非"。他是一个非常冷静的人，甚至是一个冷峻的人，他用手术刀来解剖人性，来找到治国理政的方法，因为真理是素朴的。和氏之璧，不饰以五彩，隋侯之珠，不饰以银黄。赞美浮夸的言辞而不考虑是否合乎法度，那就是亡国之征。

韩非子和他的老师荀子一样，不喜欢空谈仁义心性的孟子之学，认为仁义惠爱不是治国之道。

有一次魏惠王问他的大臣卜皮，"我的名声怎么样啊？"卜皮回答说："大王的名声很好啊，人人称赞大王仁义惠爱。"魏惠王很高兴地说："我的名声这么好，国家该大治了吧！"卜皮回答："要亡国了。"魏惠王不理解："仁惠是行善，行善怎么会亡国呢？"卜皮说："大王心太软。讲仁义惠爱，轻易赏赐，那么无功的人就会得赏，大王又不忍心责罚，那么有罪的人就不会得到惩罚。无功得赏，有罪不罚，不亡国是没有道理的。"

在他看来，治国不能用仁义惠爱之道。没有法度，就是亡国之道。

韩非子的冷静在哪里呢？他的逻辑立在哪里呢？他首先要反对儒家的学说，就是"儒以文乱法"，同时又反对墨家的学说，即"侠以武犯禁"，他把当时的显学儒墨两家排斥掉之后，才能立圣人治国的学说，就是"以道为常，以法为本"。他特别强调，明主之国，以法为教。治国要法术势贯通，寄治乱于法术，托是非于赏罚，属轻重于权衡。释人而任法。第一个是依法不依人，第二个是依术不依人，第三个是依势不依人。

为什么依法不依人？他说的是"以法治国"。韩非子说："国无常强，无常弱。奉法者强，则国强，奉法者弱，则国弱。"治国之道，必以法立。

韩非子讲了"和氏之璧"的故事。

楚国人卞和在荆山上发现一块玉璞，把它献给楚厉王。厉王请玉工鉴别，玉工说只是一块石头，厉王便以欺君之罪砍掉了卞和的左脚。多少年过去了，厉王死，楚武王即位，卞和拖着一只脚，捧着他的玉璞献给武王。武王请玉工鉴别，玉工又说只是一块石头，武王以欺君之罪砍掉卞和的右脚。后来，武王死了，楚文王即位。卞和没有脚了，抱着他的玉璞在荆山下哭泣，"三日三夜，泪尽而继之以血"。眼泪哭干，流出血来。人们说，天下大乱，被砍掉双脚的人何其多，你为什么哭得这么伤心？卞和说："我并非为我失去的双脚而悲伤哭泣，我哭的是宝玉被称为石头，忠贞之士被当作骗子，这才是我悲伤痛哭的原因！"楚文王听说了，便派人把卞和请到宫里，剖开玉璞，果得美玉，并将此玉命名为"和氏之璧"。

韩非对秦王说，卞和献的不过是玉，都要历尽波折，直到双脚被砍之后宝玉才被论定，法术之士进谏治国之道，与卞和好有一比。"大王您一旦采纳法治之术，那么大臣就不能专权，左右近侍就不敢弄权；官府一旦执行法令，游民就要下田野耕种，游侠就要奔赴战场。那么，大臣、近侍、游民、游侠会拥护法治吗？他们必定会反抗、会诽谤，君王若不能有自己的主张，有坚定的心意，力推法治，那么法术之士的下场，就与卞和无异，甚至更加惨烈。"

从前吴起以楚国的国情劝谏楚悼王：楚国大臣的权势太重，有封邑的贵族太多，对上威胁君主，对下盘剥百姓，应当减少各级官吏的俸禄，裁减冗员，省下钱来选拔和训练武士。楚悼王推行吴起的办法一年就死了，吴起在楚国被处以肢解的酷刑。商鞅进谏秦孝公对百姓户籍实行什五编制，彰明法令，堵塞私人的请托而任用对国家有功劳的人，禁止以游说谋求官职，大力实行耕战之术。秦孝公实行商鞅的变法，国家因此富强。过了八年，秦孝公死了，商鞅在秦国被处以车裂的酷刑。今天看来，吴起、商鞅用法度治国是对的，为什么吴起被肢解、商鞅被车裂呢？这是因为大臣苦于吴起、商鞅的法令，而游民憎恨他们的法治。韩非子感叹道，若是大臣贪鄙而权势重，游民安于混乱，如果君王不能像楚悼王、秦孝公那样听取法术之士的正确意见，要想平定天下，如何可能？这正是天下混乱而无霸主的原因。

韩非子觉得法度是一个非常重要的事情，他有一篇文章《大体》，儒家的孟子讲的大体是"心"，而法家讲的大体是"法"。什么是治理国家的重器？就是法。

如果想国家长治久安，君王一定要守法。韩非子讲了一个齐桓公的故事。说齐桓公有一个很好的相国叫管仲，管仲病重的时候，齐桓公去看他，问管仲百年之后谁可以来接你的班继续做相国？管仲说有三个人是切切不能用的，哪三个人不能用呢？第一个就是你的厨子易牙不能用，为什么不能用？有一次齐桓公酒足饭饱之后，易牙问你还有什么东西没吃过，你说小孩的肉还没有尝过。第二天，易牙就把他的儿子蒸熟了献给了桓公。管仲说"人莫不爱其子也"，易牙这么狠心，最后杀桓公的必定是他呀。桓公不信。第二个不能用的是谁？第二个不能用的就是你的宠臣竖刁，竖刁为什么不能用呢？因为齐桓公好色大家都知道，后宫佳丽三千，竖刁自告奋勇，挥刀自宫，毁坏自己的身体去为桓公管理这些佳丽。管仲说"人莫不爱其身也"，他一定有他的图谋，最后杀你的必定是他，齐桓公还是不信。第三个不能用的是谁？就是卫公子开方，齐国和卫国之间，快马不过几天的路程，但是卫公子开方十几年来，从不回去卫国看他的妈妈，他妈妈病了死了都不管。管仲说"人莫不爱其亲也"。第一个是莫不爱其子，第二个是莫不爱其身，第三个是莫不爱其亲。管仲死了之后，齐桓公偏偏用了这三个人。这三个人在朝廷结党营私，把病重的桓公活活饿死了，三个月都不收尸，最后桓公身上的蛆都爬了出来，还是没人理。

韩非子非常感慨，齐桓公国败身亡，被人耻笑，教训在哪里？就是桓公选人用人不依法度，而是以满足自己的爱好和欲望来取士，这是最危险的。必须依法选人，依法用人，否则，一个竖刁去了，另一个竖刁又来。

执法还必须严，乱世用重典。韩非子举个例子来说明这个情况。楚国南部有个地方叫丽水，出产黄金，很多人都偷采金矿。采金的禁令规定，抓住了偷采者就砍头分尸，在闹市示众。被抓杀死的人很多，丽水的河道都塞满了，但是偷采的行为还是不能禁止。罪罚没有比砍头分尸、在闹市示众更大的了，但这样还是禁止不了，就是因为人们心存侥幸：偷采黄金不一定能被抓到。如果有人在这里宣布"把天下都给你，但是要你的性命"，傻子都不会接受。拥有天下是很大的利益，仍然不肯接受，是因为知道这样一定会死。而心存侥幸，认为不一定会被抓住，那么即使用狠话恐吓，偷采黄金的行为也不会收敛。人不可能为了图谋小利而舍弃生命。

刑法不必，则禁令不行。这就是韩非子所指的治国之道、治国之法。韩非子说"先王明赏以劝之，严刑以威之"，如果做到这样，天下之人依照法律来做，国家岂不大治？

第二个就是"术"，讲"术"就是依术不依人。韩非子的老师荀子讲治国方略时特别强调，明君治国要分清主次，纲举目张。

荀子说："主道治近不治远，治明不治幽，治一不治二。主能治近则远者理，主能治明则幽者化，主能当一则百者正。夫兼听天下，日有余而治不足者，如此也，是治之极也。既能治近，又务治远；既能治明，又务见幽；既能当一，又务正百，是过者也，过犹不及也。""故明主好要，而暗主好详。主好要则百事详，主好详则百事荒。"明君处理好主要的事情，其他一切事情也就有了正确的法则；明君抓住了关键，其他一切事务也就顺理成章了。如果事事都亲自处理，国事反而会荒废。

韩非子深通治道。他明确提出，"明主治吏不治民"，君主致力于管理好官吏，整饬吏治，天下就能大治。

明君治国要运用刑名之术参验，恃术不恃人，这就是术治。

术治，在韩非子看来就是吏治。韩非子深通名家之学，懂得名实、能指所指的道理。但是他崇尚荀子所讲的事功，抛弃了名家的烦琐空泛的论证，改造成为更加实用的刑名参验之术。

所谓刑名参验之术，就是依据才能授予官职，按照名位去责求实绩，以名实是否相符，考核群臣的能力，这就是君主的权柄。

儒家治国，讲君仁臣忠。韩非子认为，法家治国，最好是君不仁，臣不忠；依法不依人。本来君臣的想法就不同，仁爱的君主千年难遇，比干、伍子胥那样的忠臣也没几个，还不如实实在在依靠法治。君主不必爱臣，爱臣必被臣子劫持和挟制；臣子也不必对君王表忠心，自己做好自己的事，尽自己的本分就行了。治国之道至简，一断于法。

正如韩非子所说："为人臣者陈其言，君以其言授其事，专以其事责其功；功当其事，事当其言，则赏；功不当其事，事不当其言，则罚。"做人臣的陈述他的主张，君主就根据他的言论授予他事情，又专就他所做的事情责求他相应的功效。功效与他做的事情相当，事情和他们当初的言辞相称，就给予奖赏；功效与他做的事情不相当，事情与他当初的主张不相称，就给予严惩。君主不必拥有忠心的臣子，臣子不必盼望仁德的君王，以刑名参验之术来确定赏罚、生死、存亡。就是这么简单，国就大治了。

参验才能明察。挑选大力士如果只听人们自我吹嘘，怎能分辨谁是庸人，谁是力拔山兮的乌获？但是要求把千斤之鼎举起来，那么谁孔武有力就一目了然。君王授予的官职就相当于这千斤之鼎，委任臣下做事，考察绩效，谁智谁愚就分得清了。通晓治国方略的君主听取臣下的言论，查看它的用处，考核它的功效，明确赏罚的依据。这样一来，无用的辩说不能留于朝廷之内，浮夸的人就会被察觉并受到严厉斥责，智慧不能胜任的人会被罢免，收回任命。君主要明辨是非，必须法术并用。法要遍行天下，术要循名责实。法和术，是明君治国不可或缺的两样利器。

第三个是要依势不依人。君王要推行法度，推行政策，或者术，必须依靠势。这个势是很重要的，所以我们看孙子兵法的时候，有句话叫作"释人以任势"，明君治国要释人而任势。

先秦诸子治国打仗常常谈"形"论"势"。《孙子兵法》有专门的《势篇》。善于指挥作战的人，总是设法造成有利的态势。他的注意力放在"求势"上，而不是放在"求人"上，所以它能够舍人而任势。善于创造有利态势的将帅指挥部队作战，就像滚动木头、石头一样。木头、石头的特性，放在安稳之地就静止，放在陡峭的地方就滚动。方的容易静止，圆的滚动灵活。所以，善于指挥作战的人所造成的有利态势，"如转圆石于千仞之山者，势也"。就像推动圆石从万仞高山上滚下来那样不可阻挡，这就是"势"。

韩非子也是这样的观点，他否认儒家的"贤治"。认为君主的权势就是治理好国家的根本条件，这就是"势治"。

韩非子认为，生杀大权掌握在大臣手里，君主的命令仍然能够贯彻实行，那是不可能的事情。虎豹不发威，和家鼠无异；家财万贯的人如果不运用他的财富，那就和看门人的资产一样；拥有天下的国君，若不能行使威权来厉行赏罚，要想让人畏惧和敬重，是不可能的。

万乘之主、千乘之君所以制天下而征诸侯者，以其威势也。韩非子认为，法治要推行，必须依仗君王的权势，这也是他身为韩国宗室公子的人生心得。"民者，固服于势，寡能怀于义。"民众本来就屈从于权势，很少能被仁义所感化。孔子是天下的圣人，修养德行，弘扬儒学，周游海内，天下赞美他的仁义之说，愿意为他效劳的，不过门徒 70 人。这大概是因为重仁行义的不多吧。以天下之大，跟从夫子的只有 70 人，而真正修行仁义的恐怕只有孔子一人。

再看看鲁哀公，何其平庸的君主，无雄才大略，无嘉言懿行，但是他坐在朝廷里统治国家，"境内之民莫敢不臣"。老百姓没有一个敢不服从的。由此可见，老百姓总是屈从于权势的，权势也的确容易使人服从。德行高尚的孔子做了臣子，平庸之辈的哀公反而坐视天下。若是根据学识道义，孔子不应臣服于鲁哀公，孔子怀才不遇，屈为臣子，并不是胸怀鲁哀公的义，而是服从哀公的权势。哀公是凭借权势，让天下人臣服的。现在的学者劝说君王，不是让君主依仗必胜的权势，而是让君主致力于行仁义、轻赏罚称王天下，这是要求君主必须做到像孔子那样贤明，而把世上的普通民众都当成孔子的门徒七十子那样渴慕成圣成贤，自愿追随圣人，这在治国上是必定行不通的。

韩非子特别谈到了赵国人慎到的"势治"。慎到说，飞龙、腾蛇在云雾中飞行，云消雾散，它们失去了飞行的凭借，就和蚯蚓、蚂蚁无异了。贤人之所以屈服于不肖的人，是因为贤人所处的势不够，权轻位卑。相反，不肖的人被贤人制服，也不是坏人仰慕好人的德行，而是由于贤人处在强势，位高权重，坏人不得不服。

韩非子感叹道："假如尧是一个普通的人，他连三个人也治理不了；而暴君桀做了天子，则能搞乱天下。我由此知道权势和地位是足可依靠的，而贤智是不值得羡慕的。一张不强劲的弩能把箭射得很高，得之于风力推动。一个暴君的修为不好，命令却能推行，那是得力于众人的服从。如果尧以普通人的身份在奴隶中施教，没有人会听他的，而当他南面称王时，就轻易做到有令则行，有禁则止。可见，贤智不足以使众人服从，而威势却足以让众人屈服。"

势是中性的，尧、舜处在君主的位置，十个桀、纣也不能扰乱天下，这是势治的缘故。桀、纣处在君王的位置，即使有十个尧、舜也不能治理天下，这是势乱的原因。韩非子所说的势，是君王为了推行法度，达到天下大治，要学会的"造势"。君主守住法度，据有势位，就能治理国家，背弃法度；抛弃势位，就会国败身亡。现在治理国家，如果抛弃势位、背离法度，一心等待圣明的尧舜到来，而尧舜是千年一遇，那真是千世乱而一时治。如果守住法度、拥有势位，即使桀纣来了也不可怕，这是千世治而一时乱。

张晓峰

我接着韩老师的话题，从社会分层与国家治理的角度理解法术势。社会分层（social stratification）是指社会成员、社会群体因社会资源占有不同而产生的层化或差异现象，尤其指建立在法律、法规基础上的制度化的社会差异体系。

人类社会起源于氏族部落，最基本的秩序源于血缘生育，经过母系社会和父系社会的发展。个人由于体力、天赋智力等差异，加之部落围绕最基本生存而发生的战争，逐渐演化出了社会层级。这个层级随着国家形态的逐渐形成，稳定下来的社会层次结构成为社会治理的基本架构。一个社会群落最基本的分工产生了最基本的层级，而每个层级之间的差别就是属于"势"。而依据这种层级的分化的治理，便是所谓的"势治"的基本前提。部落巫师（自然现象和人文解释权的掌握者，某种程度上扮演部落隐形权力的角色）依据天地自然之道演化出遵从的基本的规则，这就是法的雏形。术治按照人类社会的发展逻辑属于较高级社会形态（国家政治形态成熟条件下）下产生的。按照政治哲学的逻辑推演，理想的政治是人人自治，从而达到社会大治。然社会每个个体不能达到均等状态，这个前提到现在也没有出现过。这就需要一个代表国家的公权力的法度去约制管理个体。反过来如果人人都能够达到自治的状态国家便会自然消亡，但事实上是不可能的。国家正是建立在这种分工和层级的社会结构之上。国家治理的社会问题遂成为一种社会学问，伴随着古老的社会一直演变到今天。

春秋战国时期，诸侯国之间相互战争相互侵吞，人民生灵涂炭，孔夫子《春秋》史鉴春秋之政的政治经验切开了后世的政治学说的血管,警醒战国时期的荀子、韩非子等。刚才韩老师讲到了很多很多的政治故事,便是这段历史时期的呈现。那么如何借助法的力量(法与其他学说相比具有刚性,与社会结构融为一体,具有约制社会恶殇的先天优势)避免政治灾难,避免君王死于非命,依照社会结构让贵族大臣各按序位、百姓安于生产,这便是法家所面对的社会课题。这个时候国家治理的核心问题便无外乎三种基本关系:君王与王室贵族的关系、君王与贵族官员的关系、官民关系。法术势治国之道也是围绕这三层社会关系而展开的。法术势权衡的正是这三层基本社会关系。一个诸侯国如何安置君王、大臣和平民百姓社会关系,便是一个重要的政治学问题。上期话题中我提到一个国家如何平衡集体与个人的关系,便指的是这一维度。韩老师刚才讲到君王不好当,如果处理不好这几维社会关系,君王事实上是坐在火山口的。中国政治史有这样一个特征:一个王朝初期,君强臣强;中期君强臣弱;末期君弱臣强。自秦朝以来,根据历史经验,皇室一味采用世袭制,官吏采用选拔竞争机制。当然帝王也是有竞争的,皇帝和官吏都是要教育培养的。君臣民三者关系顺畅,国家治理就相对得当,即可出现盛世之治,反之则是政治灾难。当然一个国家生存发展必须依据匹配的经济基础,国家机器的运行必赖以财政顺畅,国家安全必赖军队得到有效的治理,这几维问题都是国家生存和发展必须着力解决的重要问题。平民百姓在社会结构和社会分工中处于底层,官员是皇权的延伸,权力一旦得不到有效的约制,就会失控,失控之后就会变成洪水猛兽。这里面所谓的"法"就是依据政治经验,而韩非子《解老喻老篇》也是借前世学问夯实最基本的法理基础,没有法理学、法哲学的支撑,这个法是短视的,逻辑上也很难让众生信服。当然对历史政治经验进行吸收拔高也是必需的,把它上升成一种大家能够尊崇的东西。这里的法便是公共智力的体现载体。一般而言良法是合情合理合度的,但是法还存在滞后性的问题,滞后性不是我们今天讲的问题中的重点,这里我不做赘述。法依据前世政治经验,依据国家的具体国情,便产生公共治理,也就是代表国家公权力法的依托。这种公共治理代表着国家权威向下推行，而在向下推行过程中，就必须保证老百姓的正常的经济生活，古代的平民百姓不像我们现代社会有诸多选择，大多是因户籍田产居于一地自然耕种，同时要服差役，战时还得服兵役。这种社会结构下平民百姓作为社会最基本细胞单位，官员是国家公权力的躯干，而君王是一个国家首脑。这几层关系互相协调，那么这个国家从权力结构对内对外都是强大的，反之则比较糟糕。比如社会秩序崩塌、王朝更替时期，君臣民一二三，相互关系互相传导，二和三发生了问题，三会倒转一，在古代金字塔的社会结构里（按照金字塔的结构讲的话，最塔尖是代表皇权的一部分，中间是官员的一部分，最底层是老百姓。当社会发生病变的时候，或者出现急剧变化的时候，金字塔就倒过来了，最倒霉的或者最差的就是刚才韩老师讲的君王、皇权利益，所以自古一个王朝没落以后，皇室几被夷族）这是很残忍的社会变革，而这个社会结构中的中间阶层变化似乎并不大。换个马甲还是社会中间阶层。所以代表公共权力的法的制定一定是要有弹性的，前面讲到的有这个提问，法是有一个滞后性的问题，尤其是法与这个社会的经济生活和社会发展不能适应，如果它出现滞后，也会被大臣经常借由公权力的名义去鱼肉百姓。刚才韩老师讲的这几个关系里面，我们从社会学的维度上去把它切片，就是君臣的关系、官民的关系，还有整个国家的整体利益结构，按这三个维度就是君臣关系、官民关系和整个社会形成的集体关系去审视，就可以更好地理解"法术势"。

刚才我前面提到皇权是通过世袭而来，一般而言多会越来越弱，虽然偶会出现中兴之主，但这种概率还是比较低的，而大臣是通过层层选拔、层层竞争上来的，所以糊涂的皇帝多，糊涂的宰相少。接下来我来谈谈法的应然性问题和实然性问题。法的应然性是指法应当是什么，法的实然是性指法实际是什么。前者是法的理想状态，后者是法的现实状态。应然性的问题就是法规定应该这样办，但事实上在具体的法律执行操作过程中又是另外一回事。

理论学说和社会实践之间也存在应然性和实然性的问题。学者设计的社会发展模式是应然性的，学者的认知经验（当然很多学者缺乏必要的政治经历和体会，自然对政治本身缺乏深刻认识）是这样的，或者说有些政治人物的经验设计出来的轨道是这样的，但事实上有些时候事实和学说的应然性是吻合的，但是更多的时候两者关系是背道而驰的，或者实然性离应然性越来越远，那可能就会出现大的人文政治灾难，这是很恐怖的，这是我从应然性和实然性的角度讲的法度问题。

中国有句老话"治以修文化人心，乱以尚武平天下"，治世多读经，乱世多读史，这背后道理是什么？历史是人类自己的家谱，它是鲜活的。人类政治实践从这个意义上说没有太多新鲜事物。当下的很多的政治学著作离政治现实太远，所以读政治学书籍切不可囿于学者，必须涉猎政治人物的活动和言论。否则对政治本身的理解就会离题万里。所以我们在理解治国过程中，必须对这个问题加以重视。

接下来我讲讲治国之道中的循吏。司马迁在《史记》里面发明了一个词叫"循吏"，这种类型的官员重农宣教、清正廉洁、所居民富、所去见思。与循吏相对应的是"清流"，循吏与清流，是在中国历史政治中一直贯穿始终的两种势力。所谓循吏，是指注重结果、大刀阔斧工作的实战派，但行事有时难免偏于严苛，刻薄寡恩，以张居正等为代表；所谓清流，是指思想高尚、品格清高、洁身自好的思想者，但是经常流于形式，只会唱高调，就是有些人说得多、做得少，诸如翁同龢之流。传统治国，首先是君王要明睿，君王的教育里要有一个严格的培养机制。自古以来培养太子用的是饱学鸿儒，但不成器的太子仍然居多，这也是古代政治结构的先天缺陷。传统政治也讲求官员的培养教育，史书上的官吏楷模无不让后人敬仰膜拜，但也少不了贪赃枉法、误国误民的元凶巨恶，遗臭万年可能对个人是小事，但是对一个国家来说可能面临亡国灭种的境地，诸如秦桧、贾似道等历史人物屡见不鲜，这也算是人性悖论的一种存在吧。古代政治讲求政统、道统、法统三者关系相辅相成，在具体治国过程中面临的情况更是复杂异常。中国几千年政治经验，韩非子包括法家的其他代表人物给我们的启发是非常大的，关于治国之道的精髓他们其实说尽了，但政治悲剧并没有完全消失，反而在历史中不断轮回。西方有一个叫怀特海的哲学家，他说全部西方哲学史无外乎是柏拉图思想的注脚。这句话也可以用在这里，中国传统政治治国之道也无非是韩非子等人思想的注脚而已。所以他们的思想仍然值得我们去挖掘探究。法术势的治国之道后来随秦国统一，后植入汉王朝，形成了中国政治治理中"阳儒阴法"的结构，渗透到传统中国国家的政治血液中，历代历朝各有侧重，但绝对没有偏废。下面将话题交给周先生。

周炽成： 一个讲现实，一个讲历史，讲现实是企业管理里面也可以用法术势。任何一个老板首先要守法，我们可以将韩非子意义上的法转换为现代意义上的法律，一个是守法律，任何一个企业有要守的法律，任何一个人都要守法令，我这个老板说出来的话就等于是法令，你一定要遵守，这两者都是很重要的。任何一个老板都要守法，守政府的法律，守我作为老板说出来的话，我说了我自己也要遵守。然后"术"呢，刚才韩部长讲了很多例子，你要管下层，管你下属的技巧很重要，马化腾、马云这些人，他们的"术"都很厉害，管丞相、管下属是一个太高深的学问了。"势"也很重要，势是要保我这个位置，不能让丞相来越权，我一定要驾驭好，好好用尽我这个权，用好我这个权，韩非子的"势"很接近我们今天所说的"权"。一个组织的运作良好，要做到三者的统一，一个企业家也要把法术势融为一体、结合起来，这是讲现实问题。其实我更要讲一个历史问题，这里有一个极大的误解，就是秦亡于法家，法家是秦亡的一个很重要的原因，这个其实我前年在人大开会时就做了一个澄清。在韩部长的母校人大开一个法家讨论会时，我就说秦亡基本上与法家无关这个观点，中华图读书报报道了，为什么这么说呢？我们首先不要魔化法家，我们有一个惯性，觉得坏的东西都是法家的，好的东西都是儒家的，这个惯性是成问题的，我们打掉这个惯性，我们要准确地去看法家。最经典的、最典型的法家就是韩非子，我们看韩非子的著作，最经典的是《韩非子》《秦政》，秦的很多政策是不是韩非子所允许的，韩非子鼓励你好大喜功呢？秦始皇有一个毛病好大喜功，这恰恰是韩非子所反对的。韩非子有一篇著名的文章叫作《亡征》，一个国家灭亡的征兆，他一口气列了好多个亡征，我们对照这个亡征，对照秦始皇的很多做法，其实韩非子早就给他警告了。我们要考虑秦始皇的很多做法是法家所反对的，尤其是最重要的一个环节就是秦亡，秦亡最重要的一个环节是什么呢？就是秦始皇去世得太早，后面又出了一个宦官赵高，赵高的责任是最大的，赵高要篡改秦始皇的遗诏，就要找李斯来密谋，李斯是韩非子的同学，李斯一开始是不同意的，根据我这个法术势，根据我法家的观点，君王的军令能够改吗？开玩笑，哪个法家敢说可以改军令的，这是要砍头的，他不敢改，也不能改。但是后来赵高就硬磨他，不断地磨、不断地磨，这里的政治斗争极度的激烈，请各位想一想秦始皇去世之后的激烈的政治斗争，在这个政治斗争过程中，我们只能说，韩非子的同学李斯最后就失去了原则，违背了法家，被迫屈服于宦官改诏令，让秦二世来继承皇位，本来是让扶苏继承的。改了之后就不得了了，两个人差别太大了，秦始皇是有眼光的，一改马上就变了，全部一些好的政策都变了，就引起了民众的反抗。这些哪是法家？改诏令是法家吗？所以我们的历史书有很多学者有一些不正确的看法是需要各位好好动动脑筋的，不要人云亦云，如果说有一定的读古书的能力的话，都应该读点原典。我们讲韩非子、讲法家一定要读原典，不读原典，我们看郭沫若的《十批判书》有大量的扭曲，我们看了今人的很多著作，他是乱讲的。刚才韩部长讲的三人成虎，我们学术上的很多观点也会三人成虎，希望韩部长更多地澄清这种三人成虎的观点。

韩望喜：谢谢，我非常支持周老师的观点，做学问就应该像周老师那样。因为我看《韩非子》都是看原典，韩非子的书里很多地方的亡征等都是讲君王不可以放纵自己的欲望，放纵就是亡国的征兆。韩非子举了个例子，春秋时期秦穆公的时候，戎王派由余出使秦国。秦穆公问由余说："我曾经听说过治国的道理但没能亲眼见到，希望听你谈一谈古代的明君因为什么亡国，又因为什么兴国？"由余回答说："我曾听说过，总是因为俭朴而获得天下，因为奢侈而丢失国家。"秦穆公深深赞许，他觉得由余是个大人才。由余走以后，穆公很不高兴，邻国有这样杰出的人才，就是自己国家的祸患，怎么办呢？他把内史廖召来，研究对策。

内史廖说："戎王地处偏僻，道路遥远，他那没什么文化娱乐。你把能歌善舞的美女赠送给他，就能起作用。"

于是秦国把16个漂亮的舞女送给了戎王，从此以后，戎王天天听音乐看舞蹈。由余回国后，好心劝告戎王治理朝政，戎王被美色歌舞蒙蔽了双眼，每天就是开怀畅饮，别的事情一概不管，牛马都饿死了一半。由余看到戎王这个德行，想想戎国是没指望了，就离开戎国到了秦国。秦穆公亲自迎接他，并拜他为秦国的上卿，然后发兵攻打戎国，从此先后兼并了12个国家，开辟了上千里的土地。所以说，沉溺于轻歌曼舞，不顾及国家政治，就是亡国的灾祸。

珍宝器物、美色歌舞，这些东西使得君王贪图安乐享受，乐不思政，这也就离亡国之祸不远了。

周炽成：私心嘛，首先，我们要克服私心太不容易了。

张晓峰

春秋战国时期推行一个法律的过程中，有两种做法：一种是把法公之于众，让大家有个知晓的过程，然后在某年某月某一天实施。还有一种法是不公示，取隐匿而产生畏惧之效果，这种法律往往严酷。上次主题论及人性悖论，尤其在公私事方面人性更暴露得彻底。而传统中国政治文化里面没有对其做出明确的划分，没有找到一个恰当的黄金分割点，这个问题一直伴生到现代社会，很难权衡。比如同样去办事情，因关系远近效果往往差别很大。人有亲近心，亲近之心源于血缘宗亲、朋友之谊等。有西方社会学家认为中国是一个熟人社会关系网，这种关系限制了中国公权力的健康发展。但有些时候仔细一想，比如在办事的时候人们通常会考虑成本的问题，而中国人一旦对你公事公办，其实质就意味着他跟你之间关系很远，大家都想着在成本上去核算，慢慢因为私下的徇私行为就把公权力破坏得面目全非。这个时候徇私的代价溢出负面效应就必须让每个人去承担，这种公共效率的低下，和人们的普遍寻租行为分不开。

中国社会文化里面有一个特别奇怪的现象，往往是讲什么就没什么，比如号召大家讲公德就是意味着大家没公德。上期我提到西方社会学有个"踏板原理"，什么叫踏板原理？比如一个人好不容易挤上公交车，往上挤的过程中和挤不上车的人利益一致，上车后马上就背叛了原来的利益群体，吆喝车满了司机关门，这个现象很有意思。近代西方的经济学说里面有个著名的定理：人在利己的过程中会促进公共利益。（英国曼德维尔《蜜蜂的寓言——私人的恶德，公众的利益》）但是我觉得这是一个悖论陷阱。一个国家要想达到一个非常高的文明水准，法律往往是迟到的。而社会的治理是一个系统性的工程，法律是社会的最后一道安全阀，刑法是法律的最后一道安全阀。中国古代的刑法太重，很残酷。清代著名法学家沈家本《历代刑法考》指出，刑法本身的发展也要有最基本的人道支撑，但具体执行的时候难尽如人意。刚才韩老师讲的问题里面其实也是一个悖论。人们修个河床，多么希望河水能安静地流淌在河床中，但也要对河水泛滥有所预见，世上没有固若金汤的河床。但是我们知道法也有它的滞后性，没有一个法完全是与时俱进的，尤其体现在一个国家的具体历史主题里有快有慢。比如我们近代中国跟世界接轨过程中，对资本的理解、对西方商业精神的理解这是一个较为漫长的历史过程。中国现在还没有民法典，只有《民法通则》《物权法》，为什么没有系统的《民法典》，就是历史条件和经济发育还未定型成熟。这时候制定法律好比给一个正在发育的孩子做衣服，是做大一点好，还是稍微小一点好，还是贴身好？这便是一个难题。如果一个国家经济还在发育，形态还没有定型之前，也就是说经济生活还没有出现一种很常规的发展，这个时候如果衣服做大了，法律起不到恰当作用；做得太紧身了，又限制经济发展，所以这个法的度不好把握。古代商鞅能够徙木立信，确立政府信誉。政府的公信力也是一点一点积累起来，当然政府的信誉或者法律的漏洞也会溃于蚁穴，所以中国文化尤其是在近代以后跟西方文化的冲撞让我们中国文化当下变得很复杂。全国人大法律委员会制定的法律不可谓不多，但是法治实践过程却异常艰难。举个例子。中国属于大陆法系，特别注重实体公平，英美法系特别注重程序。但是程序和实体也有矛盾，为了一味地遵从程序，实体不顾也不行，为了实体的东西而不顾程序上的代价也不行，这个之间的平衡在司法过程中也是一个难点。美国有个著名案件叫辛普森案，我简单跟大家把辛普森案讲一下以便大家理解这个矛盾。辛普森是美国著名的橄榄球运动员，他杀了妻子。从血迹、现场等的证据都能充分证明辛普森的罪行。但是当时法官在辛普森家取证的时候，把他作案时的血手套忘了及时提交法庭，并且将重要证据在自家过了一夜。根据美国程序法规定，重要的物证不能在私人家里过夜，否则不能作为定案依据。因此判辛普森无罪。这个案件放在中国会是怎么样审判呢？司法过程中，经常会出现很多很多的尴尬，有些时候是很矛盾的，但是如果应然性和实然性可以双向趋同，成为一个平行线的关系，就如数学坐标图，它是一个评价参照体系，社会治理就要求人们的行为在四个象限里运动，但不能越轨。社会上有很多很多的难题，也非法律能够恰当地解决。这里我纠正一个概念，我们经常说的人治，事实上偏差很大。法学家追求的哲学王的政治，是圣贤的政治，这是很高的政治追求。这和我们经常讲的人治不是一个概念，请大家注意。我们为什么读史？很多很多的事情，几千年都发生过了，几千年记载这些史书都在训诫让后人不要犯这样的错误，但是事实往往相反。有一次我和一个哲学学者聊天，他说人类这几千年道德没有进步，甚至还倒退了。如果人性不进步人类最后结局不可能是喜剧。尽管很绝望，但是希望不能丢，生活还得继续下去。我们还得努力，因为我们相信绝大多数的人是能够教育好的，如果没有这种东西，那一个社会最基本的伦理、秩序就很难立起来。所以我们今天讲的法家治国之道，这是法家思想的看法。治理国家中法家有法家的明睿，但其他的一些东西也是不能偏废的。讲一个大家都熟悉的故事：从前有个地方，有天鹅、梭子鱼和虾，它们是好朋友，一天，它们吵架了。它们的老师让每个同学把一辆车拉上山，而它们三个正好是一组。天鹅拼命往上拉，梭子鱼拼命往前拉，虾拼命往后拉，车一点都没动。所以我们整个思考问题的时候，一个社会有它最基本的序位，一个社会有它最基本的分工，只有每个人在分工的过程中都在努力，各自找到各自的位置，成为社会一个健康的细胞,尽可能给社会带来正能量,这样一个社会才能出现好的局面。

总结一下今天的话题,治国之道是一个很丰富、涵盖面很大的一个课题。我们作为社会的一分子,在一个集体、单位或者在一个城市,我们都是一个小小的集体。我们尽可能从宏观的角度去看,去审视一个单位,或审视一个群落,可能对你个人,对认识这个社会,对认识当下你所处位置有好处,对你人生更好地前行也有好处。今天由于时间关系,关于这方面的话题到此结束,留下一点时间给大家提问,大家交流交流。

听众: 多谢三位思想人的奉献,让我们享受了一番思想盛宴。我有一个看法想和大家交流一下,实际上法家是一个社会治理的法治理念,在 2000 多年之前,我们的祖先就已经有这个思想了。那现在,我们看到一个现象,2000 多年之后,没有形成一个社会治理的制度,而西方也是经历了很多年以后,在近现代才找到了真正现在人类唯一合理的制度,叫作宪政制度,落实了法家在 2000 多年之前的理念,用制度的形式落实下来了,形成了现代人类的共识。在这么长的时间里是什么缘由阻碍了我们没有在更早就实行这种制度?我们必须要去找寻它,因为前人花了这么多时间都没有落实,我们到现在还在探究,这个问题的缘由在哪里?我们必须要破除它才能实现我们要得到的结果,实际上我们现在纠结的原因也在这里,有理念不能落实于制度的建设,缘由在哪里?还有一个问题,在 2000 多年之前,我们华夏有法制的理念,在那个时代,西方社会有和法制相关、相同的理念吗?还有一个,刚才我们老师说法家是帝王之术,我认为法家不是帝王之术,它不是奉献给帝王的,而是贡献给整个社会的治理的,只是后面有些人认为那是贡献给帝王的,其实只是帝王在运用而已。

张晓峰

我简单回应一下你的问题。中国政治大体经历以下几个阶段:氏族政治、封建政治、中央集权政治、现代政党政治。这里比较有争议的是历代都行秦王政，秦政的特点即是皇帝中央集权和文官合作治理国家的政治形态。现在教育灌输了一个顽疾性的惯性认识，认为中国古代政治是一团糟的。传统政治君王和官员是合作模式。现代很多人认为皇帝是没有底线的，皇帝是得不到约制的。因为我也是研究政治思想史的，在唐以前，大臣和皇权之间的关系是很好平衡的。明朝有史学家认为，中国政治越界最大的是宰相制度废除，但是宰相制度被废除以后，又发明了一个首辅制度，其实也是宰相制度变种，西方所谓的现代民主制度恰好是吸取了中国的首辅制度，欧洲的首相制离不开中国政治制度的启发。理解问题不能为了找所谓的机械的比较点去强行比较高低，我们中国没有这样的过程。历代王朝灭亡以后，皇室基本是受到屠戮的，但是袁世凯在近代，解决清帝退位问题的时候，他和隆裕皇后谈判，每年给你多少两银子，你们不要参与政事。我们在近代经常有一个走向共和的所谓的宪政，宪政有两种意思，一种是历史形态上的宪政，一种是法律精神上的宪政，这个和政党政治产生有关。你的提问没有把这两个问题分清楚，历史形态上的宪政，就是国家和国家、不同社会制度之间互相斗争的现状，宪政是对于皇权的一个约制，任何人不能离开法律的最基本的约制。但是我们经常会发现一些问题，人的权力越大的时候，我们上次说过权力是人性的试金石，有时候约制不了。宪政更多的是对中央权力的一种约制。美国两党制有它的优势，也有它的弱点。英国1688年的光荣革命，近代日本的预备立宪，都有它的好处，但我们不能对其不足之处视而不见。清末也想实施预备立宪，但是社会结构破坏了，国家底层建筑分崩离析，上层建筑难有归宿。其实任何王朝的没落时期还是有一些非常清醒的大臣能够认识到这个弊端，如果驾驭得当，这个船也可能会从历史的窄道中走出来，但是有时候出现一些偶尔的政治因素就会把它拖下去。清末开始意识到要搞预备立宪，历史已经不给它机会了，因为这个时候国家的下面已经开始乱了。政治制度的建立也是要讲客观条件的。

第二个问题，韩非子时期，大概与希腊和罗马处在同一时期。西方欧洲早期文明的历史的真伪也受到学者的质疑。比如国内研究亚里士多德的大家苗力田先生，在其主编《亚里士多德全集》序言里说道：他从没接触到原原本本的希腊文原本亚里士多德文稿。欧洲文艺复兴时期对欧洲史前文明进行了很多的造假行为，这影响我们对欧洲早期历史的基本认识。亚里士多德在他的《政治篇》中论及雅典城邦制度，但雅典的城邦制度跟我们中国的又不一样，它是一个海洋型文明群，而且雅典每一个城邦相当于我们现在的一个县，它没有我们国家广土众民那么复杂，所以那个时候没有所谓的宪政。而后的罗马法有一个贡献，就把公法和私法进行了划分，这是罗马法非常大的贡献，公权力和私权利之间有了明确的约定。这个对欧洲法学的进程影响极大。

欧洲早期的政治形态与我们中国的政治形态发展不一样，很多历史学家认为中国的政治形态比较早熟。在秦汉之前已经具备了现代国家的特征。欧洲历史进程中教权比皇权大，皇帝要当皇帝，还要教皇给他加冕，否则什么也不是，中世纪以后产生的商人阶层，再加上封建贵族，他们这三个阶层掌握欧洲的主要权力，这个与我们国家的政治形态是不一样的，你不能拿了西方的做参照，说我们必须向着西方那样去发展，这不是科学的态度。具体在历史进程中，尤其是一个文明体系和文明体系互相碰撞的过程中是互为砥砺、互相学习的，这个过程中有些是经验，甚至有些经验是带血的，但这个过程中大势是不可避免的。尤其对待宏大的问题，我希望是慢慢渗透，不希望疾风骤雨式的社会思潮，暴风骤雨过后土地没有吸收多少东西，都流走了。所以我们要接触一个学术思想和其他东西，要更客观地让其冷静地去反思，然后再体现在具体的做事上，而不是大喊大叫。

听众： 谢谢三位老师今天的讲座，今天我感觉收获很大。我想问一个关于法律权威和信用的问题。商鞅不是曾经徙木立信吗？一个法如果没有信用的话，迟早会败亡的。今天我听三位老师讲，我明白了韩非子讲的法家背后的秘密，不仅有法，还有术和势，"术"在我理解就是利益，"势"就是表示权力。也就是说一套成功的法律背后，既有统治的艺术，怎么样去平衡各方面的利益，还要靠权力的权威来维护法。法家在最初的时候好像就是靠严刑峻法的那种单纯的法家，造成秦政过苛，实际上秦朝的经济实力并没有达到我们通常认为的可以发展革命的条件，没有出现贫富两极分化这种情况，只是因为秦政过苛，然后发生了起义。到汉代的时候，它总结了秦朝的经验，说法律不能显得这么面目狰狞，然后就采用了儒家的学说。后来我们几千年来的社会就变成了好像有的学者描述的"外儒内法"，法就像一个苦药一样，我包一层糖衣吃下去，外面就显得谦谦君子，温良恭俭让，这种做法好像是使环境道德化，有点像亚当·斯密既写了《国富论》，又写了《道德情操论》，也就是说要让资本家、做生意的人身体里流一点道德的血液，这是我们几千年来封建社会的做法。到现代是强调民主宪政，民主宪政，一个要约制公权力，不要让公权力过大，给民众赋权，一方面是要把公权力分散，搞三权分立，不要让公权力过大。保证法律的权威的基础是民权。另一方面，公权力变小了，这种违法的机会就少了。请问：对于这种法，我们现在特别强调法的作用，有的人说要法比天大，法的权威是怎么样立起来的？对现代的这种民主宪政的思想，各位老师，你们是如何评价的？

周炽成：你的问题非常复杂，其实如果就最后的提问来说，就很简单，主要还是通过教育。首先从教孩子开始，教孩子守法。在走出"文革"之后，我们就不断地接受这种教育。我觉得从孩子做起是最关键的，你首先要教你的孩子尊重法律，一代传一代，我总觉得教育还是有作用的。其实我纠正你刚才的一个说法，封建是指封邦建国，周朝用的是封建制，秦始皇以后就改了封建制，改为郡县制了。所谓的"焚书坑儒"就跟封建与郡县之争有关，被"坑"的那些人事实上就是要分封的，天下平，很多人说你赶快分封吧，赏有功的人。李斯说我们不搞分封，我们不搞封建，我们搞一个全新的政治制度，就是郡县制。秦始皇就是要把主张分封制的人坑掉，这就是分封，就是封建，我们脱口而出，所以用封建讲秦汉之后的封建历史是极大的误会，请各位听了我们的讲座之后，就不要乱用封建了，用封建必须用回封邦建国，什么不守法，什么男女授受不亲，什么家长制，这是胡说八道的。西方的封建是小国林立，没有强大而管制辽阔疆域的中央政府，那个才是封建，这个跟我们秦汉之后是完全相反了，所以不能乱用封建。再一个就是"阳儒阴法"问题，这个说法就是设定法家是不好的，儒家是好的，好话讲出来给人家听的，真正骨子里还是不择手段，其实这种假设就是成问题的。我们为什么要设定法家不好呢？你这个设定有问题，所以我们如果一定要讲，应该说，很多帝王、很多宰相他们都是儒法兼用的，用这样的说法就比较好，那些敢作敢为的大臣、宰相，那些敢作敢为的皇帝，他们很多都是既有儒又有法的。举一个最有名的宰相，相当于宰相的张居正，因为明代废了宰相，实际上又恢复了内阁首辅，张居正就是这样的一个人，他的很多做法是法家的，他也是一个儒者。还有一个很重要的问题，儒法是很不分明的，比如说荀子是儒家的，韩非子法家的，但是汉代的刘向称韩非子为明儒。我有一个想法，我们研究先秦诸子，应该是用子而子论比较好，我有一个想法叫"消家归子"，家其实是很复杂的，我们客观研究每个"子"比较好，我们的南书房夜话好像都是以"子"字来研究，这样就很好，不要总是先入为主规定了某某家。老子说是道家的，但是韩非子在老子那里吸收了多少东西，这个是题外话了。刚才第一个提问的预设是错的，西方政治制度是最完美的，我们的政治制度不行，你这个预设就是错误的，现在为什么我们的政治制度一定要向西方靠近呢？绝对不是这样的，你用不用宪政这个词都无所谓，我们说要建立一个适合中国自身的好的政治制度，这个制度我们在摸索，中国共产党人在摸索，中国国民党人在摸索，一代一代人在不断地摸索。其实我们的教育最糟糕的一点就是总认为西方的制度是好的，中国的制度是不好的，这不是教育形成的，我们民间的很多说法就是我们什么都得拿西方做标准。倒过来，我们用中国的那个标准来衡量西方，秦始皇统一中国就结束了四分五裂，我们就进入了现代社会。所以我跟我的师弟有一个激烈的分歧，他认为中国的现代源自明末，我说源自秦始皇统一中国，西方的政治多黑暗？我们为什么不讲它？西方的两党制就是认为的那么好吗？其实我们的很多预设是错的，我们要清醒。我实事求是告诉各位，我是一个老共产党员，我对我党的政治制度，我对我党的种种追求是深有同情的；我也是一个过来人，我是毛主席的红小兵，又是改革开放的得益之人，其实我们要客观评判我们现有的制度。

韩望喜：谢谢周老师，周老师说得特别好，就是教育的问题，因为韩非子说过一句话，"明主之国，以法为教"。这个还是有深刻的含义的。因为本身法就带有道德的指向意义，也带着很深的人文关怀，这对于社会向哪个方向发展，人的人格往哪个方向建构，它有一个指向性的作用，所以托是非于赏罚，在赏罚之间就告诉你应该往哪个方向去做，或者要回避什么。法度本身一出现就是有强制性的，它的强制性是毋庸置疑的。韩非子举例说，七丈高的城墙，就连善于攀高的楼季也不能越过，因为太陡；千丈高的大山，就是瘸腿的母羊也可以被赶上去放牧，因为坡度平缓。所以明君总要严峻立法并严格用刑。十几尺布帛，一般人见了都舍不得放手；熔化着的黄金，人们就不会伸手去拿。

堂溪公曾经对韩非说："我听说遵循古礼、讲究谦让，才是保全自己的方法；修养品行、隐藏才智，才是达到遂心如意的途径。现在您立法术，设规章，我私下认为会给您生命带来危险。吴起、商鞅这些人的主张也是正确的，可是吴起被肢解，商鞅被车裂，您现在也放弃保全自己而不顾一切地去干冒险的事，我认为这是不可取的。"

韩非当时是这样回答的："我明白您的话了。整治天下的权柄，统一民众的法度，是很不容易施行的。但之所以要废除先王的遗教，而实行法治，是因为我抱定了这样的主张，即立法术、设规章，是有利于广大民众的做法。我之所以不怕昏乱的君主带来祸患，而一定要考虑用法度来统一民众的好处，是因为认定依法治国是真正慈爱明智的行为。害怕昏君乱主带来的祸患、逃避死亡的危险、只知道明哲保身而不考虑民众的利益，那是贪生怕死的卑鄙行为。我不愿选择贪生怕死的卑鄙做法，不敢伤害仁慈明智的行为。先生您虽然是出于对我的爱护，但是这样却大大伤害了我。"

张晓峰

我再对社会治理简单打个比方，打个比方大家更直观清晰。比如有一个大缸，装满了污水，治理的方式要么是把缸砸掉，这就好比激烈的革命；还有一种方式就是把水舀干净，泥水就相当于在座的每一位，可是这可能吗？还有一种方式，就是往缸里面不断注入清水。这三种方式就是三种效果。任何一部法律，不可能把世间所有的恶都甄别出来，因为法的实施离不开人去推动，尤其是我们所谓研究社会科学的，最难的问题是要研究自己本身，但是人往往看不见自己的背影，这个是很复杂的悖论。尤其在教育方面，不要先入为主，不要以单独的学科去看问题，我们应尽可能把自己清空，但是在清空的过程中，自己的私情杂念又偷偷溜进来。所以加清水的过程，就是教育的荡涤过程，好的教育就是社会的希望。由于时间关系，今天到这里为止，谢谢大家。

南书房夜话第二十六期
——墨家的兼爱与非攻

嘉宾：景海峰　王立新　王绍培（兼主持）
时间：2015 年 12 月 12 日　19：00—21：00

王绍培

　　大家晚上好，我是本场的主持人王绍培，媒体人。今天的题目——墨家的兼爱与非攻，我个人觉得还是蛮有意思的。墨子与墨家也是先秦诸子百家里面重要的一支，而其"兼爱""非攻"的思想我个人认为，在今天也是非常有针对性的。中国尤其是"五四"以来斗争精神非常强烈，所以这个非攻的说法其实对于这样一个思想，从某种意义上讲它有一种解读器的价值。而"兼爱"，我认为也是这样的，"爱"当然很重要，还有一个"兼"，据说墨子是把他那个时代的人分为两种人，一种叫作"兼士"，一种叫作"别士"。什么叫"别士"呢？"别士"就是把人分门别类，你是一个什么样的人，你是什么身份，你是当了一个什么样的官，然后根据你的身份、地位来调整他对你的一种态度，这叫"别士"。"兼士"呢，基本上是一视同仁的，所有人都是平等的，我觉得这个观念可能比"爱"的观念还要重要，在当时来看的话。在今天我认为它很有针对性。

　　很有意思的是，墨子还有另一个身份——超级工匠。肯定有人说中国匠人的鼻祖是鲁班（公输班），其时墨子也应该是该行当祖师爷级别的人物，在墨子的著述里，其对工匠的认识比鲁班有过之而无不及，且墨子在某些技艺方面的功底比鲁班还要高明。这也是我的一个开场白，接下来有请景院长对墨家先做一个全面的介绍。

　　景海峰：本来讲到墨子，怕今晚来的人少，没想到已经坐满了，因为从熟悉的程度来讲，可能大家对儒家和道家听得多一点，而墨家一般讲得比较少。所以，这个题目我想开场还是把墨子和墨家的一些基本情况稍微梳理一下，这样便于我们后面的讨论。大家都知道，先秦是诸子百家争鸣的时代，后来司马谈、司马迁父子有所谓"六家"之说，即儒、墨、名、法、道、阴阳，墨家是其中之一。而且在战国末期的时候，《韩非子·显学篇》说整个战国之时，儒、墨并称显学，就是说墨家的势力还是非常盛的。但实际上秦汉以后，墨家成了绝学，就是由"显"而"绝"，所以汉以后的 2000 多年，墨学就远不如儒家和道家的那种发展势头，文献也非常少。相对来讲，墨家不光是我们今天谈论得少，在历史上也是一个由显而衰、由显而绝的情况。

众所周知，墨子是战国早期的人，比孔子要晚一些，但比孟子这些人要早，但这个人的面貌呢，却不像孔子和孟子那么清晰。就这些人的生平而言，记述诸子百家最早的和比较权威的是《史记》里面的那些列传，但司马迁并没有给墨子作传，这样墨子的来龙去脉、主要的生平背景就没有线索可寻。很有意思的是，在《孟荀列传》的后面附了几句话讲到墨子，只有 24 个字。大概意思是说，他姓墨名翟，是宋之大夫，然后说他"善守御"，就是非攻防守，"为节用"，思想就点了这么两处，然后说他大概与孔子同时，或是晚于孔子。大致就这些，一共 24 个字，透露的信息非常有限。从历史记载来讲，墨子这个人的来龙去脉很不清晰，但好在《墨子》文本今天存留了下来，在先秦诸子著作里面还算是比较完整的。《汉书·艺文志》里著录的是 71 篇，现在留存下来的是 53 篇，从量上来讲，在诸子著作里还算是分量比较大的。通过这 53 篇，我们可以看到墨子当时活动的行迹，知道他的一些基本情况，当然思想内容就更加丰富多彩了，我们可以通过书来研究这个人。

《墨子》这本书，在秦汉以后，等于学绝其传，没有人研究，也没有人给它做注解，基本上是处在一个散落的状态。只有在西晋的时候，有一个叫鲁胜的人，给《墨子》里面的几篇做了注解，叫《墨辩注》，但这个注也没有留下来，只有《墨辩注》的"序"保留在其他书里，得以流传至今，我们才知道有这件事情。一直到唐代，大概韩愈稍微了解一点，为墨子说了几句好话，但和者盖寡，并没有多少人响应，所以墨学就一直处在一个无人问津的状态，文献也基本上散落了。这个情况，大概到了清代中期，随着考据学的深入，才开始有所改变。有很多考据大家开始对《墨子》还有其他诸子的文献比较有兴趣，加以整理并做了一些注解工作。像《墨子》，最早是毕沅等人，还有汪中，而集其大成的是晚清的大学问家孙诒让，他写了《墨子间诂》。经过这些学者的努力之后，散乱几不可读的《墨子》一书，才得以重见天日，墨学的文本才慢慢有了可读性，给我们今天的墨家研究提供了一个基础。假如没有清代学者的整理工作，可能今天我们拿到这些残篇是没办法读通的，因为墨学研究在历史上基本上是一个空白，没有前人的成果可借鉴。

清中期以后，尤其是晚清以来，墨学一度有复兴之势，对墨子的兴趣在学术界有广泛的回响，很多著名学者都开始重视墨学的研究。背景就是，清代的中晚期，随着儒家经学系统受到强烈的冲击和挑战，开始有学者瞩目于所谓的子学，就是儒家以外其他诸子的思想和著作，这样墨子才被提到了议事日程上。这个情况跟西学的进入和刺激也有关系，因为西方的知识传来之后，这些学者要寻找中国传统里面有没有可以和西方做比较的东西，这就发现了墨子的政治思想、对社会制度的一些说法，尤其是逻辑思想，有很多是可以和西学相呼应的，而这些东西值得去研究和阐发。这样才引起了大家的兴趣，所以就出现了一个所谓近代墨学复兴的运动。其中最有名的像梁启超，他写了《墨子学案》，又给《墨经》做校释，这些著作等于用现代的眼光来重新发现和解读《墨子》的意义。稍后像胡适在北京大学讲中国哲学史，由此成书的《中国哲学史大纲》里面，也给了墨子思想一个非常重的分量，可以和儒家、道家的思想平分秋色。这样便在现代的史学叙述里面，把《墨子》的地位给抬起来了，甚至可以和儒道两家占有同样的分量。在这些学者的努力下，大致从清朝晚期到民国早年这一段，是墨学的辉煌时代，差不多重要的学者都对《墨子》表现出兴趣，并影响到了现代。做中国哲学研究的很多大家，都有关于《墨子》的一些专著和文章，这就形成了现代中国学术或思想研究的一个重要内容，墨学也就慢慢地普及化了，引起了大家的普遍重视。《墨子》书里的很多问题在今天不断地被人们提及和讨论，这可以说跟历史上的情景是很不一样的。这就是墨学大致的历史背景。

王立新： 各位朋友大家好，又来到南书房了。今天咱们说的是《墨子》，刚才绍培先生和景海峰教授给大家介绍了《墨子》的一些情况以及在不同历史场景中的变迁，起伏沉降，从冷落到温热，到现在很受现当代学者，还有今天的一些大众的重视等情况。其实，我今天主要是来给景海峰教授当配角的，为什么这么说呢？因为我虽然也跟景海峰教授一样，长期从事中国思想史、中国历史方面的研究，但是我对于《墨子》的"用力"程度不够，相对于儒家和道家"用力"的程度不算太够，所以我就配合着景海峰教授说。刚才景海峰教授说了，《墨子》在《史记》里司马迁只是把它放在《孟荀列传》后面塞进去那么24个字，说了他的一些情况。也没完全说清楚，给人一种突如其来的感觉。因为《史记》这么重要的历史文本都没说清楚有关他的生平事迹等情况，后来就自然缺少必要的了解了，以至于到20世纪二三十年代以后，连墨子姓什么、究竟是哪里人，都很难说清了。还有人说墨子是印度人，还有说他是阿拉伯人的，各种说法都有。于是墨子的形象，在我们中国大众的心目中，有些模糊不清了。除了学术界以外，好像普通大众中的很多人，都没有把墨子作为一个很大的思想家来看待。其实他是一个非常伟大的思想家。他的思想刚才景海峰教授说了，在现当代的研究中国哲学史的教科书上，墨子实际上已经处在与孔孟老庄几位不相上下的位置上，分量不小。墨子的思想很丰富，也很特别，尽管感觉他在深度上和境界上不及孔孟和老庄，可是他对于现实的针对性和在对现实关怀的激情和行动上，也许甚于老庄和孔孟。墨家本身就是工匠出身，墨子是工匠群体的领袖。刚才绍培先生也说了，大家都以为鲁班是中国工匠的祖师爷，其实墨子在有关于工匠的思想理论方面，也就是制造的理论和技艺方面，比鲁班还要高明。也许还不止这些，他在实际的工具制造方面也不比鲁班差。我们好像只知道鲁班会盖房子，是木匠的祖师爷。我在中学的时候学过一篇课文，叫作《公输盘》，课文里就说，鲁班（公输盘）在技术上还不如墨子。说是鲁班给楚国造云梯去攻打宋国，墨子听说了以后，想要制止他。就去劝告他。劝告他一通，说法他是同意了，然后他们两个又去见楚国的国君，比试看谁的工艺强。墨子就随便找几根竹排、木栅扎了一个像城池一样的很简陋的东西，鲁班拿着云梯来进攻，九次都被墨子轻易给挡住了，两人演绎制造技巧，结果鲁班输给了墨子。当然这是一会儿我们要讲的兼爱和非攻的内容了。墨子不只是在思想上比鲁班的科学思想要深邃、逻辑性强，在实际的工艺制造方面，他真的不亚于鲁班。他在中国哲学史和中国思想史上的地位，更加重要，就像刚才景海峰教授说的那样。到秦汉以后，他就湮没不闻了，但是实际上他并没有在中国历史上消失，至少他的狭义思想和行为，还在以另外的方式在民间流传。中国后来历史上的游侠之类，跟墨子的思想和墨家团体当年的行为一定有重大的关系。大家看金庸那些武打小说，都是侠客之类的，其实都有墨子的重要影响在里面。我先说这么多。

王绍培

王教授的说法，景院长怎么看？

景海峰：我稍微补充一下，这实际上牵涉墨家的来源或墨子思想的根源问题，这在学术界讨论得挺多的。如果按照我们前几次讲的"诸子出于王官"或者"诸子不出于王官"的问题，即诸子是不是都有三代文化的根脉。像班固的《汉书·艺文志》是从刘向、刘歆的说法来的，他也要给墨学找一个家谱，就说他是"清庙之守"，因为墨子主"尊天事鬼"，好像思想跟这些宗庙活动有些关联，所以认为这是他的一个谱系。但今天更多强调的是墨子的思想有两个很重要的来源或背景。

一个是说他和儒家的关系。墨子的思想好像是针对儒家而发的，儒相当于一个正题，他提出了一些反题，就是针对儒家的一些思想来做一种纠正的工作。《墨子》里面有一篇叫《公孟》篇，集中讲到了儒家的毛病。说儒家视天为不明，视鬼为不神，然后"天鬼不说"，此足以丧天下，问题很大，所以就要讲天志、明鬼。说儒家讲厚葬久丧，太重视丧葬节仪，弄得活人失魂落魄，并且过于奢靡耗费了，所以就要讲节葬、节用。说儒家"弦歌鼓舞，习为声乐"，过分看重礼乐，沉迷于此，所以他就要讲非乐。还说儒家"以命为有"，讲天命，这也有问题，所以他就讲非命。墨家思想针对儒家而发，从《公孟》篇里的表述就非常明显，他认为儒家有很多东西是不能接受的，所以就提出了另外一套。我们一般讲墨子的思想，就是所谓的十大命题，因为《墨子》53 篇里面最重要的是 23 篇，即讲十大命题的 23 篇，包括我们今天要讲的"兼爱""非攻"便是其中的两个。这十大命题在我们来看，好像都有一点跟儒家过不去的味道，就是针锋相对，儒家讲一套，他就提出另外一套。由此可能会引出一个话题，就是他跟儒家是一个什么样的关系？因为儒家在先秦诸子里面，跟周代的礼乐文化，跟这个历史线索有非常紧密的联系，墨子如果是站在这个传统的对立面来提出一些新的见解，那么他跟儒家、跟这个传统，即跟三代的文明是一个什么关系？这就是一个非常有意思的话题。在《淮南子·要略篇》里，说墨子也是"学儒者之业，受孔子之术"，好像是儒家的一个承继者，但后来他又有了一个重大的变化，什么变化呢？就是"背周道而用夏政"。因为儒家是讲周代礼乐文化的，所以说他"背周道"，就是跟周代的这些文化宗旨不一样了。然后"用夏政"，就是还原，好像要追溯到一个远古的文化源流去，因为夏是大禹开创的，所以我们讲墨子的时候往往会联想到大禹的一些精神。但大禹只是一个传说中的人物，他的很多精神，我们反可以从墨家团体的身上看到些影子。比如说大禹治水的故事、三过家门而不入等，这种刻苦奋力、为民操劳、不计个人得失安危的情操，好像是被墨家团体给继承了，并且有突出的表现。所以从《淮南子》的说法看，似乎墨子的"背周道而用夏政"，等于是从周代又回到了大禹的那种精神，但这只是一个说法，因为没有史料根据，也没有什么线索可以证明墨家团体就是所谓大禹的传人，它只是一个历史想象的勾连，是一种说法。从这些方面，我们可以看墨子和儒家的关系。

　　另外一个考虑的重点，就是回到战国早期的社会背景中去认识。当时是列国纷争、战火连绵、生灵涂炭，是处在一个战乱的时代，墨子呢，现在一般把他定位为一个百工阶层的思想代表，百工阶层就是今天讲的手工业者。确实在战国时代，随着冶炼技术和农耕技术的飞速发展，职业的细密程度前所未有，分工越来越细，在这种情况下，除了传统的农耕工作之外，出现了各式各样的工匠，就是刚才两位都讲到的那些人。大概这些阶层的一些想法和观念，在墨家团体的身上表现得比较突出，所以我们说墨子是手工业者的代表。这些新起的百工阶层当然有他们自己的观念和想法，这个阶层有什么特点呢？我想最重要的特点就是他不像儒家讲的那种家庭的背景。儒家讲"五伦"，讲一些道德礼仪规范，都是在家庭的环境和基础之上立论的，从家庭、家族到社群，然后到国家，其社会形态的建构，都是在这个谱系下进行。而手工业者的社会结构是行业性的，相互之间没有什么血缘关系，甚至是一种流动性很强的生活状态，可能从宋国跑到鲁国，从齐国又跑到秦国，这种人生状态的游动性很大，不是一个扎根性的，跟农业的生态环境很不一样。这个阶层呢，是以业为缘，因业而成为团体或者同行，他们操持同一种技术，就像现在的一个行业协会，在这样的团体社会，他的一些想法，他的一些价值或者规矩，就跟家庭氛围所形成的伦理很不一样。譬如说结成团体就需要有一种很强的契约精神，都是陌生人，又都是同行，相互之间怎么来相处，除了技术的连接之外，作为一个团体，怎样可以达到一个比较平和有序的状态，这就有点像今天的工商社会的问题。当时梁启超就看到了这一点，他把墨家跟近代西方的社会组织来做一个比较。确实，这个形态在中国社会是不发达的，因为后来手工业者或这种社会组织往往不是社会的主流，而是很边缘的，游离于社会的主流之外，甚至被帝制或官府所排挤，或者不断地加以控制。所以它是一个比较边缘的东西，而这在墨家团体身上表现得非常鲜明，大概在先秦诸子学派里面，这是墨家所特有的。所以我们经常说，先秦诸子，所谓的学派，好像是一个团体，其实大部分都不是团体，而是各自为政。像道家，他们相互之间肯定没有什么联系，都是自己想自己的问题或者自己做自己的事情，相互之间是没有支援性的，是散兵游勇。只有墨家是一个真正的"派"，也就是所谓的团体，有严密的组织，既有行业、行会色彩，也有自己的规矩和纪律，甚至有一些共同的禁忌，观念性很强。大家同处在一个团体里面，你只能这么去做，如果你不这么去做的话，可能就犯了规矩和纪律，这是不被容许的。

　　以上这两个方面，大概就是我们观察墨家思想来由的一些很重要的背景。我们需要分析它为什么有这些观念，为什么要这么去想，它总会有一些根由吧，如果跟儒家有一定的关系，那它为什么跟儒家想得又不一样？这两个方面是考察墨家思想的很重要的立足点。

王绍培

　　我们理解任何一个学派、一个流派的思想的话语体系，首先要考虑所谓的时代背景，其中很重要的一点就是，他讲的这些话的听众是谁，这个很有意思，比如像孔子讲的话，就是跟他的那帮弟子，讲给他们听的。像老子、庄子这些人，他们写的书、讲的话，他可能是针对谁的呢？可能针对的就是那些修行的人，我认为当时道家有一派是修炼的人，他们是讲给那些修炼的人听的，如果你不是一个修炼的人，你可能不一定听得懂。孔子的话讲的就是针对一帮学生，在当时来看，对象是知识分子，有人说《论语》其实是党校的教材，孔子是一个党校的校长，他那帮弟子是党校的学员，有这种说法。道家讲的就是修行的人，道家很多话如果你不是修行的人，你是听不懂的。钱钟书曾经在《管锥编》里面讲，说当年有一个神秘宗，他说很多东西是神秘宗的人，他们讲出来的话。墨子是什么人呢？是草根阶层，一些手艺人，一些所谓的游侠之士，是这样一些人之间的一个话语体系，这个背景呢，每个人讲出来的话，你考虑到他的背景，是讲给谁听的，你就能够明白他要说啥，他为什么要这样说？刚才景院长讲了一个很重要的观点，墨家是儒家的反题，这个在思想史里面，和受黑格尔辩证法影响是分不开的，黑格尔辩证法就特别强调正题、反题、合题，在思想史的发展里面，往往不同的思想流派之间会形成这样一种关系，在当时会有一种一时肯定或一时否定，互为砥砺，互相吸纳。当然这种思想按照正常发展下来的话，它一定会把前面的思想吸纳进来，就会形成一种否定之否定。墨家的思想呢，就好像没有特别吸纳进来，因为它在历史语境中就湮没不闻了，其中的原因是什么呢？我想请王教授再进一步地阐发一下。

王立新：我接着刚才两位的话语说，景教授刚才的话语非常实在，符合实际。墨子是处在春秋末期到战国初期这一段，这个时期各个国家都在攻伐，刚才我们说他有工匠的理论和思想，还有技术，但是他不仅像我们今天理解的那样，只会盖房子、盖猪圈之类。他还会造兵器，那个时期的军事征伐行动很多，为了满足军事战争的需要，提高武器装备，木匠的功能本来就包括这些，后来军事主要用金属之类制造，木匠的活计就慢慢变成专供民用的了。至少《公输盘》那篇文字里面体现的，是在造兵器。当时很多人在学他的工艺，这些人又分别来自不同的"国家"和地区。景院长刚才所讲有齐国的、楚国的，都是外来户，大家要能够相处下去，就得遵守一个行规。如此说来，假使当年墨子的思想可以在中国推展开来，墨家的团体可以在中国社会发展下去，大概我们的契约精神和法制精神，就可能从墨家发展出来。真正的现代意义上的法治精神，是不可能从法家发展出来的。法家虽然名字叫作法家，但他们的思想和主张，却是地地道道的人治。在中国先秦的法家那里，并没有现代意义上的法制精神的踪影。

国内研究法家的人会受视野遮蔽，尤其是站在场外说法家的人，以为法家那个法，是可以把中国引向法制社会，其实是很错误的判断。那完全是一种人治的目标，披上了法的外衣，他们不是讲保证生民谁应该有什么权利和义务，因为他们的思想，不是建立在契约的基础上的。如果按照刚才景海峰教授的提示，假使我们顺着墨子的路数做，保不准我们真正的法制和契约精神就出来了，那将是中国历史的幸事。2000 年前后，我的一个老朋友说：21 世纪可能是墨家的世界，过去有新儒家、新道家，21 世纪，则可能有新墨家的产生。但是到现在为止，我们还没有看到影踪，其实是一个很遗憾的事情。虽然我是做儒家的，对儒家情深义重，但我同样希望墨家的真正复兴。墨家之所以不能被更多的现在人所看重，很可能是由于我们传播墨家的场域不对。墨家更应当拿到工厂和企业里去讲。因为墨家有行业、行规的精神，你在学院里面给学生讲，不容易引起他们的共鸣。墨家要拿到工厂和社会上去，给社会大众讲，启迪大众，让他们了解，墨家希望建立一种行规和契约精神。那样的话，可能对墨家思想的弘扬，或者让墨家的思想重新在现代社会中发挥有效的作用，更有益处。

景海峰：我再补充一点。刚才的问题没有回答，就是墨家为什么会中绝，它在秦汉以前那么显赫，为什么突然间说没就没了？这确实是一个千古之谜。我记得前些年美国的何炳棣教授，一个非常著名的历史学家，在清华大学发表过一个演讲，提出了一些新的看法，个人觉得非常有启发。这个问题实际上在学术界没有一个定论，大家都有一种猜测的意味在里面。我就想到了韩非子，《韩非子》里面有两句话，说"儒以文乱法"，说"墨以武犯禁"，就是犯规矩了，犯了戒律。韩非子之后，暴秦征灭六国，建立秦朝。儒所谓以文乱法，本来帝王专制有他自己的一套想法，而儒家拿仁义道德、礼乐教化这些东西来指指点点，要给他评说评说，肯定他不能忍受，所以就有了焚书坑儒，秦始皇的时候就把儒家给打下去了。墨家呢，所谓以武犯禁，就回到刚才我们讲的墨家团体的特点，像墨子是反对战争的，是主张和平的，毕竟他还有很强的团队性。诸子书里讲"墨者百八十"，皆能赴汤蹈火，都有敢死队般的精神，在战国时代，等于是一支非常强悍的力量，这对统治者来说，显然是有很大威胁的。所以秦统一之后，像这种武装形式或团体力量，肯定没有办法再生存，故有所谓墨侠的出现，成为一种独行的方式。可能在帝制确立以后，这种战国时代流动性的团体活动就没有办法再实施了，而那些打散的人还继续按照"死不旋踵"的拼死精神在奋斗，但这慢慢已经是个体性的活动，跟战国时的墨家团队那种组织性的力量就没有办法相比了。所以这些"以武犯禁"的活动在法家专制主义的秦朝是绝对无法忍受的，指指点点、以文乱法都不被容许，都要坑杀你，更何况这个以武犯禁，它对统治者来讲更是一个极大的威胁，所以要彻底禁绝。通过韩非子的这两句话，是不是能给我们一种启示或者引导呢？就是为什么墨家后来那么惨，突然间就湮没无闻了，没有了任何痕迹。

儒家因为汉帝国建立以后，要总结秦二世而亡的教训，所以像陆贾、贾谊这些人就写了很多文字来加以总结，其中有一个问题他们意识到了，就是像秦只用这种残暴的镇压手段来统治国家，马上打天下但马上不能治天下，所以就需要用一些柔性的政策来使国家统一和安定。像早年的汉高祖，当时朝上都是匹夫或出身很低微的人，他们没有受过贵族礼乐的教化，所以朝堂之上也横七竖八，乱糟糟的，不成体统，如果作为一个帝国形态，还是那么个草莽的状况，这个国家怎么能立得起来？所以就有了叔孙通定朝仪。后来公孙弘这些人也出来了，包括董仲舒的"天人三策"，慢慢儒家才有了一个翻身的机会。因为我们知道秦代是把儒家打下去了，而汉初的时候是黄老道家的天下，也没有儒家什么事，所以一直到汉朝安定以后，要治国，要治理这么一个统一的大帝国，那他必须要有文化的意识，这个时候儒家的地位才被提起来。因为儒家是继承周代礼乐文化的，是讲纲常伦理的，这套东西对一个王朝来讲不可缺少，是非常重要的，所以儒家才又确立了它的地位。而墨家呢，可能就没有像儒家这么一种情形，它被打趴下以后，就彻底没有翻身，这跟儒家后来又重新崛起并且在整个中国文化中所处主导地位就很不一样了。所以，韩非子的这两句话可以给我们一种启示，就是所谓的"以武犯禁"是个什么意思。因为墨家后来的社会处境，他们在专制体制里面，只能游走于缝隙，不管是团队性还是个体的侠，对统治者都是一个威胁，跟整个社会体制是没有办法融合的。所以墨家的生存空间就消失了，再提倡墨子的思想，跟当时的王朝政治便难以相容。

王立新：我插两句，景海峰教授讲得非常精彩。从韩非子这两句话来讲，过去我们研究秦国，说焚书坑儒，主要针对的好像就是儒家，而经常忘记还有墨家等其他各家。刚才景海峰教授说得非常对，像秦朝这样的只知道维护自己统治权力的专制政权，连儒家这种随便点指一下说你应该怎么做更好都不允许，都焚书坑儒了。墨家这种团队的游侠，一群黑压压的人来了，在政府面前游行示威，肯定为专制主义者所不容。所以韩非子这句话，真的可能会作为了解墨家为什么忽然间销声匿迹的一个重要线索。它的整个团队，一定是被专制主义政权彻底打掉了。那历史为什么没有记载这个事呢？大约是因为打压掉了墨家的继承人，没有人出来证实这件事。墨家这套人马本来就是下层社会，我们把他们定在工匠的层面，这些人更多的是以集团行动来说话的，更多的不是我跟你单独传了什么"道"。儒者的传道群体被打散了以后，还能去单独传播"道"。墨家是一个整体，秦国会把他们当作武装力量来彻底消除，没必要记载在历史里。所以就没有留下这个痕迹，这是我顺着景海峰教授这个敏锐的感觉想到的。如果我们能够找到一些蛛丝马迹，那就可以给秦朝摧残文化找到另外一条证据。

王绍培

为什么我们要问这样一个问题，墨家为什么会在历史上消亡而灭绝了呢？其实这个问题跟另外一个问题相关，就是墨家在什么情况下、在什么条件下有可能复兴？我们说21世纪有可能是墨家的天下，那么前提是什么？前提是那些消亡的条件、那个历史情况会改变吗？改变了它才有可能是它的天下，它才有可能复兴。如果不改变是很难复兴的。刚才王教授说得很好，墨家不光是以武犯禁，其实以武犯禁不可怕，可怕在什么地方呢？团队作战，组织性，而且是民间的组织性比较厉害，你要是专制统治者的话，这一条是要严防的。你单个人过来跟我干，没关系，我可以跟你练，你是团体有组织性，那就比较可怕了，而且还有契约精神，更加可怕。而且这帮人呢，他们还都是能工巧匠，他们能制造武器——秘密武器，又有团队精神，又有契约精神，还特别有技巧，还特别讲义气，这个东西就可怕了。这是它灭绝的一个很重要的原因，就是从一个统治者的角度来讲，这个东西这么可怕，当然要把它消灭，除非我们的统治者说这个东西无所谓、没关系，那它才有可能复兴。过去胡兰成讲，中国民间有一个很好的传统，什么传统呢？起兵的传统，这个很有意思。胡兰成动不动就说中国民间好，中国民间好，为什么呢？它历来都有起兵，就是有起义，其实这个起义的精神，这样一个传统，我不知道是不是跟墨家有某种关系？景院长，你有什么看法？

景海峰：这个线索不明。反倒是道教在历代的农民起义中扮演了非常重要的角色，从东汉末年的太平道到东晋的孙恩、卢循，后来就很多了，许多农民起义都利用了道教的组织形式，因为道教成为比较系统的组织化形态之后，就给农民起义的发动和组织提供了可能性。而墨家很早便中绝了，到后来已经成为一个模糊的历史影子，再动用这种资源好像农民都不知道墨子是谁，已经没有这个线索了。

我觉得我们讲了半天，好像还没有进入到今天的话题，所谓"兼爱""非攻"是要讲墨子的思想。刚才说今存《墨子》是53篇，按照胡适的分法，有五大块：《亲士》《修身》那七篇，大概是在儒、墨过渡的阶段，里面有一些跟儒家思想的纠缠，除了补充十大命题的思想，好像也反映一些具有儒家色彩的观点，这是一个部分。第二部分呢，就是今天我们要讲的包括"兼爱""非攻"在内的十大命题，这向来被认为是墨家思想的主体部分，一共有23篇，加上《非儒》就是24篇。第三部分便是所谓"墨经"，也叫"墨辩"，今人又谓之"别墨"或"后期墨家"，有6篇，我们后面如果有时间再来讨论。"墨经"这个部分是非常奇特的，在诸子著作里面，在整个中国思想文献里面，都是比较奇特的文字，这个我们后面再说。第四部分有5篇，像《公孟》《鲁问》等，有点像是墨家团体的记述，包括他们的一些活动或者是问答的记载等。最后一部分就是工匠技术方面的，有11篇，从《备城门》到《杂守》，这些在现代受到了高度的重视，很多自然科学家，包括国外的像李约瑟等，都对这部分感兴趣，认为是中国古代最早的自然科学知识，像光学、力学，还有数学等，可能都跟这部分有关。所以对这块，研究人文的学者一般谈得少，但在科学技术方面，对这块特别重视，因为先秦诸子好像都是在讲人生、道德这些东西，而很少讲科学，这部分恰恰是墨家的一个亮点。

从上面的五大块讲，今天谈墨子的思想，好像比较集中在所谓十大命题的那23篇。这十大命题里面，我刚才讲，如果从《公孟》篇的说法，等于有6个命题是对着儒家而发的，带点正题和反题的味道。儒家不太讲鬼神这套东西，有点"准无神论"的味道，而墨家却是有神论。从时代来讲，鬼神这套思想应该比周代的礼乐文化要早，那应该是殷商时代的主流文化形态，就是讲鬼神的世界。我们都知道，孔子说"未知生，焉知死"，"未能事人，焉能事鬼"，他不太讲人死后的世界，而是用人的理性、人的道德这套东西来解释世界，说明现实的合理性。墨家就不这样认为，它认为讲人自身，这是没有说服力的，一定要找到背后的那个根据，所以就讲鬼神的问题，讲天志、明鬼，这是跟儒家思想非常对立的一个方面。还有就是儒家讲礼乐教化，显得比较有贵族气，比较"高大上"；而墨家是社会底层的劳动人民，是草根阶层，它认为儒家的礼乐太过了，人死后又搞得那么兴师动众，"散尽家财以为葬"，活人都给死人牵制住了，所以他坚决反对厚葬。这跟儒家讲的对祖先的那种崇敬心态就很不一样，认为人死后简单处理一下就可以了，所以他坚决反对厚葬，讲节葬，反对奢靡，讲节用，这也是反儒家的。另外，就是非乐的问题，儒家特别讲乐，对乐非常重视，而墨家认为这个东西是多余的，所以非乐。除了上面的几个对立点以外，有两个方面好像跟儒家是有某种相似性的，其中"兼爱、非攻"是一个，因为这两个命题儒家也在讲，孔子讲仁爱，也是一种和平主义的态度，反对战争。这样一来，今天我们要讲的话题，儒、墨的分歧很少，反而有某种相合性。还有一个地方也差不多，就是所谓的尚贤，人才观，墨家讲"尚贤、尚同"，儒家也讲贤人政治的问题，也讲大同的问题，所以这两个方面，儒、墨也是在同一个战壕，有这种感觉。所以今天我们等于给自己出了个难题，要是讲对立性可能讲得比较清晰，但这同一个战壕，你怎么跟儒家去区分？儒家的仁爱跟墨子的兼爱，儒家的反战跟墨家的非攻，有什么差别？如果完全一样的话，那等于墨家就多余了，或者跟儒家就扯不清楚了，所以我们今天的这个话题，实际上挺难的，要把这个分际讲出来，就是儒、墨在相同的战壕里面，但使用的武器和立脚点其实是很不一样的，要把这个给讲出来。

王立新：这个比较麻烦。景教授都是有备而来的，他这样说，意思就是他已经准备好了。从来路上讲，据说墨子，但是只能是据说，因为历史没有明确的记载。据说他曾经跟孔子学习，至少是学过儒家的东西，因为他作为一个社会的基层的团体，他也需要相互间的爱，他主要需要的刚才大致也说了，就是他需要相互间的爱，这个就叫兼爱。别老分成你的、我的、他的，别这样，这叫作"分别"的爱，就是有分别的，不能一视同仁。墨家讲要用"兼爱"来换"分别"，这叫"兼以易别"。就是把分别取消了，要把这个严密的划分打掉，然后互相之间维护公共的团体的集体的利益。墨家的这套来路，就是来源于他们实际的生活感受，而儒家的仁爱不是这样的来路。因为儒家讲的是亲亲的原则，认为这个世界为什么人是善的。孟子讲得更明白，说人之有四端，人之有仁义礼智，就像人有两个胳膊、两条腿一样，是天生的，不用学就都这样。所以小孩生下来都知道敬重父母，长大了又知道敬重兄长。儒家的仁爱是来源于血缘的基础，所以这叫亲亲原则。然后再从自己最亲的人向外推展，比如我对我的父亲好，我又对我的哥哥好，再对我的侄子好，这么一点一点一层一层的关系向外推，所以儒家的仁爱也叫作差等之爱，或叫等差之爱。一个一个层级地往外推。当然孟子希望推到"老吾老以及人之老，幼吾幼以及人之幼"的结局上，这样天下就可运于掌上了。意思是把对自己的父亲和儿女的爱推展到对世界大众的爱，一直推到让世界充满爱，结果就跟墨子的兼爱就一样了。可是在整个中国历史的进程中，更多的是批判儒家的人，批评儒家的人说根本就推展不出去。谁挣钱都想着把他爹妈接到深圳来，没想着把他叔叔或者他们家的邻居接到深圳来，推到爹妈和儿女再不往下推了，所以说儒家是建立在血亲关系基础之上的等差之爱，能不能推出对世界的普遍之爱，这个要经受时间的考验，也不是我们说的，将来看中国的情形。墨子这个兼爱就不一样，它不来源于血亲关系，因为咱们几个一点血亲关系都没有，咱们要共同在这个行当努力各自做各自的，共同配合，才可以共同活命，共同发展。于是乎就有了刚才景海峰教授说的那种契约精神，就是兼爱。他有病了，咱们两个人去照顾他，这是兼爱，他跟我们两位没有血亲的基础，但是我们也爱他，不用从血亲关系向外推，直接去爱世界上的所有人。可是墨家也有自己的阶层局限，因为他们的思想没有根基，来路不明，它的理据何在，又成了问题。所以这个问题不是三两句话能够说明白的。但是我们应该关注这个问题，因为我们今天这个世界走向了需要兼爱的时代，现在我们强调的共赢，其实就是兼爱的效果——兼相爱，交相利，而不是交相恶这样的效果。所以墨家的兼爱和儒家的仁爱是有区别的，划分起来有点难。但是从爱的角度来讲，它们是同一的。从爱的出发点和爱的目标，以及爱的未来前景考虑，结局肯定也是不一样的。所以我倒想起了宋代的理学家把韩愈开除在儒家的道统之外这件事情，韩愈讲要恢复儒家的道统，道统是他先提出的。但是到了宋代，朱熹等理学家一脚把他踢出来了，说他不够格。为什么？比如他讲儒家的爱，说儒家讲的仁爱的仁，是"博爱之为仁"，这一句话就错了。他显然是受墨子的影响，这不是儒家的想法，儒家从亲亲之爱开始，他却讲"博爱之为仁"，把儒家的"仁爱"，错误地理解成了墨家的"兼爱"。因为他对儒家根本精神不了解，所以宋代的理学家们把他一脚蹬了出去，不是没有理由的。

王绍培

虽然爱是一样的，我刚才开始的时候也说了，重点不在于爱不爱，墨子讲的是兼爱，孔子讲的是仁爱，我觉得仁爱有点什么含义、有什么感觉呢？就是说首先有一种道德自觉性，我的这种爱是我有一种道德意识，我知道我为什么要去爱，这是一个方面。还有一个，用今天的话来说，我们懂得很多很多的潜规则，我们知道这个世界的游戏是什么样的，游戏规则是什么样的。相对来说比较现实，儒家比较现实，因为他是党校的学员，他出来之后是要统治全社会的，他是要考虑整个天下的，所以他要讲一个事实比较实事求是，他明白这个世界就是君君臣臣、父父子子，他是有等级的，是有差等的，所以他要讲一个爱，要讲爱的现实根基，那么推行出来其实是有差别的。而墨子这帮人呢，某种意义上是不是有原始共产主义的痕迹？因为他们是行业协会，江湖上哥们兄弟，他们就讲的是这一圈人，他们不考虑天下，他们就考虑这些人，这些人就简单了，他们的社会关系相对来说比较简单，我们说是平等的，一视同仁。所以他们为什么是兼爱呢？重点就是在兼，兼就是没有差异的，一视同仁，是平等的。我不知道是不是可以这样理解？

景海峰：《墨经》里面有一句话，叫"体，分于兼也"，刚才你也说到兼士、别士，所以"兼"与"别"这两个概念在墨子思想里面的区别就非常重要。这个"别"大概就是差异性，就是具体性、个体性，那"兼"可能就是总体性，就是全部、普遍性，这大概像我们今天说的普遍与特殊、整体和部分的意思。"别"就是具体的、个别的，"兼"就是全部的、整体的，这样来理解的话，它那个爱实际上就是一个无分际的，只是一个原则性的，不落实到一种具体化上。所以刚才王立新教授也讲儒家的所谓差等之爱，这是一种具体的爱，就是从生命个体的具体情境出发来理解爱是如何可能的，就是从所谓"亲亲"的感情基础上，用推及的方式来讲爱的建立过程。显然，我们理解墨子的"兼爱"就不是一种具体性的，它等于只是一个概念，这个概念要落实起来，它的依据就不像儒家的差等之爱那么具体。在一个社会环境里面，在一个家庭的伦理关系里面，怎样去具体处理，这是一个可操作的。而"兼爱"就不同了，它可能只是一个原则，只是说我们要强调这种爱，但实际上反而不如儒家的爱那么现实，那么具有可操作性。

还有，我们要注意墨子的命题是"兼相爱，交相利"，这个爱是和利挂在一起的。孔子讲的仁爱，不是一种算计性的，不是一种功利意义的，等于是天然的情感。比如说我爱我的父母，这种家庭伦理的亲情关系，是在一种血缘的基础上形成的，是一种自然流露的状态，不是算计的，不能用一个经济的或金钱衡量的方式来对待这种关系。这可以说是儒家讲人伦道德的基础，如果一开始就是按照利的意义来讲爱，那可能跟孔子讲的仁就完全违背了。后来韩非子批评儒家的时候，就说儒家的这套讲法是不符合社会现实的，因为在社会现实里，人人都是算计的，人人都是自私自利的，人性都是恶的。那么儒家讲的仁爱，就成了一个虚幻缥缈的东西。当时韩非子批评儒家，是站在法家对人性理解的基础上的，从法家韩非子的参照系再来看墨家"利"的问题，可能没有像韩非子讲的那么赤裸裸、那么露骨，把人看成是恶的存在，没有任何亲情可言，都是一种算计的关系，等于人跟人就像狼一样。这个太赤裸裸了，墨家没有那么厉害。但我们讲墨家"交相利"，还是有一个利益原则在里面，就是说这个爱的实施，它的可能性是建立在互利的基础之上的，如果没有这种互利性，这个爱就没有了基础。而这种情景，所谓的普遍爱，可能又演化成一种利益的关系，跟我们今天理解的爱的本体意义或天然的意味相去甚远，所以他的这个爱的普遍性反而不普遍。

后来为什么儒家跟墨家在这个问题上一直过不去，到宋明时代，那些理学家还是拿这个话题来批墨家，就是孟子说的，墨子讲兼爱是无父也，杨子讲为我是无君也，无君无父是禽兽也。孟子在当时的用词是非常重的，他的意识很清楚，如果按照墨子兼爱的说法，儒家整个的伦理道德基础就垮掉了，那个出于良知的本有的东西就没有可能性了。所以关于这个问题，孟子提出来了，宋明理学也一直在辩，就是所谓一本、二本的问题。即这个爱到底是怎么来的，什么叫爱，儒家讲仁义礼智，后来加一个信，是所谓五常。而爱在儒家的范畴里面，不是一个很核心的概念，可能更多的是跟情有关系，就是性、情、欲这三个层面，儒家讲的性主要是仁义礼智这些善端。而爱不是在这个层面，它是一种情，是表达性的，是从本根发出来的一种状态。所以爱这个概念，在儒家思想里面不是根本性的，可能属于情这个层面。但在墨子的学说中，"兼爱"就是核心思想。儒家强调一本，就是我们所有的情感、所有的道德原则，都是在本之于血缘亲情的基础上建立起来的，所有意义和价值，如果离开了这个原点，就都不能存在，这是一个本根，是唯一的本体。墨家弄出个"交相利"来，如果这个利益原则能成立的话，那人除了受之父母的血缘意义之外，又有了另一个标准。可以从利的大小来衡量关系的亲疏远近，甚至可以六亲不认。那这两个原则如果发生矛盾的时候，怎么办？是以利益来衡量，还是以亲情为标准？这就有了两个选择，变成了二本的问题。所以一本、二本的问题，后来理学家揪住不放，包括孟子讲"兼爱"是无父、是禽兽，需要做一些解释，都是从这个意义上来讲的，就是要维护儒家人伦的根本性。整个世界的价值意义如果离开了这个原点，其他的东西都是没有意义的，这是儒家的根。而墨家就不这么去理解，它是从"交相利"入手，那么"交相利"就有一个契约或社会组织的关系，可能跟他利益比较近的人，比他爹娘老子还亲。儒家认为如果这样的话，那社会不就乱套了吗？所以在这点上，"兼爱"和"仁爱"是完全不一样的，甚至是完全对立的。

王立新：刚才景海峰教授讲得很好，今天我们以现场举例说。假设王绍培、景海峰、王立新三个人在这里面举行一次什么活动，然后最后挣得 3 万块钱，3 万块钱，我们三个人怎么分呢？按照墨子的话"兼相爱，交相利"，说一人分 1 万可以，或者一人分 8000 块，留下 6000 块做公共资源，这可能是墨子的做法，然后咱们三个就"兼相爱"了，因为已经"交相利"了。现在景海峰是我同事，我们两个经常在一起，同做儒学，尽管绍培也是我们的老朋友，但从自然的亲情来讲好像我跟景海峰教授稍近一点，我这么说绍培肯定不忌讳，我说跟景海峰不如跟他近，他会说我糊弄他，他明知道这个情况。我跟景海峰近一些，这是事实。假设由景海峰教授负责发放，他自己留了 2 万块，给我和绍培一人 5000 块。因为没有"交相利"可能我跟景海峰这份亲情就丧失掉了。所以仁爱完全不考虑利益也不行。就算是出自纯自然的爱，关系也是对等的，不是单向的。为什么我们说五常比三纲对现代社会更有适应性，相对的弹性大一点。三纲就是强调君为臣纲、父为子纲、夫为妻纲，是单向的，不管皇帝怎么对待你，你都得老老实实做忠臣；不管爹怎么打你，你都得本本分分做孝子。五常就不是，你对我好，我就对你好，你对我不好，我也可以对你不好。三纲主要是汉代以后确定的；而在孟子那里，主要强调的是五常。国君你要把我当什么，我就把你当什么，你不把我当人看，我也不把你当君王对待。中国传统儒家的伦理，虽说从孝这个角度，出于自然的天性。但是从君臣这个角度，其实已经不是自然天性，尽管它也是三纲里的，一方面是由父子的关系向外推，在推的过程里，其实也有利益关系在起作用。所以，这个问题还值得进一步思考。在"交相利"的情况下，确保等差之爱，达到"兼相爱"的效果。

王绍培

我们刚才说，墨家是墨"以武犯禁"，鲁迅也有篇文章讲到了侠以武犯禁，其实就是墨家跟侠是有关系的，他们的特点和特长，他们是以武犯禁，他们是很擅长使用武力的，但是偏偏这样一些擅长武力的人又提出了非攻这样一个和平主义的主张，这个问题还蛮有意思的。为什么他们反而会提倡和平呢？我们请景院长解释一下。

景海峰：这个可能跟"兼爱"是连在一起的，要"交相利"，这个利就需要有一个计量的可能性，比如刚才说的 300 万、400 万，总要有一个量。这个利的总量在分用的时候，就要考虑如果是在一种和平的交换环境中，可以互利互惠，可以达到一个最大的效用原则；但如果是在一个战火连天的时代，那一点点仅有的利可能被炮火毁掉，利就没有了，那墨家还不痛心疾首？战争是对利的最大的毁坏方式，那个利在一个和平的年代可以达到最大值，大家可以来积累，但战火一起，玉石俱焚，那利就化为灰烬，便无利可言了。不能"交相利"，"兼爱"也就没有了基础。所以战争对墨家来讲，肯定是不能接受的东西，因为战争对所有的互惠性打击太大了。

还有一个角度，就是从工匠阶层的社会心理切入。我们可以将心比心来设想一下，费了九牛二虎之力，做了一个非常精美的器具，在战火中毁于一旦，这对他的创造性来讲，是一种彻底的否定。就是他制造的产品，亲手打造的一个东西，好不容易把心血都花到上面了，一旦打起来，再精美的东西可能都存留不住，所以对他的那种创造性有一种被战争不断摧毁的失落感。我们可以想象，一个人费九牛二虎之力，弄了一个东西出来，结果战火一起，这个东西就化为灰烬了，他能不恨那战争吗？墨家后来的所有创造都是没有办法，只能去造那些，比如公输盘造了一个云梯要攻城，他就弄一些防御的武器，那是战争逼迫，他没有办法，聪明才智只能用在制造防御工具上面！如果从一个生活的常态来讲，这些人肯定有一种科学求知的欲望和创造的欲望，肯定是想做出在同行业里最精美的、最好的东西来，因为在战国那个时代，他没办法，只能去造一些马上能应急的器具，从制造或创造的心理机制来分析，我们也能理解墨家为什么要反战。

墨家的"非攻"实际上也包含有对战争性质的判断，不是一味把所有战争都否定掉，有一个所谓正义和非正义的意识在里面。如果是以大欺小、以强凌弱、以众暴寡，他认为这是欺负人，从心里来讲是不合天道的。所以我们看墨家人物，一方面非攻、反战，但另一方面也是战争的积极参与者，在很多战场上都能看到他们矫健的身影，墨者往往是勇猛的战士。这个时候的"非攻"反战，就不是一个普遍意义上的，实际上是参与到制止这种暴虐的行动中，也是战争的参与者，包括制造的那些器具，在战场上是发挥威力的。所以"非攻"不是简单地否定战争，在这点上，跟儒家的思想也可以做个比较。儒家实际上也不是简单地否定战争，也分正义和非正义，所谓诛与伐的问题。在这点上，儒、墨两家对战争都有一种判断，判断之后，可能参与或处理的方式是有差别的。儒家到处去游说，用仁义道德来止息战火，一般很少看到儒家人物在战场上身先士卒，后来的儒家人物好像也手无缚鸡之力，没有那种本事；但墨家这些人都好生了得，都是厉害的主，可以亲身参与，把他们的想法投放在战争的过程当中。

王绍培

像那些武功高手、武术高手，就轻易不出手。为什么要先有武德呢？武德就是说，要知道你这个手是不能随便出的，因为你一出手就很重，可能人家小命就没有了，反而是这种武功者，这种高人，这种强人，人家打你的时候，你就忍了吧，你要是不能忍，你没有这种武德，人家一打你你就反抗，你一出手，人家根本就扛不起，你是扛得住的，人家扛不住，一打就没了。可能他们知道战争的后果是很严重的，所以他们反而成了和平主义者，主张非攻。在现实生活里面也是这样的，网上的一些书生是特别喜欢打仗的，我们经过了这么多年的和平之后，电视台里面最受欢迎的节目依然是军事类的节目，像凤凰卫视《军情观察室》，收视率历来都排第一，为什么呢？因为所有的观众都是没有打过仗的，都不知道打仗是会死人的，都不知道打仗是会把那些精美的东西毁坏掉的，所以呢，他们都觉得打仗是一个很好看的事情，如果真的打起仗来，电视会更好看，看见飞机一来、导弹一来，什么都没了。这个在今天呢，就是墨子的"非攻"的思想为什么特别有针对性呢？因为这帮人是行家里手，他们是知道战争、知道武力的后果的，而且我觉得他们还有一个很强的特点是什么呢？就是他们的逻辑性很强，他们的逻辑说服力很强，他们擅长这个，你看你刚才说的其实就是一个沙盘推演，不用打，我们把战争的阵形摆一下，你这么干，我就这么干，你这么干，我就这么干，九个回合，你说我不行，我要打的话，我必败，不用打了。是不是跟这个有点关系？王教授你怎么觉得？

王立新：我觉得两位说得非常好，今天这个话题也好。今天的话语给了我很大的启发。刚才景海峰教授说起墨子的反对众暴寡、强凌弱、大欺小。根据这个话语，我们就可以判断墨子和墨家学派的出身，一定是下层和底层的，一定是弱者、小者，要不然他不会说这种话。美国从来不说"不要大欺小"，都是小的、被打的才这样说。所以我们可以判断墨家来源于下层民众的身份。他们所传递的都是下层民众的最底层的基本的呼声，所以他们坚持的正义，多半是不要以大欺小，尤其是不要在没有充足理由的情况下以大欺小。咱们再回头说我小的时候学过的《公输盘》课文，说是公输盘为楚国制造云梯，要去攻打宋国。墨子在鲁国就听说了，楚国和宋国隔着老远了，走了十天十夜跑到楚国去，就是为了制止战争。公输盘问：你老先生大老远来，要对我说什么话？墨子这个人不只是工匠，不只是哲学家，还是了不起的外交家，他辞令太厉害了。他说北方有人欺辱我，我想让你帮我去把他给杀了。公输盘一听很生气，没理他。墨子说那我给你 10 金，你替我去把他杀了。公输盘说：我坚守正义，不无故杀人，你给我多少钱也没用。墨子说"好"，你是讲义之人。那我问你，宋国有什么罪，你给楚国造云梯去攻击它，宋国那么小，楚国那么大，你这一打，得死多少人？我给钱让你杀一个人你不去，杀这么多人你却去帮它，难道你所谓的"义"，就是不杀少而杀众吗？墨子用这样的方式来说服鲁班，所以墨子还是个了不起的外交家和辩论手。他在推行他的"兼爱"和"非攻"的时候，有一套理论说服人，让人家接受，这是他的智慧。

王绍培

　　我们现在留多一点时间跟下面的听众交流。

　　观众：好，谢谢主持人，今天很高兴看到景老师、王老师又来了，很高兴聆听你们的讲课。我想问一个问题，既然讲"非攻"，但是我觉得墨子好像没有具体地说怎么样来制止战争。我看过刘德华演的一个电影叫《墨攻》，也是讲一个黑衣人跑到一个地方去帮助一个弱小的一方去抵抗强大的一方，墨子讲的非攻给人的印象就墨家那些侠士，都像消防队员一样，哪里有战争了，他们就跑到哪里去。就像哪里失火了，他们跑到哪里去灭火，但是他们没法制止起火，我不知道墨子有没有论述战争的成因是什么？这是我的第一个问题。第二个问题，我就是想针对"兼爱"来说，既然我们说到爱，它一个反义词就是恨，我们知道，诸子都有谈到恨的，儒家就说"君子报仇，十年不晚"，是要记仇的，像犹太教说"以眼还眼，以牙还牙"，反之则像基督教说的"如果别人打了你的左脸，你把右脸送过去让他打"。对于墨家来说，就像刚才景老师说的，他是处于底层的工匠，他不像是儒家，儒家是士大夫阶层，荣誉感比较强，他可能会非常记仇，而且要报仇，那么对于底层的人士来说，受了委屈必须忍下来，打落了牙就吞到肚子里面去了，那么墨家是不是有这样一种受到了侮辱会忍下来不去报仇的思想？但是你刚才又说墨家是跟侠有关系的，我们知道，我们古代历来的侠都是疾恶如仇，路见不平一声吼，该出手时就出手，那么他们又是讲究报仇的，像鲁迅是特别提倡精卫精神，就是精卫填海的那种，我一定要把这个海填平，有这样强大的意志。我就想问一下墨家对于仇恨是怎么理解的？对于宽容是怎么理解的？

景海峰：你边问边答已经讲了很多道理，都很好。第一个问题就是，墨家像救火队，哪里着火了，他就奋不顾身地要去扑灭，包括后来的一些文献里面的描述，墨家人物整天都奔忙在救火的路上，心急火燎的，这确实是很多文字所塑造的墨者的形象。我觉得你的问题很好，为什么他们不能从根本上来灭火，这根本上灭火的工作恰恰是儒家在做啊！我觉得这是儒家比墨家的高明处，墨家看火着起来了，然后心急火燎地赶紧去扑；儒家呢，不管是孔子，还是战国中期的孟子，他们到处游说，是要从人心上去做，把战争的火苗及早地浇灭。君主可能一念之差，就去发动战争了，一旦火着起来了，儒家也没有办法，他做的工作就是防患于未然。我们想想，防患于未然的工作好，还是救火的工作好，我想这个道理大家都明白。所以为什么后来儒家有那么长久的影响，包括对战争的一些理解，因为一旦火着起来了，人的能力是有限的，要去扑灭，可能受制于各种客观条件和环境，甚至最后是没办法去控制的。儒家是要想方设法在火还没有着起来的时候，把点火的欲望给你消除掉，他的心思都花在这上面了。所以我们看不到孟子或儒家人物整天在路上忙着去救火，没这回事，这就是一个很大的差别，大家可以去体会。这两个学派在对待非攻、对待战争、对待和平主义上，采取的策略和扮演的角色是很不一样的。当然你说哪个角色更重要，在这里不做高低评判，只说确实他们的侧重是不一样的，在那样战争的环境下，都是出于一种仁爱的精神，就是不愿看到生灵涂炭，这应该是一样的。

第二个就是关于仇恨的问题或怨恨的问题，儒家讲以直报怨，当然最理想的是以德报怨，那以德报怨和打左脸右脸的说法好像有点相同的味道，这正好把另一个话题给引出来了。常有人去比较墨子的精神与西方基督教的精神，好像讲"兼爱"是无差等的，有一种普泛的意思在里面，就是平等的爱。但实际上这个差别还是挺大的。西方的那个博爱，包括法国大革命时讲的有世俗性的爱，其观念的源头就在基督教。而基督的所谓博爱，是上帝和人的关系，有一个信仰的结构和前提在里面，那个爱的根源是在神、在上帝。而墨子的"兼爱"虽然有所谓天志的概念，也包含了绝对性，有点像西方的上帝。从原始宗教的色彩来讲，也有类似的一种味道，是一个绝对的东西。但墨子在讲兼爱的时候，还是从世俗的"交相利"原则来说，不是建基于那种信仰的基础之上，而基督教的博爱是在信仰的基础上的，所以兼爱跟博爱是不一样的。儒家讲以直报怨，墨家呢，应该怎么去处理？这个我没太留意，比如怎样复仇的问题，当然从后世的侠义精神，好像是有仇必报，而且有点钻牛角尖的味道。这是不是墨子的本意，我是有怀疑的。因为侠的问题非常复杂，这种角色和身份当然跟墨家有一定关系，从晚清章太炎就讲墨侠的问题，后来鲁迅也这么讲，这个观察是不错的。刚才我们也分析过了，墨家团体在裂散之后，成为个体的行为，演变成独行状态，这可能是侠的一个线索。但后来侠已经非常复杂，不能说侠的所有表现都是墨家思想的一个延续，显然不能这么判断。所以墨家怎么对待复仇的问题，或者仇恨的问题，我觉得还是从所谓"交相利"的原则和意义上去解释好一点，不能用侠来倒着看，从后来发生的东西套过来，去讲墨子在这上面的看法。

王立新：刚才景老师回复这位朋友的说法很好，就是墨家是救已着之火；儒家是给大家消心火，告诉可能点火的那个人或那些人，讲仁爱，别点火。儒家从根源上入手，墨家在现实上做功。这个理解是很深邃的，所以儒家在中国历史上和在人类历史上地位和贡献极大，墨家这么一闪就没了，这跟理论精深程度不够也有很大关系。儒家传这么久，影响这么大，是因为它深刻，它从根源上找解决问题的办法，这是重要的理由之一。

王绍培

由于时间关系，今天的南书房夜话到此结束，谢谢各位。

南书房夜话第二十七期
——佛学与科学

嘉宾：张军民　樊舟　张晓峰（兼主持）

时间：2015 年 12 月 26 日　19：00—21：00

张晓峰

　　现在开始"佛学与科学"话题。首先请允许我介绍一下今天请到的两位嘉宾，旁边这一位是樊舟先生，深圳《智慧东方》杂志的总编辑，同时也是位资深佛学研习者；另一位张军民先生，理工科出身，因为偶然机缘接触佛法，目前师从四川色达五明佛学院索达吉堪布学习《因明》《中观》及藏传密法。我叫张晓峰，目前主要做中西方文化思想比较、政治社会学研究。佛家常言佛门三宝佛、法、僧。从学术视角来审视，佛学偏重学术义理，佛法侧重修行持戒，喜谈佛学者文人墨客较多，而谈佛法者更多的是僧众。那么他们对于佛的理解自然有差异。世人常言的佛学一般是指对释迦牟尼与佛陀学说的研究，其主要集中在对于佛教经典的整理与注疏上。佛学发展史上文人居士也是一支重要的力量。居士是什么？通常既指旧时出家人对在家信道信佛的人的泛称，亦指古代有德才而隐居不仕或未仕的隐士，同时，这名词还是文人雅士的自称，如李白自称青莲居士，苏轼自称东坡居士，等等。这也从侧面反映出文人雅士和佛法亦有千丝万缕的联系，他们的学问见解或多或少与佛法结缘。今天我们请到的张军民、樊舟老师可称为"居士"。既然论及佛学与科学的对话，那么就有必要在这里对"科学"做一个定义，否则就会引起语义的错乱。"科学"这个词是西方舶来品，英语"science"，德语"wissenschaft"，两词都有科学的意思，但两国对其实质定义有所不同。德语"wissenschaft"一般是指自然科学，相当于英语语系里的"nature science";而英语语系里对 science 一般界定为人类知识的总称,语义外延较宽泛。科学一词本身存在巨大的理解和应用误端。在西学东渐的过程中,科学一词在社会生活中运用,是不怎么严谨的,人们常常将科学与技术两词并称,甚至互用。让很多非专业人士常常理解为工具性意义上的科学,而丢失了科学本有的精神实质。在西方文化体系里将"科学"本身理解为代表着人认知自然、宇宙、人生的一个总体学问的总称是没有太多争议的。狭义上的科学就专指自然科学,"科学"反过来也可以作为人类几千年来总体创设知识经验体系的总体统称,也可以理解为人类目前所掌握的所有知识体系的代称,是一个大的系统性概念,包括世界观、方法论、价值观、人生观,以及影响到人们实际生活的种种经验。目前存在的各种学科都可以贯称为科学,比如人文科学、自然科学、思维科学。人文科学里面包括两块,一部分是跟我们人生相关的,西方叫"artist",就是"人文艺术",人文艺术里面主要就是音乐、诗歌、文学、伦理学等;还有诸如史学、法学、经济学等社会科学,这些也被冠以"人文科学"名称,尽管其中有某些争议,总体而言西方就是这么命名的。而将"自然科学"叫科学,在整个社会大众的理解过程中几乎不会产生多大歧义,这是我简单对科学的一个阐述。大家明白了这个基本前提,再来理解佛学与科学的对话,就不会出现脱域的误端了。接下来由樊舟先生对佛学的思想体系和知识体系做一个厘清,以便后面更深入问题实质。有请樊舟先生。

樊舟:各位读友、书友,大家好!主持人问到佛学的思想体系和知识体系,我先来谈一下。主持人已经对"科学"做了一个定义,"佛教"也有一个定义:"诸恶莫作,众善奉行,自净其意,是诸佛教。"这是一个偈,《阿含经》《大般涅槃经》《大智度论》《十住毗婆沙论》等许多经论上曾提到。这16个字从字面上看非常浅白,实际所包含的义理却非常之深,这其中有佛教的伦理学,也有佛教的认识论。就伦理学而言,佛教有一个"业"的概念,即梵文"karma"。"业"的概念在印度具有普遍性,可以追溯到吠陀时期,大约是公元前1500年到公元前500年,婆罗门教、耆那教、佛教以及后来的锡克教都接纳这个概念。业的含义简单地说就是"行为",相当于英文 action、deed、doing。业是有力量的,因此称为"业力"。以前的业力决定众生的当下,而当下的业力又决定众生的未来。所谓因果报应,就是指众生自身的业力为因,导致了什么样的结果,善有善报,恶有恶报,自作自受。正因为如此,佛教才教导众生"诸恶莫作,众善奉行"。这就是佛教的伦理学,但它不是简单地规劝我们要做好人,而是从道理上进行分析,告诉我们必须做好人。然而做好人只是一个基本的起点,不是佛教的终极目的,因为人生不满百,好人最终也要走向死亡。佛教的目的是帮助众生超越六道轮回,涅槃成佛,达至最终的解脱。因此,"诸恶莫作,众善奉行"是从一点一滴的善行开始,辅以各种正确的修行方法,渐渐趋向"自净其意"的状态。这个逻辑理路,就是佛教的认识论。自净其意的"净",并非仅仅是我们通常理解的干净、纯洁,《俱舍论》卷十六讲:"远离一切恶行烦恼垢故,名为清净。"与清净相对的是"染污"。什么是染污?烦恼就是染污。按照《大乘百法明门论》的说法,"烦恼"分为两大类:"根本烦恼"和"随烦恼"。"根本烦恼"又称大烦恼,有六个:贪、嗔、痴、慢、疑、恶见。"随烦恼"共有二十个:忿、恨、覆、恼、嫉、悭、诳、害、骄、谄、无惭、无愧、掉举、惛沉、不信、懈怠、放逸、失念、散乱、不正知。在南传大藏经中的中部经,相当于汉传的中阿含经,其中有一部《布喻经》,谈到染污,用的词是"心秽":"诸比丘!何为心秽者?贪欲是心之秽,瞋是心之秽,忿是心之秽,恨是心之秽,覆是心之秽,恼害是心之秽,嫉是心之秽,悭是心之秽,诈瞒是心之秽,诳是心之秽,顽迷是心之秽,性急是心之秽,慢是心之秽,过慢是心之秽,憍是心之秽,放逸是心之秽。"总共有 16 种心秽。也就是说,佛教所谓的"自净其意",就是在去除这些染污、这些烦恼、这些心秽之后才能出现的一种心理状态,一种生命境界。

这才是真正意义上的"净"。这里也能看出,佛教是内求的,佛法即是心法。而这个 16 字偈,也被称为"七佛通戒偈",就是说,无论是释迦牟尼佛,还是他以前的六尊佛,都是因为恪守这个偈的教导才成佛的。佛教毕竟有两千五六百年的历史,因此形成了一个极为庞大的思想体系，在这个体系内部，流派非常之多。在这里我只能对主要的分期做一个简单的介绍。从佛陀时期开始，佛教大致经历了阿含佛教时期、部派佛教时期、大乘佛教时期。其中部派佛教又分为上座部佛教和大众部佛教，而大乘佛教主要有三个体系，著名佛学大师印顺法师分为性空唯名系、法相唯识系、真常唯心系，也就是我们通常所说的中观派、瑜伽行派和如来藏派。然后，公元六七世纪，逐渐又出现坦陀罗佛教，也就是密教。

俄罗斯佛学家舍尔巴茨基将佛教哲学的发展分为三个阶段，即多元论阶段（Pluralism Period）、一元论阶段（Monism Period）、观念论阶段（Idealism Period）。其中第一阶段，即多元论阶段，为小乘佛教时期，强调"我空"；第二阶段，即一元论阶段，为大乘中观学派时期，强调"法空"；第三阶段，即观念论阶段，强调"唯识无境之空"。这种界定方式，类似于瑜伽行派的"三时判教"说，对佛教哲学有兴趣的朋友可以做专门的了解，这里不多说。

我们汉地佛教，通常会说有八宗，分别是台、贤、禅、净、性、相、律、密，也就是天台宗、华严宗、禅宗、净土宗、三论宗、法相唯识宗、律宗、密宗。其中天台宗和华严宗是哲学气质非常强的两个宗派，禅宗和净土宗是最普及的两个宗派，尤其是净土宗，至于其他四个宗派则规模较小。近年来学术界比较感兴趣的是法相唯识宗，这是接续了民国的传统，原因在于，法相唯识宗的体系非常庞大，气质上与现在西方的哲学、科学和心理学都有可以拿来比较的内容，就像今天我们这个讲座，也是佛学和科学的一次相遇，一次对话，一次互相的打量。下面交给张老师。

张军民：我们今天非常有缘，来探讨一个实际上非常巨大的话题——科学与佛学。科学已经很巨大，佛学也可能更巨大。刚才晓峰老师阐述了什么是科学，又问什么是佛学？我个人的理解，佛学有两个关键的面向：一个是慈悲，也就是我们说的博爱，平等广大的爱，也叫慈悲；另外一个是智慧，与真相真理相应的智慧，佛学最根本的就是悲与智，这个"智"是我们去面对面前所显现的一切，去了知最究竟的本相是什么，在了知本相的基础上，让我们的心安住在本相上、实相上，这种心所起的作用就是一个平等的、清净的，我们经常说的大爱。所有对佛学的定义中，我喜欢把佛学定义为"智慧"与"慈悲"，如果用两个字来定义就是"悲"与"智"，这就是佛学。

张晓峰

刚才军民老师对佛学做了个人的定义，现在切入今天的话题，前面我提到佛法与佛学差异和交集，佛学俗称关于佛陀的学问。刚才两位老师对佛学的体系、传播过程做了说明。藏传佛教是佛教里面重要的一支，军民老师多年潜心研究藏传佛教，接下来请他就藏传佛教的思想体系做个介绍。

张军民：佛法传播的途径有三支：一支是南传佛教，通过孟加拉国、缅甸、泰国、越南，包括我们中国的云南，这一支叫南传佛教，属小乘佛教。另外一支是沿丝绸之路，在东汉时期传入中原的，后传入韩国、日本的汉传佛教，属于大乘。另外一支，是通过尼泊尔进入西藏，一直在藏地传播，近代又出西藏由印度再传遍西方。藏传佛教因为以前地理和信息闭塞的原因，汉地许许多多的人，包括大德也不大了解藏传佛教，藏传佛教和汉传佛教同属于一个共同的基础，就是大乘佛教。我们经常说藏传佛教是密宗，汉传的叫显宗，藏传佛教学习的教法的部分60%是和显宗一样的，而且藏传佛教的教育，大概接近10年，一个是要接受10年的教法的训练，学习五部大论，《俱舍论》《因明》《戒律》《中观》《现观》。《因明》就是佛教的逻辑学，一个关于认知、认知的过程以及认知的结果的一个总的认知的学问。《中观》是关于现象与存在，什么是究竟的存在。如果我们对现象的本质的了解还是处于迷乱的状态，去处理社会事物和行为的话，一定是迷乱的结果，中观最重要的修学的层面就是关于世界与心本质的观察。《现观》，就是怎么样让我们的心趋于我们所了解的真实境界，也即成佛的过程。一个菩萨如何从一地、二地、三地、四地到八地，到成佛，这个成佛的过程中我们的心应该是什么样，如何与佛的境界相应。这些在藏传佛教里面基本上最少都要受近 10 年的训练。如果我们去西藏旅游，许多寺院可见到辩经场面，实际上在僧人的生活中，经常要这样辩经，辩经就是训练自己的思维。

藏传非常重视传承、学佛。首先要有一个完整的佛法的信息体系，而不是道听途说的，这个系统要有传承，是一代一代的祖师传下来的，不是说今天这个人出家了，他这样理解佛法，他跟你这样讲佛法，明天那个人又按他的理解给你那样讲佛法，这是不行的。

在藏传佛学院里面训练，我见的最大的不同就是它讲究传承，一定要忠于上师，上师的上师，清净的法脉续流，没有清净的法脉续流就不可靠，所以他们和我们最大的不同就是传承的清净。僧人接受这种清净传承的训练要 10 年或更久，这就是藏传佛教在目前的教育方式和培养方式和汉地有极大的优越性的地方。10 年里，经历非常严密、严格的，超过现代大学的训练量的思维的训练，有这 10 年的训练以后，上师说，你可以闭关修行了，这个时候你才可以去选择闭关中心，按更深的修法去实修。藏传佛教的教育是非常严谨的，这就使它成为在近年几十年来，整个世界上的佛法的传播影响力最大的、扩展最快的法脉。

藏传佛法和汉传佛法没有根本的区别，都是属于大乘，它的差异在于哪呢？汉传佛法重点择决佛陀二转法轮内容，特点是"出离心、菩提心和空正见"。藏传佛法的核心主要是择决佛陀三转法轮的内容，在空正见的基础上，强调本来清净，这个本来清净的境地是他们整个修行的最主要的修行主导，通俗说，这个世界没有问题，世界的问题是我心的问题。

我们认为这个人有问题、这个世界有问题、这个社会有问题，在藏传佛法训练里面所告知的是没有问题，有问题的世界是有问题的心所产生的，它所有的训练就是要训练我们的本来清净，这是主导的训练。禅宗是通过空性的参悟的角度，侧重空性的体悟，而藏传佛教更多的是明空不二，就是结合清净观和空性来修持的。

张晓峰

　　樊舟老师对佛学中观论颇有研究心得，下面有请他给大家讲讲"中观论"。

　　樊舟：说到中观，刚才张老师提了一点。有一个印度的佛学大师——龙树菩萨，也叫龙猛菩萨，他有一个称号叫"第二佛陀"，他造过一部《中论》，这部论是对《般若经》的阐释。《般若经》形成的时间是在公元前2世纪到公元2世纪，这个时候佛陀早已经圆寂几百年了。《般若经》是大乘佛教空宗的基本经典，东汉时期就翻译到中国了，最全的是唐代玄奘大师译的《大般若经》，有六百卷，堪称皇皇巨著。为什么要提到《般若经》呢？因为中国的佛教宗派大都与般若思想有关。龙树菩萨的《中论》就是对般若思想的阐发。般若思想，简单地说就是讲缘起性空，万法都是因缘和合而生，但万法又没有自性，没有本体。龙树的基本思想，在《中论》的"八不中道"中讲得很明白："不生亦不灭，不常亦不断，不一亦不异，不来亦不出。"这也说明，世间的每一种见解都是片面的，不圆融的，因此需要用否定再否定的方式来表达。佛教有一个专门的语词叫"遮诠法"，用否定的方法来阐释，比如谈万物生灭的"生"的问题，它是讲"无生"的："诸法不自生，亦不从他生，不共不无因，是故知无生。"它的意思是讲万世万物都是空性的。这个"空"在龙树菩萨之前的小乘佛教，主要是讲"析空"，指的是一个事物逐渐消亡，比如说我这个麦克风，现在是在的，某一天它不在了，所谓生、住、异、灭，即出现、保持、衰落、消亡。但是般若思想是讲当体即空，就是说，事物在当下就是空性的，为什么？因为我们讲事物都是众缘和合的，这是说事物都是由不是这个事物的事物构成的，而构成事物的事物也是如此。《中论》里有一个著名的"三是偈"："众因缘生法，我说即是空，亦为是假名，亦是中道义。"这个偈讲的就是这种空义。般若中观思想在汉地佛教所有宗派中几乎都奉为圭臬，而龙树菩萨在汉地佛教中被尊为"八宗共祖"，每一宗都把龙树菩萨作为祖师。其中天台宗因为中观思想又阐发出"一心三观"的教观。"三观"的意思是讲三谛，就是三种真理，"空、假、中"。这跟龙树菩萨讲的"二谛说"一致，只是在表述上做了一个发挥。龙树菩萨指出，真理有两种：一种是世俗的真理，用我们现在的话是讲工具性的真理；另外一种是终极的真理，就是真谛，第一义谛。俗谛很重要，龙树菩萨说过一句话，"若不依俗谛，不得第一义，不得第一义，则不得涅槃"。《心经》大家都非常熟悉，《心经》有一句著名的话，叫"色不异空，空不异色，色即是空，空即是色"。"色空不二"其实就是真俗不二，真谛与俗谛，工具真理跟究竟真理是非一非二的关系，中观的核心思想其实就是这个思想。大家对佛教有一个误会，比如佛教判教讲"三法印"："诸行无常、诸法无我，涅槃寂静。"有人就会觉得佛教处处都讲空，都讲无，好像了无生趣，做什么都没意思，但是大家没有想过，按中观来说，实际是要把空也空掉，空也是空的。这就很有意思了，中观佛教认为，如果一个人坚持空，执着于空，这是一种偏空观，偏空观也是一种邪见，一种边见，持这种见也不能解脱，也是需要破斥的。这实际上涉及佛教一个很核心的真理观，佛教认为真正的究竟的真理是在言语之外的，在思考之外的。五代时候有一位永明延寿大师，他讲过一句话叫"言语道断，心行处灭"，什么意思呢？就是说，真正的真理是不可思的，也不可议的，所谓"不可思议"。不可思的层面是逻辑的层面，我们不能以逻辑的方式去推导出一个佛陀，或者说我们以逻辑的方式推导出成佛，这是不可以的；另外一个层面，在言语上是不可说的，因为我们说的时候，一起心动念，就已经是凡夫心升起的时候。所以说中观思想非常有意思，非常精深，应该说是般若思想，是大乘一个非常核心的思想。谢谢！

张晓峰

刚才樊舟老师给大家介绍了佛学"中观论"。接下来由我对科学做一个阐述。前面开场铺垫话题的时候，对科学定义为人类创设知识总体。科学从实质上讲就是绝对真理的代名词。但从人类认知过程来审视人类目前掌握的知识，并不代表绝对科学的本身，而是渐进式的追求科学真理的过程。产生的知识体系是这个追求真理过程中产生的衍生物。所以科学在具体表现形式上便呈现出碎片化的特征。从科学起源的角度来讲，是人类社会生活最初的实践促动知识的产生。尽管人类早期对宇宙、自然认知是粗浅的，也带有一定的神秘色彩。从这个角度来看科学和宗教的认知在人类初期是很难严格区别开来的。科学的认知经过历史的长期积淀，开始去宗教化的征程。西方社会学家论及这个过程用"祛魅"这一专业的名词来表达。这里就有一个问题：那就是宗教认知（佛法体系）到底是什么样的一个知识体系，是否等同于绝对知识体系。如果是绝对知识体系，那么人类在遇见诸多问题的时候，为何是乏力的？这个问题就是对宗教知识体系本身的质疑，产生了信仰和知识冲突二元化问题。西方哲学和文化史的进程中一直伴随、纠结着这个基本问题，困扰了哲学和科学的本身。科学的认知过程从某种程度上讲是在丢弃和拾阙信仰的纠缠中进行的。从社会功用上讲科学满足了人类的功利需求，宗教在这方面是乏力的。人类社会实践就是在这个过程中蹒跚前行的。西方哲学家艾尔弗雷德·诺斯·怀特海德曾经说过："公正地说，关于西方哲学最令人信服的特征就是一系列对于柏拉图思想的注脚。"那么人类知识史是不是对宗教（佛法）本身的注释呢？这是一个值得商榷的问题。一般而言，宇宙的起源问题被称为第一推动问题，这是宗教、哲学和自然科学中最基本的终极问题。这也是知识产生的第一推动力。可是人类目前掌握的知识体系还无法给出终极答案。相对而言宗教（特别是佛法）却给出了自己的答案。但这种解释对于世俗的人们很多人是既够不着，也是难以理解的；谈到这里再探讨佛学与科学对话就有些深度了，所以今天佛学跟科学对话只能定在各自精神实体的层面去论及，也就是科学精神与佛学精神的对话。谈科学精神就不能不涉及科学哲学。这方面，我自己有一些比较深入的了解和体会。西方哲学将"哲学"叫作"智慧"，从这个意义上理解哲学跟科学是同位的，只不过具体表现方式不一样。在解释人类知识怎么由来的问题上，西方的科学到现在还没有解决这个问题。德国哲学家康德在其《纯粹理性批判》中说："人类理性在其知识的某个门类里有一种特殊的命运，就是：它为一些它无法摆脱的问题所困扰；因为这些问题是由理性自身的本性向自己提出来的，但它又不能回答它们；因为这些问题超越了人类理性的一切能力。"康德提出了人类理性的命运问题。从人类知识传播过程来看，在人类最早的部落时期，真正掌握与天地对话的话语权的是巫师，也是人类学问最早的掌握者，同时兼具宗教角色。前面谈到人类发展过程中，科学的进步脱离宗教的影响的过程也是"祛魅"的过程。什么叫"祛魅"？"只要人们想知道，他任何时候都能够知道，从原则上说，再也没有什么神秘莫测、无法计算的力量在起作用，人们可以通过计算掌握一切，而这就意味着为世界祛魅。人们不必再像相信这种神秘力量存在的野蛮人一样，为了控制或祈求神灵而求助于魔法。技术和计算在发挥着这样的功效，而这比任何其他事情更明确地意味着理智化。"这是著名社会学家马克斯·韦伯对祛魅的论述。"祛魅"也可称"脱魅"。"脱魅"的最终指向，应是日常的生活情感，这种情感既不狂热躁动也不阴冷冰寒，是温静和谐的，不是纯粹逻辑推理，也非盲目迷狂执着，是很实用的人生理性，是很理性的价值观念。在知识贫乏的古人眼里，客观世界既然像生命那样不停地运动和变化，那么它必定是"活"的。日升月落，春去秋来，在古人眼里都是因为有某些精神体在支配。既然它们是"活"的，那么必然会做善恶判断，行为有目的性。又因为大自然和人类息息相关，于是"天谴""神恩"、"报应"之类的观念遍布古代世界。所以说，古人的自然观是"附魅"。一个自足自在的精神自由体的成长与成熟，必须经历一个除巫祛魅的艰难过程。"巫"和"魅"均与神话和宗教有关，都有与理性精神背道而驰的倾向。

　　与科学相伴生的认识衍生物"技术"，是科学认知的具体实践的表现物。是指人们利用现有事物形成新事物，或是改变现有事物功能、性能的方法。技术应具备明确的使用范围和被其他人认知的形式和载体，如原材料（输入）、产成品（输出）、工艺、工具、设备、设施、标准、规范、指标、计量方法等。西方哲学家亚里士多德有一句名言"吾爱吾师，吾更爱真理"，哈佛大学的校训是"与柏拉图为友，与亚里士多德为友，与真理为友"，这个真理，是西方哲学和科学追求的绝对认识彼岸。佛学里面也讲"真相"，两者的终极追求是相同的，科学产生的终极梦想是追求人类的福祉。是人类运用自己理性的最高外在追求。这个本质没有错，错在科学社会化过程中人类私欲和贪欲附着社会关系的扭曲与分裂。现代技术可以延伸人体的能力，也扩张了人类的野心，这种信仰和实证的分裂加深人类心灵的罪恶。而宗教（佛学）的认知关乎人生，关乎终极问题，在某种程度上安慰了人类的内心。以上是古典科学的基本精神。

　　下面我谈谈现代科学的缘起。其产生于分析与实证。具体表现为数学逻辑的发达和实验手段的进步。这是科学世俗化的过程。欧洲早期以伽利略、培根、笛卡尔、牛顿为代表的对经典科学的哲学探索，丰富了科学认识论和方法论的研究，独立的科学哲学学科开始逐步形成。而实证与实验科学的进步和一个叫罗吉尔·培根的人分不开，其被称为实验科学的鼻祖。他的思想对于催生现代科学实验起到重大推动作用。当然也和西方千百年积累下来的知识认知体系有关，这里不做过多论及。近代科学技术的进步加剧祛魅的进程，宗教和科学开始分道扬镳，科学在世俗社会取得了惊人的成果，而人类生活中便有了诸多发明技术，深刻地影响现代生活的方方面面。科学开始呈现压制宗教的态势，且愈演愈烈，成为现代人的新宗教。1900 年第一届诺贝尔奖获得者伦琴发现 X 射线，而 X 射线主要用于医学，至于其他用途他控制不了。诸多科学家扮演普罗米修斯，盗得天火本为人类带来的光明，却不幸燃烧了人类的幸福。这是现代科学技术最大的伦理拷问。爱因斯坦晚年，为原子弹的发明而懊悔不已，他的聪明才智被用于战争是幸与不幸，在 1940 年世界科学与宗教的对话大会上，他讲了这样一句话："没有宗教的科学是跛足的科学，有宗教没有科学支撑的宗教是失明的宗教。"但这种修补解决了宗教和科学本身的二元分裂的矛盾吗？远未可知。其晚年回归宗教，或许是某种意义上的心灵救赎。从这个方面解释牛顿晚年皈依基督也是能讲得通的。宗教解决着人类信仰的问题，科学的祛魅过程却让信仰的基石逐步塌陷，这是西方文化紧张的因素。科学与技术社会化跟功利经济运行、商业资本结合，开始"失范"，于是人类在享受科学技术带来的便利的同时也承受着其给予的无尽痛苦。美国科学哲学家费耶阿本德在其《反对方法》中有句名言："如果一个学者忘记该学科创始人的训诫，意味着对个学科的背叛。"没有伦理精神支持的学科前行是危险的，这个值得我们注意。前几天读丰子恺先生的《闲居》，其中有篇关于回忆弘一法师的文章，谈论人的追求有三个层次，第一个层次即物质层次，第二层次精神世界，第三个层次便是宗教层次。前面两位老师论及佛学，人可以没有精神皈依。科学精神在当下学校教育体系里是失却的，一个学科失去其最基本的伦理统摄，知识是及格的，人格却是残缺的。其掌握的知识便是助纣为虐的载体。所以在这里我借用丰子恺先生的话语：人的生存既有世俗的一面，也有宗教的因子。康德有句名言："那最神圣恒久而又日新月异的，那最使我们感到惊奇和震撼的两件东西，是天上的星空和我们心中的道德律。"西方古典哲学的核心精神是什么？康德给人们立下的规矩便是理性和良知，这是任何知识创设要面对的最基本的问题，没有这个支撑，学问是塌陷的。现代汉语词典对"古典"的解释是在某一个时期被称为典范的学问，典范从来不能离开伦理的支持。现代哲学史中现象学创始人胡塞尔，其学术背景是天文学博士、数学博士，最后又回到哲学，其现象学的核心追求是什么？即是他所说"要给科学立法"。是啊，确实需要给科学立法，不光是认识论意义上的规范，更是伦理意义上的约制。这是我简单对于科学精神的陈述。接下来的时间开始今天对话的第二阶段，科学和佛学一些现象上的矛盾探讨。再抛一个问题，近代文化史将中国失败归结为缺"德先生和赛先生"，近代中国文化只讲汲取西方的民主与科学精神，樊舟先生能不能给大家讲讲佛学对中国近500年文化的影响，尤其是宋明理学的影响，谈谈中国文化走向的一些问题？这样对理解中国文化的近代变迁的内因或许能给予某种启发。

樊舟：刚才张老师说了很多，非常精彩，我们佛教有一句话叫作"满天花语"。我想对他讲的做一个简单的回应。刚才讲到真理的问题，我们知道玄奘去印度取经，其中取回来一部大论——《瑜伽师地论》，有一品叫《真实义品》，讲到四种"真实"，也就是四种

"真相""真理"。对于佛教来讲，真理是有层次的，刚才我说了两个，一个是真谛，一个是俗谛，这是从中观的观点。从唯识的观点，在《瑜伽师地论》中讲四种真实，第一种叫世间极成真实，第二种是道理极成真实，第三种是烦恼障净智所行真实，第四种是所知障净智所行真实。这四个层次的真理，第一种，简单讲就是常识性的真理，比如开水是烫的，冰是凉的。第二种是推理性的真理，比如科学家，或者哲学家，通过实验、逻辑推理的方式得到真理。第三种，烦恼障净智所行真实，按佛教的说法是证得空性，证得"我法二空"中的"我空"，不再有"我执"，也就没有烦恼升起，这就是烦恼障净。第四种就是佛智了，我法俱空，烦恼障、所知障俱净。这四重真理，前两种是凡夫的真理，后两种是圣者的真理。

由此看来，佛教跟科学是可以和睦相处的，佛教承认科学真理，但同时指出科学真理的非彻底、非圆满性。我们知道传统佛教主张修习"五明"，"五明之学"即声明、因明、内明、医方明和工巧明。声明是语言学，因明是逻辑学，内明是佛学，医方明是指医学，工巧学是指我们在社会上的一技之长。我们可以看到，佛教所重视的"五明"，只有内明是佛学，另外四明都是世间的学问，当我们说工巧明的时候，一定是包括科学的，所以说佛学的包容性很强。

回到张老师问的问题，关于佛教和传统文化关联，问题很宏大。佛教对中国文化的影响，严格地讲在魏晋就开始了，那时候佛教处于格义阶段，我们在消化、吸收佛教，并且按照中国人的方式来表达佛教。比如当年的"空"不叫"空"，叫"无"或者叫"本无"。隋唐的时候，中国佛教达到一个高峰，出了几个大人物，玄奘、六祖慧能、天台宗的智者大师，等等。到了这个时候，佛教差不多才真正完成了中国化的过程。佛教中国化的过程，其实也是中国固有文化与佛教渐渐水乳交融、不分彼此的过程。比如说我们使用的词汇，群魔乱舞、大彻大悟、现身说法、三生有幸、作茧自缚、自作自受、修成正果、心猿意马、镜花水月、一丝不挂、自欺欺人、大千世界、天花乱坠等等，原本来自佛教，可是我们已经浑然不觉。

宋代以后，儒家大致也在继续发展，但是或多或少、或明或暗都受到佛教的影响。比如北宋的儒学大师张载张横渠，其思想经历多次转变，先是"访诸释教"，探求佛理；然后"会宗于易"，希望做到融会贯通；最后"穷理尽性"，提出自己的主张。横渠先生虽然对佛教有所批评，但同时也有所借鉴。他著名的"横渠四句"："为天地立心，为生民立命，为往圣继绝学，为万世开太平"，这种情怀也与大乘佛教自度度人的慈悲精神一致。

"横渠四句"可以回应张老师刚才讲的那个问题：有一些科学家在科学上达到至高的境界，伦理上却没有底线，这怎么办？这就需要一种人文关怀。张载的学说也称为"关学""气学"，二程、朱熹他们一般归为"理学"，但大家要注意一个小细节，气学和理学，是说我们的内心跟天道是二元的，天道在内心之外。后来发展到王阳明的"心学"就不一样了，阳明心学是讲"心外无物，心外无理"的，这个说法是充分地借鉴了佛教的讲法，比如佛教法相唯识宗讲"万法唯心，一切唯识"，在真理的层面没有一个外部的世界，它是我们心的显现，不是说我在这里，还有一个外在，这是在凡夫的层面，因为在凡夫的层面"能"和"所"是二元的，不可能合在一起。按佛教的说法，当我们证得"无分别智"的时候，我们就会发现外部世界跟我的内心是平等的，"心、佛、众生，三无差别"。这牵扯到我们常讲的有一些社会现象，比如有些人讲佛法，大谈空性，就像我现在这样，其实我自己不能空，我又怎么能告诉你们空呢？佛教有个比喻，水里的鱼和岸上的动物是难以对话的，因为鱼难以告诉岸上的动物水里是怎么样的，因为它是鱼。

关于中国文化的走向，这又是一个很大的问题。我没有宿命通，也不能为未来算命，但是，我们中国人说鉴往知来，我想未来的中国文化大概会具有几个特征：第一，它必然是继续努力解释人类面对的世界，继续努力解决人类面临的问题；第二，中国文明所以成为人类历史上几大文明之一，乃在于它海纳百川的开阔气质，将来它也一样会继续兼收并蓄的；第三，中国文化对于自身主体性一直非常坚持，我们接纳外来文化，但会让外来文化经历中国化的过程，而且事实证明中国文化也能做到。

张晓峰

　　我对樊舟老师论及的几个问题做一些回应。一个人出家皈依佛教有两种状态，一种是被迫出家，一种是主动出家。被迫出家一般而言是在世俗社会遇到挫折和困顿，比如因婚姻、爱情或者躲避灾祸等。主动出家一般而言是有很高精神追求的，如前面提到的弘一法师。弘一法师李叔同在出家之前，在俗世是有很高成就的（中国话剧启蒙者、教育家、诗人、音乐家、书法家、画家、篆刻家），他前半生在俗世中努力的成就不可谓不高，但看不到希望。这是他出家的精神动因——获得灵魂的解脱。人啊，其实在人生经历中需要宗教的介入。恰当的时候打开这扇门是幸运的，也是圆满的。可又有一个问题，如果一人从孩童时期接受宗教的教育，那么他的人生在现代社会的场域里是否合适？两位老师是怎么样看待这个问题的？

　　张军民：出家，在藏地就很正常，一家好几个孩子，作为藏民来讲，若有一个孩子出家，父母很开心，他们深信按佛说七世父母都要得他的恩惠，所以在他们那里，出家是一种福报，光荣的事。这两年，汉地也有的一些人会去藏地出家，甚至有的也让自己10岁左右的孩子在那出家。

　　佛法讲究缘起，所有的做法都有不确定性。刚才讲的，现在国家已经规定，在藏地不允许他们这么小就到寺院里面去，但仍然有的家长把孩子送到寺院里面去，这是它的一个传统。

　　就是刚才晓峰老师说到，佛教是信仰，从我的知识范围来讲的话，或者你真正去深入理解佛教所宣说的这些真实的东西的时候，你会发现不能说佛教是信仰，张老师是在国外留学的，信仰这个词叫"religion"，"religion"里面一定要涉及造物主，还叫阿拉，无论是真主、上帝，这个世界是他们创造的，佛教不承认有一个造物主创造了我们，所以说从这个意义上讲，佛教不是符合西方意义上的"religion"的特质的。如果说一种信任，信赖它就信仰的话，那么实际上我们每个人都有他所信赖的，比如说我们相信科学，那你能不能说科学是我们的信仰呢？这不一定。如果你对科学不相信，你没有法去开车，你不敢开车，你不敢坐飞机，正因为我们对科学有信赖，有信任，所以我们可以去坐飞机，我们敢坐飞机。光从信任这个成分来讲，如果说具有信任这个特征，它就是宗教的话，那么所有一切我们信任的学说都成为宗教了。宗教有特殊的地方，就是说它相信这个世界的原创，这个世界是谁创造的，所有的宗教，印度的宗教，西方的宗教，它都有那么一个所谓的原创者，叫 God 也好，玉皇大帝也好，盘古也好，相信有这么一个原创，相信有原创的这一类可以归为宗教。

佛学不承认有原创，也不迷信任何的造物主，佛要求我们彻底去认知真相，这些出家跟着喇嘛们的孩子们，他们跟着在学什么呢？就刚才这位樊老师说的"五明"，"明"就是明了、觉悟，去除我们内心中的愚昧、无知，佛所要干的就是这件事，彻底地恢复我们内心中的觉性，那种明了，明明白白地看清楚世界，清清楚楚地看我们自己，这是佛学的根本，它和 religion 没有关系。而且佛说：你不能相信我的话，你要把我所说的，你要想明白是不是这样子。佛的原音叫佛陀，佛陀实际是"浮屠"音译过来的，这个"佛"就是觉悟者，它从哪里觉悟？就是从"愚昧"中觉悟，从"错觉"中恢复正觉。佛说我们看的世界是错觉的世界，比如，我们看到的地板是静止的还是运动的？电子在转，所有粒子在转，而我们看到的是静止的、一动不动的地板，这是我们的一个错觉。一个静止的影像，实际如腾跃的云雾般，我们看不出，认为它是静止的，佛说这是一个错觉。

我们有很多错觉，比如有孩子的女人经常说，"我生了我的孩子"。没有老公怎么能生孩子？老公和老婆能生孩子吗？应该可以。这要看你把它放在哪里，放在毒气室？放在万米高空？不能！因为它和气温、空气、营养等许许多多的外在条件都有联系，从这个意义上讲，生孩子是因缘和合的法，是很多条件具备才能产生的法，这就是佛说的缘起性空。你找不到一个点，把这件事的功德归到它身上，不存在这样一个独立的事物。

科学的研究，科学分析都已经假定有这么一个独立的事物，这个东西是一个刚体，具有唯一性，具有稳定性，在这个基础上你才去研究它的规律和特征。实际上佛说了，不存在这样一个东西，世界上不存在唯一的、不变的任何一个事物。所有事物全部是缘起的，就是由很多很多元素产生组合的现象，被我们当成唯一的现象。

西藏的家长将他们的孩子送去学什么呢？就是让他们学习认识自己心的本来、心的本性、世界的本质。

另一个是关于伦理。宗教涉及伦理，在所有的宗教都讲伦理，佛学里面讲伦理是基于对真实的理解，也就是说伦理是符合真相的，比如世俗中我们说的因果，佛经常讲因果，佛的伦理是在因果律的基础上建立的，因果的基础上是什么呢？就是这些事件是多种条件产生的，是聚合的，但这聚合的推动是有规律的，就是因果规律，同类因生同类果，前前因生后后果，善有善果，恶有恶果。你种西瓜，收不了稻子。你想得到快乐，你要种快乐的因，才能得到快乐的果。如何能得乐果呢？只有善因才能得乐果，所有的善有一个重要的特征就是无害，不会伤害你的人，我们会认为这个人是一个善人，这种人更具有不被害，更具有得到被利益者的善意的回应。你给予世界什么，终究得到世界等同的回应，因缘法的特征就是这样的，所以说佛的伦理是基于它对因缘法的深深的体悟，没有什么法可以超越这样的因果规律，在这样的基础上，是自然地选择了伦理，自然地要去做一个好人，自然地要去做利他的人。因为你利他，相当于释放出去一种能量，这种能量一定会以同样的方式反馈回来，这就是因缘的规律，它不是说硬要我们去遵循一个伦理，因为这种伦理一定会带给我们好的结果，才自动选择伦理。西藏人把孩子送去寺院学做人，学做一个具有正知正见的人。

张晓峰

我想对军民老师提一个问题。清末徐世昌在《韬养斋日记》中有一名言：世界上有三种有志之人：一为有志仙佛之人，一为有志圣贤之人，一为有志帝王之人。求为仙佛之人则国弱，求为圣贤之人则国治，求为帝王之人则国乱，世之操治化教育之权者阃审诸！刚才听两位老师的讲解，如果把徐世昌的话语放大到整个社会，佛学强调的是内心自治精神满足，是不是会削弱社会力量，这是我的一个疑问，两位老师如何看待这个问题？

张军民：关于晓峰老师说的什么时候接受这种教育的问题，从佛法的角度讲，因缘决定，每个人不定，没有一定什么时候。你看活佛只要找到了，马上有那么多老师去训练他；像大宝法王，8 岁找到他，给他教英语的是顶级的英语老师，教汉语的是顶级的汉语老师，教佛学的是顶级的经师，他就迅速地进入了最顶尖的佛法殿堂，活佛就是属于特训。

接受佛法教育，因人而异，因条件而异。再者，从根本上讲，如果我们的教育里缺失了自我认知的教育，这个教育本身就是残缺的。我们干了很多事情，我们不了解我们自己，不知道我们自己要什么，不知道我们要干什么，这样的教育就是糊涂的教育，我就是受这种糊涂的教育长大的，我这种糊涂是因为内心有很多生命的困惑。但没人给我所要的教育。我很小的时候发现自己在兴趣方面和同学有不同的部分，对哲学，对生命的思索的部分和其他的同学是显然不一样的，但从我现在回想的人生过程中，我觉得更早地接受爱的教育和爱这种爱的教育，接受智慧的教育和爱这种智慧的教育越早越好，但是我们现在很多父母，本身自己的爱就很残缺，除了爱自己。自己的智慧也很残缺，没有更多地学习。所以说，从科学和佛学的一个相通的部分，我觉得爱智慧这点是共通的。再就是，对爱的爱，是这些宗教里面所带来的，这点如果没有，我们活着，就看活到哪一天你能活明白了。我们今天的教育看到我们身边最缺什么，有一种无能就是爱的无能，爱别人的无能，爱自己的强盛，这是最典型的，这个世界最后靠我们创造的科学技术为什么没有给我们带来幸福？就是缺乏了这种爱的力量，所以这个在佛学里面是一定有解决方案的，在科学里面就不一定了。

张晓峰

我想接着军民老师的话题再深入下，科学技术在某种程度上延伸人类器官的功能，同时也增强了人类的欲望。从我个人的体会来讲，当建功立业时即建功业，中国文化精神里的佛、儒、道其实仅是一墙之隔，随着个人修为和人生阅历的递进，恰当时机打通这层隔墙，能使人生延伸得更远更深，这是我的第一个观点。刚才军民老师讲的，视因缘而定即是这个意思。科学在解决人类社会外向性的问题作用更加明显（尽管有残缺），宗教在解决人内心归宿问题时更贴合。我小时候生活在回族聚居的地方，有次机缘和回族宗教人士聊过一个话题——回族为什么不能外嫁汉族的问题？阿訇是这样回答的："你想过一个问题没有，如果人完了（回族对人去世的叫法），到底给其贴一个什么标签呢？是按你们汉族的葬礼去安排，还是按我们的回族的葬礼去安排呢？"这让我当时无言以对。伊斯兰教义里训诫信徒不许抽烟、不许饮酒，但我见到有些回族青年年轻时候，既抽烟又喝酒，但到一定年龄的时候（开始思考死亡问题的时候），他们有完全不同的表现。早晚去清真寺礼拜，如果在家里没有时间赶到的话，还要向清真寺的方向去做礼叩首，从中映照出的虔诚让人安静。人的一生是有阶段性的，首先要面临生存问题，解决了这个问题之后，你会发现马上又会有另外问题出现——精神问题的凸显，如果得不到很好的安排，会出现很多问题。从这点讲科学有其局限性。最后请樊舟老师对科学和佛学终极意义做一个总结性的阐述。

樊舟：刚才张老师的谈话涉及两个问题，这两个问题我也特别想回应一下。一个是"祛魅"的问题。祛魅这个词，首先是马克斯·韦伯说的，英文叫 disenchantment，祛魅的问题实际是牵扯宗教存在的意义、存在的价值和底气的问题，祛魅实际是去掉宗教的神秘化。我们知道，从孔德、维也纳学派之后，科学实证主义特别强大，它认为一切都应该放在科学实证的逻辑之下去判断，如果这么判断的话，比如拿佛教来讲，实际上我们说佛教的十重境界"六凡四圣"，圣者的境界是没法判断的，我们说到佛的时候，我没办法把佛请到这里来跟大家见面，然后再跟你说佛存在，这怎么说？这也是"形而上学"的一个基本问题。有一部儒家经典叫《大学》，讲

"三纲八目"，讲"大学之道，在明明德，在亲民，在止于至善"，这个结论是怎么来的？为什么大学之道是这样的？它是一种自证自明，不是像科学的那种推理。这是第一个问题。

第二个问题，刚才张老师讲到出家的年龄问题，这对佛教界也是一个非常严峻的问题，在汉地实际上是很严重的，因为按说出家是一个非常理性、冷静的选择，但如果你只是一个孩子，你能做这样的选择吗？你是没有办法做的。如果是独生子女，家长会愿意他出家吗？这都是问题。为什么现在佛教僧才非常缺乏，一部分原因也在这里。再回应刚才张老师谈到的另一个问题，就是科学的目的、科学的精神和宗教的目的与精神。这里我想提一个词，"终极关怀"。这个词是一个神学家叫蒂利希提出的，大家应该知道。佛教有一部经叫《法华经》，它讲过"佛以一大事因缘而生于世间"，为什么有佛？因为有一个原因，佛才来到世间，什么原因？就是生死问题。我们假定科学可以解决我们活着的时候的所有问题，我们仍然要面对一个问题，就是人必须死亡，这就是蒂利希讲的终极关怀的问题。如果我们能够非常开心地接纳只活一世，死就死了，这样我们也无所谓有终极关怀；反之，如果一个人觉得是不是还有前生后世，在想这个问题的时候，其实宗教就有了。这个不光是说我们一般人，科学家也要面对这样的问题。刚才张老师讲，为什么牛顿最后还是成了基督徒，为什么爱因斯坦有那么深的宗教情怀，原因很简单，因为他们也是有终极关怀的。

这么说，就牵扯到佛学与科学的关系，佛教至少可以提供一种情怀，因为佛教讲普度众生，如果说有这样的情怀去做世间的善事，去做科学家，是不是可以做一个更好的科学家呢？反之，科学对于佛教来说也是可以成为一个助缘，比如我们现在来讨论佛教，我拿的这个麦克风，这是科学提供的，如果没有科学，麦克风就不会有。一个法师到远处去讲法，像今天是世界佛教论坛在无锡开幕，全世界的重要佛教人士都去了，大多都是坐飞机去。试问没有科学，哪来的飞机呢？因此说，不光是佛教，谁排斥科学都无从排斥起。

另外还有一点很重要，刚才张老师问，佛教是不是真的可以成为我们这个社会昌明、发达的助力？还是成为社会的一个障碍？这个问题非常重要，可以从大乘佛教所持的"三聚净戒"来说，即摄律仪戒、摄善法戒、摄众生戒。三个戒，三个层面，最高的层面摄众生戒，也称为饶益有情戒，就是要自利利他，普度众生。这是大乘佛教对佛教徒的一个基本要求。抗日战争的时候，太虚大师就曾组织僧兵参加抗日。佛教不是不可以杀生的吗？为什么要组织僧兵去抗日？原因很简单，他也是要拯救人民于水火。也就是说，世间对于佛教徒来说，不是另外的一个存在，而是与你一体，是成佛之所必备。我们都知道六祖大师讲过，"佛法在世间，不离世间觉，离世觅菩提，恰如求兔角"。离开世间求解脱，是不可能的，世间与出世间实际上是非一非二的关系，一个真正的大乘佛教徒应该活在世间，应该成为世间的榜样。

我们再回到现实，大乘佛教徒真的已经成为世间的榜样了吗？好像还有些差距。这有其历史原因，就拿藏地和汉地来讲，在藏地，孩子很小就可以出家，因为佛教生活是他们生活的一部分，甚至是生活的核心，但是汉地的佛教是山林佛教，寺庙是在另一个地方，它不会在社区里头。原因是什么？我们讲儒释道三家合一，三家和谐相处，但是大家不要忘了，在佛教传来的 2000 年时间里，占统治地位的始终是儒家，而不是佛教，比如佛教和儒家发生冲突，是儒家批评佛教，而佛教从来没有批评过儒家，当年道安法师说过一句话："今遭凶年，不依国主，则法事难立。"为什么？因为佛教不掌握世间的权力，佛教和现实生活实际是二分的，而不是融为一体的。所以这也是历史上汉地佛教的一个真实处境，结果"教在大乘，行在小乘"，因为好多事情是没法做的。但是现在的情况又有所不同，我觉得作为一个大乘佛教徒，应该更多地参与生活。为什么不可以做一个更好的医生、更好的律师、更好的法官、更好的官员呢？如果你是一个佛教徒的话，我觉得非如此不可，因为这样的话，才是行菩萨道，才是普度众生，也才能够有一个更良治的社会。

张晓峰

刚才樊舟老师对问题做了一些补充，最后的几句佛语让我之前心里面的一些百思不得其解的问题有一些释然。我们今天想表达的话题就是科学的精神和宗教的精神在本质上是不冲突的。科学的传播和宗教的传播，包括佛学的传播，因为社会条件的变化，有时倡导有时限制。科学从本身刚开始创设是种无政府状态，它的体系也伴随着人类的认识进程变得越来越庞大，形成了一个世界——知识帝国。这个知识一旦失控不能自控，而后来人还在不断往这个知识体系里面去填东西，设想下再过几千年以后，你让后来者该怎么学习？比如要对西方文化或科学文化有一个了解，以前的经典全部都得翻一遍，人生短短几十年，该当如何？科学和宗教精神自带劝诫，它们两个之间互相协调而生昌明，而不应该是一种狭隘的误解和偏见，这中间就需要拿捏一个度。对于个人来说，要有一定的修为，修为到了自然拿捏得当，从而获得个人的人生幸福。接下来是提问环节？

听众：我是研究一些文化的，我认为科学是要把人类推向毁灭，佛学是来救我们人类的。霍金叫我们警惕两个：一个是外星人，外星人过来可能会把我们人类毁灭；第二个是人工智能，因为我们的科学进步了这么多年，发展了这么多年，但是人类的道德是不是越来越坏？因此，我的观点是科学是毁灭人类的。

张晓峰

科学技术必须得到有效的约制。霍金先生的经历我是比较熟悉的。剑桥大学物理学博士，中年得了卢伽雷氏综合征，言语行动均不便。剑桥大学专门为其修了剑桥小道，以方便霍金出行（对其科学成就的尊敬），其语言只有加州大学专门研制的计算机读得懂，他的科学成就代表着当世人类智商的最高水平，然其人生是痛苦的。如果科学得不到宗教很好的调节，人类的终极命运会是怎么样的，是很大的一个问题。

张军民：你的观点中我有认同的地方，也有我自己理解的地方。

第一个，从我所理解的世界的毁灭，佛讲到过宇宙已经历过 N 多次的毁灭与再生，我们这一劫人类仍然要经过成、住、坏、空，最后这个世界是一定要毁灭的，这是佛跟我们讲的。但是佛说毁灭的因不在于外，几乎是说不一定是科学来毁灭，毁灭的根本因是我们的恶业，人类共同的恶所产生的这种效应让我们毁灭，能不能把它归到科学上去还是值得考虑的。大家有兴趣可以看《大圆满前行引导文》，专门讲到了我们这劫人类毁灭的过程。但是佛法指出的最核心的毁灭的因不是外在，比如说科技是外在的，它本身不能毁灭人类，人类的恶心、恶行、恶业是人类灾难与毁灭的根本。单方面把因归到科学上，可能不一定合适，因为佛法讲诸法因缘生，因缘生所形成的恶的结果的根本因是我们自己的恶业。谁遭遇那种毁灭，是我自己恶业作为种子，因缘和合共同产生的结果，诸法因缘生的核心就是不能单一地归因，要单一地归因实际上违反了因缘所生法的本质。多体、多元的，实际上是一个无限关联的要素产生的，如果简单归于科学可能对科学不够公正。要归直接的根本因，只能说是人类的不善心行。

听众：三位老师好，非常感谢三位老师，今天晚上听到了三位老师的讲座，收获很多。我是佛学文化和西方哲学文化的爱好者，我一直有一个小的困惑，有三个问题，想分别请三位老师简单解答一下。第一个，关于无我和自我，哲学和佛学有一个共同的概念就是"我"，佛学更加强调无我，而哲学更加强调自我，所以我想请两位佛学老师和张教授分别谈一下，从科学和佛学的角度谈一下什么叫无我？什么叫自我？第二个问题，关于轮回，因为佛教有很多教法包括理念也好，都跟轮回有关，想请两位佛学老师谈一下轮回的观念，再请张教授谈一下，科学是否支持轮回的概念。第三个问题，请两位佛学老师回答一下，悖论的问题，佛教既然讲无我，那么何者轮回？

张晓峰

你提出的这几个问题很专业也非常有水平，我先从西方哲学的角度回答对"我"的认识。哲学有一个认识主体和客体的问题，因认识主体划分为两种：唯心与唯物。通俗地讲，从主体（我）出发，有一个思维的世界、一个现实世界、语言描述中的世界，这三个世界均是通过我（主体）的心感知到，从我的主体出发对于每个人来说，不可能把地球的每一个角落都走遍，所以现实世界很难得全相。所以便有语言和想象中的另两个世界。前者属唯心，后者属于唯物。唯心我（主体）强调感知，即我思故我在。从科学认识上讲，一个客观物体不管你认不认识，它都存在。这是西方科学里面对于认识的主体和客体的问题。客体对主体的不变化性叫科学的解释，不因人的主观意志而变化。所以它能从外统一人的认识，而不存在认同与否的问题。唯心往往是文学、艺术等方面的主要思维方式。人类目前掌握的科学技术比较高，但是历来对解释终极问题来说还是乏力的。这是我简单从西方的哲学史和科学史对你的"我"和认识主体的一个解释。其他的两个问题先由两位老师来回答。

樊舟：你刚才的第一个问题是无我。"无我"是佛法的"三法印"之一，"诸法无我"，所以它是佛教的核心，任何一个佛教的教派，在任何一个时代，教法千变万化，但"无我"是变不了的，因为它是法印，是衡量你讲的法是不是佛法的一个基本准则。"无我"的翻译到现在也有一些不同的理解，以前"无我"用英文讲是"no self"，没有自性，现在在学界还有一个翻译叫"non self"，"非我"。佛教的无我理念是来自佛陀的一个发现。在佛教出现之前印度已经有一个教——婆罗门教，6—8世纪改革的时候成了印度教。婆罗门教讲两个我：一个大我，梵天；一个小我，阿特曼。佛陀就发现，大我梵天并非是我们的主宰，小我阿特曼也不是恒常不变的。刚才我讲龙树菩萨的八不中道，其中第二个"不常亦不断"。佛教认为，如果认为我们现在活着，但将来死了就没有了，这叫"断见"；如果认为我们有一个恒常不变的灵魂，这叫"常见"。这两种见都是佛教反对的。大家看佛经会看到一个词叫"无记",当时有人问佛陀 10 个问题,佛陀没有回答。其中有四个问题是:"如来死后有?如来死后无?如来死后既有又无?如来死后非有非无?"就是问佛陀在圆寂之后的四种可能性,佛是不答的。为什么不答?因为这四个问题回答任何一个都会堕入一种偏见,即在凡夫的逻辑之内,而真正的真理是超越这个逻辑的,难以言说。他怎么告诉你?他用他的行动,他是怎么修的。学佛不光是听佛怎么说,还要看佛怎么做。佛陀在圆寂之前,讲过一句话,他说:"我不摄受众,亦无所教命,汝当自依止,法依止,莫异依止。即应依四念处而行。"我不是教主,更谈不上下达什么命令,你们应该相信自己,依照佛法而行,从而走向解脱。这是你问的第一个问题。

第二个,轮回。轮回的观念不是佛教固有的观念,它是从婆罗门教继承的观念,婆罗门教已经有一个轮回的观念,当然跟佛教是有区别的,早期的佛教实际是五道轮回,后来增加了阿修罗道,变成了六道轮回。佛教的观念是来自佛教讲的因果律。科学也讲因果,但是佛教是讲三世两重因果,有过去生、现在生、未来生,如果只有今生的话,这个因果是不存在的,因为报应是不存在的,比如我是个坏人,但是我安全躲过了所有的惩罚,我能够善终,我死掉了,报应在哪里呢?为什么佛陀是可以成佛,是因为他修了好多好多年,三大阿僧祇劫,才成的佛,如果只有一生一世,这怎么可能?但轮回的问题是一个超越现实逻辑的问题。比如我们讲释迦牟尼佛圆寂之后,下一任的佛陀是弥勒佛,而在释迦牟尼佛和弥勒佛之间隔了56 亿 7000 万年。在这个时间,谁是娑婆世界的代理教主?是地藏王菩萨,这么长的时间,我们怎么知道的呢?这就是宗教超越现实逻辑的地方。我想你应该大致了解轮回的意思了。谢谢。

张军民:佛法一点都不玄妙。佛法根本的教义是人无我,法无我。什么叫人无我?先要知什么叫我?我们在说我的时候,我昨天在哪里,我今天在哪里,我明天在哪里,从时间上,我们的概念中,有一个从生下来到今天都没有变过的我,这是时间上我的特性,时间上我的恒常性。另外,你坐在这里,我坐在这里,你是你,我是我，空间上的唯一性、独立性。这种自认为有一个恒常、独立、唯一的自我感觉，就是我们所认为的"我"的特质，所指的是我们身心。我们内心中有一种感觉，这种感觉是什么呢？从我生下来来到这个世界上，一直是我，这是一个错觉，佛说的没有这个东西。

如果第一天生下来是你，第二天还是你，你永远就是这样子，40岁的你和1岁的你，从身心各方面说完全不是一个人，实际上没有一个时间上唯一的"我"，这是一个层面的无我。空间上也不是唯一的，我的身心可以分解，我的身心所占空间可以被分成很多单元，没有一个空间上独立的我，这是另一层所谓的无我。可是，你看我一指你，你就知道，我在指你，你就把一堆东西当作是我了，这是一个错觉。"我"是我们没有进行观察，把我们身心当成我的假象，是一个错觉。我们人就活在本无我而以为有我的错觉里面，被称为颠倒众生。把这个身心当作是我，在运作着我的人生，执着这个我，这就是我们的苦难的根本，这是关于"无我"和"有我"。

为什么佛法说有轮回，很多人认为我们的大脑产生了我们的意识，我不知道晓峰老师学的哲学是不是这样的，佛法不是这样认为的，我们的身躯是物质性的东西，物质性的东西是无情法，它本身无觉知与思维的能力，就像电脑的硬件，电脑的硬件是无情法，电脑起作用要依靠软件。硬件和软件是两类系统，相依而产生作用，绝对不是单依电脑的硬件产生了电脑处理的结果。电脑的软件程序与硬件来源于根本不同的两类，这是完全不同的两个序列。从这个意义上讲"身"和"心"是两个东西的组合和匹配，相互依赖而共同起作用的。

有人认为大脑产生了意识，这是不对的，就像有人认为电脑硬件产生图像一样是错误的。硬件的来源是物质性的，软件来源是意识性的。它俩不是一个产生另一个的关系，而是两类东西相依存的关系。身体是物质性的无觉知的法，它的觉知靠意识而起作用。不是身体产生了意识，也不是意识产生了身体。轮回是说我们前世最后一刹那心识，如磁感应般进入受精卵而开始今生。意识不是大脑产生的，今天的意识来源于昨天的意识，今生的意识来自前世的意识。轮回？你有没有昨天？有。昨天就是你今天的前生，今天即是你昨天的轮回。道理是一样的。

张晓峰

　　如果从科学本身的角度去解释刚才两位老师从佛学上解释的东西是解释不通的。轮回从遗传学上讲，比如你看到你小孩的童年，你可能会想到你曾经童年是什么样子，这就是一种方式。还有一种，就是西方有一个谚语，"太阳底下没有新鲜的事物"，一切历史都是当代史，比如人活着一世，不论是伟大的帝王或是普通民众，在历史的过程中都灰飞烟灭，最后都化作渔夫和樵夫的笑谈。存在笑谈中的有丰碑、有唾骂声，从轮回的意义上讲这就是记忆的轮回；他们都在人类文化的记忆里。教育不断在强化这种记忆——惩恶扬善。这种传承就是一种轮回，这个轮回里面的善的因子越强，就能给我们带来希冀，反之则是绝望，这是我从另外一方面对轮回的解释。由于时间关系，本次话题到此结束，谢谢大家！

南书房夜话第二十八期
——佛学与人生

嘉宾：法广法师　王春永　樊舟（兼主持）
时间：2016 年 1 月 9 日　19：00—21：00

樊舟

　　大家晚上好！好几个星期以前，我跟另外两位朋友在这里做过一个对话，主题谈的是"佛学与科学"，今天我们来谈谈"佛学与人生"。简单介绍下两位嘉宾，一位是法广法师，一位是王春永老师。法广法师是中国佛学院的研究生，他主修的是禅学，曾任中国佛学院的培训部主任，并担任中国佛学院本科的禅宗学课程教师多年，现在是韶关曹溪佛学院的副院长，同时还是我们深圳东山寺的当家。他是一位真正有学有修、解行相应的法师。王春永老师是一位作家，对传统文化研究多年，对易经、阳明心学都有很多的研究和心得，也出过很多书，包括《佛法改变活法》《庄子 100 名言》《图解周易》，等等，其中有一些还翻译成了外文。这两位嘉宾一位是法师，一位是居士，让他们两位来对谈佛法与人生，可谓因缘殊胜，相得益彰。我本人的情况也大致介绍一下。我目前在担任一本传统文化杂志的总编辑，我自己的研究方向也是传统文化，但主要在佛学方面，硕士和博士都做的是佛学研究。

　　我记得很多年前大家都在感慨，说我们这个社会出问题了，出现了严重的信仰危机。但是最近这些年，大家的感慨似乎少了一些，而且，我相信大家也能感觉到，周围有一些朋友都有了宗教信仰，无论是佛教还是基督教或其他宗教。我这里有一组数据：2010 年 7 月 26 日，"中国宗教的现状与未来——第七届宗教社会科学年会"在中国人民大学召开，美国普度大学中国大陆宗教与社会研究中心在年会上公布了一份调查数据，数据显示，在中国内地，佛教信仰者人数在人口比例中最大，大约占18%。中国人口目前约为13.68亿，除去未成年人，约为10亿，而佛教徒人数约为2.3亿，那么，佛教徒人数几乎超过中国成年人口的1/5。这些信众可以分成三类：第一类是精英阶层，包括佛教界、学术界、文化界和艺术界，当然还有教育界的。第二类是实力阶层，指的是一些企业老板等。第三种当然就是草根阶层，这个就可以看到佛教对我们中国社会的影响深入到了社会的方方面面，是一个我们必须面对的巨大存在。我们还能看到，佛教的存在对我们这个社会有很大的帮助，包括抚慰心灵、消除烦恼、指导生活等等。我相信这些益处，学佛的朋友们自己会有体会。

那么，在现代化语境之下，古老的佛学与现实人生到底有什么关系？佛学到底能带来什么样的帮助？佛学是否能真正开启我们观照人生的另一个视角？我希望今天我们从宏观、微观的角度，来综合地探讨一下。我们知道，佛陀29岁出家，35岁成道，随后直至涅槃，说法45年，讲四圣谛，讲十二因缘，讲中观、唯识、如来藏等等。我的第一个问题想请教法广法师，佛法是怎么看待人生的，可不可以从佛法的基本教义来探讨一下？

法广法师：今天非常欢喜，到这个平台跟大家分享和交流。首先我稍微纠正一下，刚才樊舟老师介绍时说我是中国佛学院培训部主任，我是副主任，不是主任，所以要纠正一下。刚才樊老师提到佛教基本教义跟人生的关系，应该说佛教虽然是宗教，但实际上和我们的人生特别切近，佛法的基本定位就是服务人生。佛法虽然呈现出种种色彩，千变万化，千姿百态，光辉灿烂，但实际上可以说都是围绕人生来展开的。像"四圣谛"是佛教的基本教义教理，就是紧扣人生而来的智慧教导。四圣谛即苦、集、灭、道。当年释迦牟尼佛刚成道时，他对人生的谛观、对世界的看法，就是四圣谛。怎样重新审视人生，怎样重新面对世界，怎样重新打造人生、开展生命，他就是借助四圣谛来引导有缘者，来跟最初的学修者分享的。后来佛法不管怎样地变化和怎样地发挥，都可以说是根植于四圣谛的阐释和解读。这里面，"苦"指的是人生是苦。佛法说人生是苦，这并非否定我们人生有很多的幸福、很多的快乐、很多的享受，不是这样的意思。因为幸福和快乐已经不需要多谈了，也就是说这个"苦谛"是要面对人生中、生命中所出现的问题，如果你已经做得很好，已经生活得很好，那就不需要再多此一举，所以这个"苦谛"是为了告诉我们人生中还存在种种的不良状况，种种纠结，种种缺陷，种种让我们很不满意、很不舒心，甚至很崩溃的东西，也可以说，"苦谛"是要指出人生所存在的麻烦问题。接下来就是"集谛"，"集谛"是要告诉我们为什么会产生这样那样的问题，你人生出现的种种郁闷情况是怎么来的，这就是"集谛"所要告诉我们的。当然了，每个问题也许有每个问题的特别情况和原因，但是佛法更主要是从根源上去追溯。它会追溯到我们的人性和人心，认为我们缺乏智慧，不能够让自己的生命契合真理、契合大道，心中有种种负面的情绪、有种种夹杂、有种种污垢，从而衍生出种种的问题，乃至导致各种烦恼和痛苦的产生，所以"集谛"就是要告诉我们为什么会出现问题。接下来，"灭谛"是告诉我们问题解决了，生命能够获得解脱，得到一个非常美好的境地，得到超然美妙的状态、豁然开朗的状态，这是"灭谛"所要呈现给我们的无比殊胜的理想人生境界。而"道谛"则是要告诉我们，怎样来解决这些问题，才能使我们的生命挣脱烦恼痛苦的枷锁，脱颖出来，达到这种自在无碍，达到这种真正的幸福、真正的快乐、真正的自由、真正的升华，这就是"道谛"。也就是说，告诉我们通过怎样的方法和道路走出阴影，走向光明。大体来讲，佛教对人生的基本定位，首先是承认生命存在一些欢乐、一些幸福、一些享受，与此同时，确实也存在太多太多的问题，需要我们来重新面对。实际上，若从生命的根本点来讲，就算我们目前生活得似乎非常美好，如果你加以更深层次、更高层面的审视和谛观之后，就会发现，我们对生命的理解与把握是非常含糊的，正所谓来时糊涂去时迷，生命存在太多太多奥妙，人生存在太多太多考题。佛法认为我们的人生实际上存在很多问题，只有通过相应的方法才能够得到有效的调整、改造，而且佛法认为，只要我们愿意，只要我们善自珍惜、上进努力，那么真实不虚地，人生是可以比现在更上一个台阶，乃至臻达更高的层次。为此，佛教还特别强调，那就是众生皆有佛性，我们与生俱来都拥有一个非常美好的特殊本质，都拥有不可思议的真性与美妙潜能，只是你迷失了，若通过相应的比较合理的训练、比较如法的调整、比较正确的打造和打磨来重塑生命的话，我们的人生定会变得越来越美好，越来越上乘，甚至可以到达佛菩萨那样大觉圆满的状态，而且整个社会也将因为我们个体生命的转变而转变，从而整个世间会变得越来越和谐，整个世界将变得越来越美好和殊胜，也就是"净土"的世界了。所以说佛教的基本教义"四圣谛"，就是牢牢围绕人生而来的教导，它告诉我们，人生存在很多欠缺，但是我们也存在转变与提升的可能，以便帮助我们走上去，使人生更加光明，生活更加有质量，且因个体生命的转变，整个社会也变得越来越美妙，整个世界变得越来越清净和庄严。

樊舟

谢谢法广法师。佛说，人生八苦，除了生、老、病、死四苦之外，还有爱别离、求不得、怨憎会、五阴盛这四苦。我们也许不能从本质上去理解苦，但至少对苦感有切身的认识，比如爱别离，比如求不得，这些大家或多或少都经历过。法广法师讲到了四圣谛，其实就是告诉我们，人生是存在这样那样的问题的，问题是可以解决的，而解决问题是有方法的。下面请王老师也从他的角度谈一谈。

王春永：我补充一下刚才的话题，刚才法广法师讲得很好，实际上佛法是怎么看待人生的呢？就是四个字，人生是苦，这是本质的，刚才法广法师已经讲了。但是我相信在座的朋友和很多人，对这四个字是有误解的。为什么那么说呢？

一说人生是苦，好像人生就没有什么乐趣了。其实佛法讲"人生是苦"是分三个层次的，我们在现实生活中感受到的肉体和精神的痛苦，只是三个层次的一个。三个层次分别是什么呢？叫苦苦、坏苦、行苦。"苦苦"就是我们精神肉体现实的痛苦；还有一种

"坏苦"，就是我们看到自己喜欢的东西，拥有了自己心爱的东西之后，没有办法一直拥有下去。比如说我现在心情很愉快，但是很快遇到一个事情，就没办法保持我这种愉快的心情，这也是一种苦；后面一种"行苦"，就是说迁流变化之苦，也是不能主宰之苦。我们在世间，总是受到各种因缘、各种条件的限制，没有办法把我们想要的留在身边，不要的扔得远远的，这是一种无奈。

所以说，补充一下法广法师的说法，人生在佛法看来就是一种无奈，这个和大家认识的现实和精神的肉体的痛苦，还是不一样的。这个要更全面地去认识。谢谢。

樊舟

《阿含经》里面有一个小经叫《起世经》，《起世经》上说，人类原本不在我们现在生活的地方，而是来自于光音天。佛教将世界分为三界：欲界、色界、无色界，光音天就是色界二十二层天的第八层，属于二禅天。这有点像说人类的祖先是外星人。佛经里还有一个词叫"三千大千世界"，佛教认为，一日一月所照射的世界为一个小世界，一千个小世界为一个小千世界，一千个小千世界为一个中千世界，一千个中千世界为一个大千世界，称为"三千大千世界"，总之是一个非常广大的空间。而在时间上，佛教有"劫"的概念，一个小劫是1600多万年；20个小劫是一个中劫，大约是32亿年；80个小劫是一个大劫，大约是128亿年。可见佛教有自己的世界观。这方面请王老师谈谈。

王春永：谈到佛教怎么样看世界或者说佛教的世界观，首先是两个字，就是缘起。

我们这个世界是怎么形成的？因缘和合。为什么这么说呢？是因为佛教认为，这个世界上一切东西都不是自己生出来，也不是自己灭掉的，而是有种种的因缘条件聚合而成的，在佛法里面叫"四缘生诸法"。我们所看到的、听到的、接触到的世界上的一切，在佛教里面称为"法"，四缘生诸法，它里面有因缘、所缘缘、增上缘，还有次第缘。这样呢，实际上佛教的世界观是一个新的观察世界的角度，就是观察事物或者世界背后的缘起，观察背后的因缘，可以让我们更加清醒、清晰地去看。关键就是两个字，"因缘"或者"缘起"。

其次，佛法看世界，还有两个字叫"假象"。什么叫假象？就是说，佛法认为我们这个世界，我们所看到的、摸到的、听到的，并不是这个世界的真实存在。在佛法里面，有一个很著名的论叫《唯识三十论》，这是唯识里面的经典，它里面第一句话就是说"由假说我法"，就是"假"这个字是世界的本质，不仅世界是假的，我的存在也是假的。为什么说是假的呢？

更多的法理一时也讲不清楚，但是有一个比喻可以帮助大家理解：就好比我们走进一个灯光昏暗的房间，突然间看见墙角有一条蛇，当时把自己吓得要死。但是一开灯，发现那条蛇不过是一条绳子。实际上，这个蛇就比喻我们现在看到的这个世界，因为它是一种假象，是因为我们种种的情绪、种种的妄想、种种的设定，而形成的那么一个假象的世界；那么绳子就代表背后缘起的真实世界，这个需要我们慢慢去体悟，去看到这个真实的世界。所以说它是分为两个层次的，我们看到的自认为实有的世界，实际上是假象。

佛法看世界就是这么两个方面：第一，它是缘起的；第二，它是假象的。

樊舟

法广法师对这个问题有没有补充？

法广法师：简单说两句吧，这是大话题。从世界观来说，就像王老师所讲的，应该说一切佛法都是从缘起来审视的。世界如果从佛教来讲的话，时空都是非常灵动的，没有一个起始点，没有一个边际，这里面只有不断变化不断转换的一系列运动而已。刚才老师所提到的"三千大千世界"，说起来已经是非常巨大的天文数字，可是从佛教的世界观来看也只是一点点罢了。佛教是怎么说三千大千世界的？一日月遍照的地方叫作一小世界，等于就是一个太阳系，然后一千个这样的小世界叫作小千世界，一千个小千世界叫中千世界，一千个中千世界叫作三千大千世界，这样的宇宙空间里可能会出现一尊"佛"，并认为宇宙中有无量无数的三千大千世界，是无边无际的。而且佛教认为时间的长短、空间的大小，也是非常灵动而非绝对的，故有"一劫入一切劫""芥子纳须弥"的超玄说法。另外对外在世间的认识，我这里稍微提一下，像我们现在看东西，确实就像老师所讲的，我们常规下看东西是很难真正去捕捉到客观对象的真实相的。这在佛教唯识体系中，会给我们相应的分析。譬如我们现在看对面的人、物、风景的时候，是借助外在的客体信息刺激之后，从自己内心里再变显出一个相应的影像来，我们最终所认识到的其实是自心所变显的影像，所以虽然有客体的存在，但在常人的认识过程中，却有很大的主观性，是戴着有色眼镜来看世界的，并没有更好地认识到客观真实本身，因此也就造成很多错位。佛教对世间的认识会涉及很多很多问题，这是一个大问题，如果展开的话会涉及太多太多的情况，我就简单说两句而已。

樊舟

佛教讲四大皆空，讲无我、放下、不要执着等等，那么这样的话，会不会影响到我们的进取心呢？从世界范围来比较，信仰佛教的国家和地区，比如泰国、缅甸、斯里兰卡，还有西藏，相对来说比欧美要落后。有人认为，这跟他们信仰佛教有一定的关系。请问法广法师怎么看？如何看待佛教对人生的影响？

法广法师：佛教确实在某些人那里觉得多少会有一些消极，好像缺乏进取，但实际上这绝对是没有更多了解佛教的缘故，或者没有更好学修佛法，只是陷入某个不究竟的层面才会出现这样让人失望的偏差。其实佛教特别强调"勇猛精进"及必须有"善法欲"的。佛教实际上是让人放下一些错误的东西、一些负面的东西、一些消极的东西，与此同时，正确的、该提起的东西，它更加精神百倍地积极提起。正因为他把负面的东西、不合理的东西、夹杂的东西、多余累赘的东西放下了，那么他全体的身心能量、整个世界的正能量才能更加充分地发挥出来，所以实际上是更加进取、更加积极、更加健康、更加奋发向上、更加能够酣畅淋漓地发挥和呈现出种种的妙用功能。当然在运用过程中，可能个人资质有异，秉性不同，理解不一样，学修层次不一样，有的确确实实会慢下来、淡下来，或者有的会在生命的某个阶段、学修的某个节点上出现比较低落、比较消极的状态，但这绝不是最佳的佛法学修状态。至于某个地方、某个国家的文明发展情况是否跟信仰佛教有关系？肯定是有关系的，但是它文明程度如何，实际上这个不能够简单去做评定，你怎样来评判文明是否高超或低下，这是有不同的评价标准的，而且里面涉及很多因素，所以佛法讲缘起，我们不能够简单地看待。不能简单说这个地区佛法比较盛行，然后它不怎么发达，就说是因为信仰佛法而造成这样的消极和落后，我觉得不能这样简单画等号。它有种种情况，说不定没有佛教它会更落后、更糟糕。另外，一个社会、一个地区、一个民族、一个国家、一个世界是否更加前卫、更加繁荣昌盛，不能仅仅从物质层面来衡量，还得考虑它的精神层面。还有，佛教的最终目标、最终理想是"净土"，这是高度物质文明、高度精神文明相结合的理想世界。它所呈现出来的无与伦比的辉煌华丽、庄严美妙的色彩，其目的就是不断鼓励我们、不断引导大家尽量去开启潜能，努力进取以达到更加美好乃至无上高超的文明状态，所以我觉得关键是在于我们是否更好地学习佛教的精髓，更好地发挥佛法的妙用，如果能够真正如法学习、理解透彻、发挥到位的话，佛法绝对是非常积极、非常健康、非常正能量，绝对能够使整个人生、整个社会、整个世界达到非常不可思议的高度的。

樊舟

现在这个社会强调经济属性，前几天大家都在谈股市的"熔断"机制，据说很多股民都有损失。这就说明，财富是牵动人们注意力的一个重要方面。按照一般的印象，佛教似乎是轻视物质世界的，那么，佛教又怎么看待财富呢？请法广法师继续解释一下。

法广法师：财富本身是中性的，并没有善恶之分，善恶之分是你怎样去获取它、应用它，才会造成一些善恶的东西。从佛教来讲，肯定是鼓励大家，你能够以正当的途径去创造财富、获得财富，那是绝对的鼓励和绝对的赞叹，但是需要你用正当的方式。另外就是你获得财富之后，怎么去应用这个财富确实有很多讲究，佛教经典对此有特别关注，特别开示。譬如说，它告诉我们，如果有这笔财富，至少应该分成几方面来妥善安排：首先日常生活所需，家庭生活，日常开销，乃至家里老人都必须有相应的安排，因为佛教特别强调感恩父母，所以必须有部分财富照顾到父母的生活；另外有一部分资金应该继续去投资，去赢得更多的财富；一部分的财富应该适当地做慈善，当然每个人对生命有自己的定位，有的无意于慈善，这也无可厚非，有时候也不能去勉强，因为这是他自己的财富，不过这样的生命格局确实不够广大，而且说实在的，我们有能力去跟别人分享，能够帮助到别人，这个本来就是非常快乐的事情；另外就是要求我们还必须有一部分财富适当地储蓄起来，作为突发情况急需的预备资金，就是说最少必须分为四部分。与此同时，还特别叮嘱我们，如果自己没有把控住，也会造成很多危险，这是从反面的角度告诉我们应该怎样运用自己的财富，如告诉我们不应该酗酒、不应该吸毒、不应该赌博、不应该结交恶友、不应该放纵自己、不应该懈怠不思进取。如果你犯了这些毛病，自己不收住脚的话，最终就算你有金山银山，也不够你挥霍的。所以佛教在这方面确实给了我们很好的教育，问题是我们自己愿不愿意这样去做。若对物质生活方面的追求、对物质生活方面的安排变得更加合理，我们就会变得更加幸福了。

王春永：法广法师讲得很好，对他讲的我总结一句话，不知道对不对，就是大家在看待财富的时候，佛法教我们的是什么呢？一要观察你获得和使用财富的因缘因果。你是怎么得到的？这种得到给你的人生带来了什么？你是怎么运用的？这种运用又给你的人生带来了什么？

在佛经里面有那么一个小故事，就是佛陀带着他的弟子阿难，在外面行脚的时候，突然看到路上一块金子。阿难说，这儿有块金子。佛陀说：毒蛇！佛陀在这儿是不是说这块金子本身就是毒蛇呢？不是的，他是在观察这块金子背后的因缘。阿难当时也不理解：为什么说这块金子是毒蛇呢？佛陀说，好，那我们就看吧。

过了一会，有一对父子走到这里，将金子捡起来了，很高兴，发财了，就带着金子回家。但是这块金子是贼偷出来掉到路上的，很快官府就找到了这块金子，找到了这对父子家，把他们两个抓起来，很快就判了刑。

佛陀这时候就告诉阿难说，你看，我说这块金子是毒蛇，对不对？

这个故事告诉我们什么呢？佛陀不是说金子本身、财富本身怎么样，是好的还是坏的，就像法师刚才讲的，它本身就是无善无恶的，但是背后的因缘要仔细观察、要了解，看看它会给你带来什么。谢谢。

樊舟

根据法师的解释，佛教的财富观似乎可以理解为八个字：理财有道，发财有道，对吗？请问法师，既然财富与佛法不相违背，那佛教里面有没有一些致富的秘籍？

法广法师：如果真的是秘籍就不公开了。其实只要对大家能够有所帮助，佛教都希望敞开来跟大家去结缘，去分享。致富方面，我觉得佛教更多的是告诉我们大的精神方向，以及需要怎样的心地去把握。佛教认为，一个人的福报，跟他是否心胸宽广、行善布施、积功累德有一定的因果关系。至于落到实处，某个门类怎样通过相应的因缘来谛观把握之后，才可以获得这份财富，这可能有很多更具体化的操作了。因为每笔财富的收获，有这方面的因缘，有那方面的条件，都不是那么类同、整齐划一的，它是各式各样、千变万化的，所以更重要的是我们是否有一个更为健康的心态、更为清宁的心智、更为敏锐的眼光，是否有更好的经验，让我们能够更好地去把控住我们所获得的信息，更加精准地抓住机会。我觉得这个是很关键的，否则的话，财富的获得方式多种多样，没有说通过某种方式都可以简单照搬、照抄，都可以获得财富。自己必须从善观因缘中来把握住哪个契机才是比较合理的，哪个契机才是比较适合自己所拥有的资源，这样就不会太过于盲目，力气才能用到点上，而且一方面坦坦荡荡心安理得，另一方面确实可以获得自己梦寐以求的财富。

樊舟

非常好，如果这么说的话，我觉得佛教的财富观跟其他文化体系和宗教体系也有相似之处。我知道，王老师是一直研究传统文化的，佛教传入中国2000多年，佛教传来的时候，做的第一件事就是要处理跟中国本土文化的关系，比如跟儒家、道家的关系，直到后来的所谓"儒释道合一"，当然，并非真正的合一，而是三教的会通及合流。我想请王老师谈一下，佛教和中国传统文化的其他部分，到底呈现怎样的关系。

王春永：谈到佛教来到中国以后，和本土的儒家和道家文化的相互影响，这是分两个方面的。第一个方面，就是儒家和道家很多东西，影响了佛教在我们中华大地的流布，从而形成了今天的面貌。另一方面，就是看佛教来到中国，给我们提供了什么？对儒家和道家产生了什么影响？这是两个方面。

从第一个方面来讲，佛教来到中国，受到了中国儒家和道家的影响以后，实际上到今天已经变成了一个中国化的佛教。大家可以去看一些书都有介绍，就是以禅宗为例，最初传过来的时候是初祖达摩，带过来的禅法实际上是印度禅，但是在它流布的过程中，在它一代一代的传承过程中，很快就出现了一个倾向，就是老庄化、玄学化，这就是把我们传统文化的东西带进去了。

最典型的一个就是禅宗的牛头宗，它的初祖是牛头法融。他提出来的一个观念影响了几个世纪中国禅宗的发展，就叫"虚空为道本"。"道"本来就是中国道家本有的观念，但是法融把"道"这个观念引入禅宗当中，很快就变成了一个流派，而且这个流派后来汇入了六祖慧能开创的曹溪禅，汇入了其中。后面出现了很多禅师说"平常心是道"，这句话怎么来的？这个"道"实际上最早是由法融引进来的，这个就是佛教来到中国以后，固有的这种文化对它产生影响的例子。

另一方面，就是佛教来到中国，实际上也是极大地塑造、改变了中国传统文化的走向。不管是宋朝的程朱理学，还是明朝的阳明心学，都带有深深的佛教理念、义理的痕迹。举一个简单的例子，大家都知道，心学是以王阳明为主的，王阳明的四句教是什么呢？就是"无善无恶心之体，有善有恶意之动，知善知恶是良知，为善去恶是格物"，这是他最著名的四句教，大家去想，无善无恶心之体，这是什么？如果看过一些佛学书的话，大家很快就会想到，他说的就是佛性——本自清净的佛性，它本来就是遍在的（无处不在的）、自在的，而且是自知的，你做什么事情，这个良知，你本自清净的佛性还是在那儿的。这个实际就是吸取了佛学里面的观念和概念，大家去看王阳明的时候，一定要注意他的思想来源，有些从佛学中来的，这对我们理解心学、理解王阳明都有很大的帮助。

实际上在王阳明之前的程朱理学，早就有人给了他们一个定论，就是程朱理学家只是穿着僧衣的和尚，因为他们所说的性命之学有很多是从佛学当中吸收过来的，这是第二个方面。所以说到了明朝后期，在中国思想史上"三教合一"的趋势就开始出现了，一直到今天，儒家、道家、释家就是佛家的思想慢慢地开始合一，有一句话叫作"儒释道本一"，这个趋势仍然慢慢在发展。

樊舟

就这个话题，我也想请法广法师补充一下，因为法广法师本身是学禅宗的，这是你的专业、你的家门内事。我们知道，禅宗是佛教中国化的一个标志性宗派，正因为出现这样的宗派，佛教才真正进入中国文化的主流。那么从这个角度来说，佛教对中国文化到底起了什么样的作用？

法广法师：我觉得不仅仅是禅宗而是整个佛教根本的立足点，都是根植于客观真理来说的，也许每个民族和每个不同的宗教体系、文化体系都有自己不同的说法，但按佛教来讲，真理不是某个人的创设，它就是客观真理，重要的是你是否更好地领会到它，或者你领会到几层，而且你究竟是怎样来表达它，或者怎样来发挥它、运用它，这才出现了差异。所以佛教从古印度传来，当然有许多的转换和变化，但这不是核心的，不是根本的变化。根本内涵因为是根植于真理本身，所以这个是永恒的。到中国之后，适应咱们本土的情况而有所发展，从外国来的肯定有所变化，至少要借用我们本土名词概念做一些翻译和阐述，和本土文化做一些接轨，因此所谓的变化和中国化实际更多的是一些外在的枝末上的变化罢了，内核上永远没有变，它还是来自古印度的佛教，来自佛心、禅心对人生的透视，对世界根本真理这种谛观体证而成就的。所以到咱们中国之后，我觉得佛教一方面从外在形式、外在表达方式上、外在应用上当然会适当地吸收一些本土文化的精华与善巧，借助或随顺本土的表达方式来解读自己呈现自己，但是必须要强调，根本的东西是没有变化的。另外，佛教传来中国，至今已有2000多年的历史，在此过程中不断地融合，早已成为本土传统文化的有机组成部分，已经是血肉与共了。现在若从一些名词概念来讲的话，对我们本土文化，仅凭这点就已经产生很大的影响。记得已故佛教协会会长赵朴初先生曾经说过，如果要完全摒弃佛教文化，恐怕我们连说话都不周全了，因为太多名词术语太多词汇实际都来自于佛教。也许你说我不信仰佛教，我跟佛教没有关系，其实只要你身为中国人，在这个地方生活，那么你自己不自觉，实际上很多概念和理念恐怕都受到这方面的影响，恐怕你脱口而出的一些名词术语就是来自于佛教，而且在此过程中，咱们民族的审美趣味、生活情趣，佛教也对此产生了很深远的影响。你们看宋明山水画，它为什么是这样的作品？为什么有这样的审美趣味呢？其实那里面很多就是来自于佛教的审美趣味，佛教的审美品位，佛教的人生意境、生命境界、生活理想，这是渗透其中的，如果没有佛法的话，恐怕就达不到那样的审美高度和情趣了。另外哲学层面，刚才老师也提到，佛法对中国本土的哲学具有很大的促进作用。后来理学家好多就跟佛教特别是禅宗有千丝万缕的联系，有的就是寺院禅师、高僧的座上宾，大家经常互相谈论、互相学习，也许就在那边参禅打坐，最终实际上更多是借用对佛法特别是禅法的学习吸收之后，再重新解读本土文化。如果我们对佛法有更多了解，就会发现这里面太多内涵实际上只是换一种表达，或者简直就是照搬出来的东西，所以对本土文化如哲学等也是产生了很深远的影响。至于苏东坡、王维、白居易等许多大文豪与佛教的深度结缘，更是传为佳话。还有茶道、香道、花道等，也因为佛教特别是禅宗而超凡出俗，韵味绵长。佛教对本土文化的影响可以说是方方面面的，因为已经渗透融合其中，所以文学、哲学、艺术、宗教，包括民风习俗等有太多太多领域，都有佛教的血液在里面程度不同地流动着。

樊舟

的确是这样。佛教对于中国文化具有非同一般的价值，但另一方面，佛经三藏十二部又非常非常多，很多人想学习，但苦于不知道从哪里着手。就拿禅宗来说，虽然是讲"教外别传，不立文字，直指人心，见性成佛"，但从实际来看，禅宗的书比其他的宗派的书还要多，也就是说，整个佛教的资料汗牛充栋。请问法师，对于普通的学佛者来说，到底有什么好方法，可以得其门而入呢？

法广法师：这里面，禅宗传递给大家的信息好像很矛盾，一方面标榜"不立文字，教外别传"，似乎对文字、对理论都扫荡得一干二净，如果我们看一些典故，甚至会看到某个大禅师怎么在骂人，骂人学习，骂人读经，骂得简直非常过分，有时候甚至不惜用棒打，用脚踢，甚至有的禅师把经典还给烧了，把佛像也烧掉的都有，这真是匪夷所思，怎么可以这样子？但另一方面，就像刚才提到的，如果你去了解历史，禅宗恰好在所有佛教宗派里面，它的文献资料是最庞大、最丰富的，而且整个佛教实际上也是千经万论的，佛教恐怕在全世界的宗教里面是典籍文献资料最庞大最丰富多彩的，所以你这个不是一种矛盾吗？但实际上如果对佛教、对禅宗有一些相应的了解，就知道这绝对不矛盾，它只是不同的侧面、不同的角度来看待问题罢了，这个不是说我们后来禅宗中国化之后，师心自用弄出自己一套东西来，实际上它也是根源于古印度的佛教智慧。在古印度传过来的《楞伽经》里面就强调了"宗"跟"教"这两个对立但又相辅相成的概念。"宗"指的是以你的生命去领会真理，体验大道本身，这个叫作"宗"，它是离言的内证，必须以心灵去领会的。所谓"如人饮水，冷暖自知"，它是什么味道，必须你自己品尝了才明白它是怎么回事，否则你不可能得到真正的了解，所以从"宗"的角度讲，这是难以言传的，只能以心印心。别说大道本身，就是日常生活中我们有时都会觉得语言文字非常苍白，也许你内心有太多太多的感受，但你是否觉得你就很善于把自己内心微妙的感受很好地表达给对方、传递给对方呢？这是很难的，除非对方有相应的人生经验、有相应的心理状态，也许才能够更好地引起共鸣，但是所共鸣到的东西，还不见得完全就是你这份内在的东西；如果他完全没有这方面的概念、完全没有这方面的经验，你嘴巴怎么说、怎么讲，也许你说到口干舌燥，说了千言万语，他最终也不知道是怎么回事，语言苍白就是如此。所以从"宗"的角度来讲是"不立文字，教外别传"的内证。不过，《楞伽经》非常鲜明地告诉我们，如果什么都不讲、什么都不说那也没法传递了。虽说语言是苍白的，文字是欠缺的，但是我们在这个世间生活，传递心情，彼此交流，很多时候还是必须借助语言文字。以语言文字表述佛法，这就是"教"。但是你必须知道这个是方便的表达，是有折扣的，不要以为佛法所有的精华、所有的智慧就在这千经万论之中，不是的。在禅宗里，有个特别的比喻叫"标月指"，像现在天上有一轮明月，我们用手指指上去，说咱们看看天上这轮明月多光明、多皎洁、多美好，那么你应该循着我的手指去看天上的明月才对，若把手指当成明月本身，那就是大错特错了，但一般人恐怕就容易犯这种错误，会把形之于语言文字的经典当成佛法的精华本身、智慧本身、真理本身，这就是"执指迷月"了。

至于如何走近佛教，如何学修佛法，的确让不少人无所适从，不得其门而入，这是因为它太深太广太灵活。佛法讲究对机说法，因材施教，随顺因缘而变通，因此法无定法，其变化多端让人目不暇接，有"众生无边，法门无量"之说。另外，在真修实证方面本来就特难契入，除非你悟性超凡，但世间又有几位像禅宗六祖慧能大师那样的顿悟根机？而理论方面又千经万论，浩如烟海，这部经典这样讲，那部经典那样说，有的甚至从表面上看似乎说法还不同，似乎还自相矛盾，何况高层次时又是那样的超玄难测，因此经常让人无从下手。不过，也许我们可以从几个方面来做些功夫，可能有助于更加正确地学修。像适当读一下佛教史，以史为鉴，历史是一面镜子。其次，看一点佛教概论性的书，对其基本精神理念和核心教义教理有大体的认识。再看一些高僧大德的传记特别是近现代高僧如虚云老和尚、来果禅师、弘一法师、太虚大师等的生平情况及学修风范，能更为直观地明了佛法在个体生命中的具体落实与形象体现。再了解一些学修法门，明了对治烦恼习气的修炼方法等，像这样也许能帮助我们更好地明白佛法大意并选择更适合自己情况的学修法门来依教奉行。佛教法门很多，不可能一一学修，其中"念佛法门"是上、中、下三根普被之法，入手平易，禅净兼融，通于究竟，极为善巧，流传广泛，不妨考虑。当然，若有缘分的话，最好能够亲近良师益友，借助过来人的指点，能够少走许多弯路，正所谓：欲知山前路，需问过来人；或者说：听君一席话，胜读十年书，就是这个道理。最后，在日常生活中，希望我们多存善心，多说好话，多做好事，多种善因，多结善缘。若能如此，就是在循着佛法的大道走，我们的人生将会步步向上。在此，也供养大家几句法语，我认为可以成为学修的座右铭——1. 诸佛通偈："诸恶莫作，众善奉行，自净其意，是诸佛教"；2. 唐代禅宗六祖慧能大师偈："佛法在世间，不离世间觉，离世觅菩提，犹如求兔角"；"菩提自性，本来清净，但用此心，直了成佛"；3. 近代高僧太虚大师偈：

"仰止唯佛陀，完成在人格，人成即佛成，是名真现实"。

樊舟

据佛经记载，有一次，佛陀在树林中抓起一把树叶，对弟子们说，我跟你们讲的佛法，就像是这掌中的树叶，但是，还没有讲的佛法却像这个树林里的全部树叶那样多。很多人希望佛教能像基督教那样，整理出一部佛教的圣经。我曾请教过一位教授，他本身也是一位大居士，他说他们正在做这个工作，但并不容易。我特别喜欢刚才法师说的"如人饮水，冷暖自知"。佛教强调有一心就有一法，这大概就是佛教经藏浩如烟海的原因。我记得宋代有一位叫雷庵正受的禅师，他有一句诗，"千江有水千江月，万里无云万里天"。佛教认为佛法是药，但是药不是对每个人都有用的，对症的药才是好药。王老师也是一个居士，请你从生活的角度来谈谈，佛法这个药是怎么有帮助的。

王春永：说"佛法是药"，是因为佛法可以治疗我们内心的各种苦，包括各种烦恼或愚痴，用现在的语言来说就是不良的情绪。它是怎么对治的？刚才主持人也说了，它一定要对症，但是在对症的基础上，它有没有一些共性在呢？有，这个就是"戒定慧"，然后还有一些在共性下面的个性。

佛法的药是怎么对治不良情绪的呢？还是打一个比方，我们的各种不良情绪，可以比喻为在生活中遇到的一条会咬人的狗，今天这个情绪生起来，它咬你一口，让你觉得三天、五天之后还痛苦；明天另外一条狗、另外一种情绪升起来，又咬你一口，又让你很痛，产生各种感受。这时候就面临一个问题，怎么去对付不良情绪、降伏我们的"贪、嗔、痴"这些狗呢？佛教这时候提供的药也好、方法也好，就凸显出它的特点来了，它是和我们世间的方式不一样的。

我们世间是通过两种方式去解决的：第一种就是尽可能地把狗喂饱了，用很多的食物把它喂饱，让它高兴了，它就不咬我了。比如说我没有房子，我特别想有一所房子，贪心起来了，我就很焦虑，这时候我就可以使劲挣钱，买一套满足了，但是买上一套之后，你对房子的贪心是不是一辈子就不再升起了呢？不是的，你还会想要别墅，想要更大的房子。这是一种方式，就是把狗喂饱。

另外一种方式，就是把狗打跑，或者离狗远远的，躲开。这就是我们很多人常用的一种逃避——避开这种环境，我不去想，逼着自己不去想。但是这个方式也不是一劳永逸的，因为你避开了一件事情，还有第二件事情。你丢掉了对一个东西的执着，你还有对另一件东西的执着。你不喜欢钱，但是你会喜欢比如说书，喜欢别的东西，这些东西也会给你带来痛苦。

但是佛法给我们的方法，就是通过我们内心的修行，戒定慧的修行，让我们认清真相。什么叫认清真相呢？就是我们意识到是贪无可贪，嗔无可嗔，它都是梦幻泡影的，随时可以消散的，它当下是在的，下一秒可能就不在。你只有认清了真相以后，就不会去执着这些东西。刚才我说的佛教世界观里面有一个假象，就是这个道理。当你意识到你所焦虑的东西也许明天早上就会消失，因为因缘条件不再具足，然后它就会消失的，你也就不再为它焦虑了。这个就是修自己的内心，当然修心的方式在佛教里面有很多，比如说八正道、戒定慧、打坐参禅等，有很多方式，但是最根本的一点就是通过开发我们的智慧，让我们认清实相，知道一切的东西都只不过是当下的存在，它有无限种可能性，它很快就会消失。没有东西是永远在这儿不会走的。

这时候，你认清了真相，也就和狗达成了和解，认清了所有狗的真相，它们也就不会再咬你了。总结起来就是八个字，"贪无可贪、嗔无可嗔"的时候，你就不会再贪了，就不会再嗔了。谢谢。

樊舟

刚才王老师提到佛教的"戒定慧"三学，既是佛教修行的三个门类，也是修行的三个渐进的阶段，从持戒开始，因戒生定，因定生慧，从而达到解脱。"定"按照一般的理解就是禅定，现在社会上有各种禅修的培训班，还有短期出家，而即使在家里，也有人打坐，练习瑜伽，等等。关于禅修，请法广法师讲解一下。

法广法师：佛法非常广博，现在只是给大家做某些介绍而已，因为这里面涉及的东西太多了。刚才提到的"戒定慧"，这是整个佛法非常浓缩的核心概念。佛教不管怎样的发挥，怎样的庞大，多么的异彩纷呈，但是这里面说到它的精华却可以归纳为"戒定慧"三学。如果从圆融的角度讲，"戒"肯定必须兼容"定"和"慧"，"定"肯定必须兼容"戒"和"慧"，都是这样的，最终必须三者非常圆融无碍结合在一体才是最高境界。普通层面我们也许会做区分，这个是"戒"，这个是"定"，这个是"慧"，然而高层面却是另一番景象，所以佛教为什么很难去做传递？就是因为有不同的尺度，有不同的层面，这个层面是这样来看待，那个层面是那样来演说；这个角度是这样来理解，那个角度又有那样的色彩。这里面，修禅定，是非常重要的部分。佛法有句话叫作"制心一处，无事不办"。很多时候，假如说我们的能量、心力能够聚焦在一点的话，那么它的穿透性是难以限量的，非常惊人的，是巨大的能量，就像太阳光，如果它是散射光，就没什么，但是如果聚焦在一点的话，这个能量就非常惊人了，我们生命的能量也是如此。我们很多时候会觉得，我只是一个普通人，我没有那么高超，没有那么厉害，但实际上我们不要低估了自己的生命能量。如果通过相应的禅定训练，确实可以让我们的能量更好地聚焦在一点，更好地转换上去，它所能够达到的效果可能是远远超出我们原先所敢期盼、所敢想象的，所以"定"的训练在佛教里面是非常重要的一块。说起来似乎也简单，它只不过是借助某种方法让你的心平静下来，心力慢慢地聚焦起来，就是这么简单，但是你怎样真正来达到这点恐怕就非常不容易了。一方面，每个人的根基不一样，天性不一样，身心状态不一样，另外你在学习过程中是不是能更好地厘清整体的训练方式，厘清"定"的训练中有什么诀窍，而且你是否能够持之以恒坚持走下去，而不是"三天打鱼，两天晒网"的，如果能够这样的话，才能够真正地出效果。目前，大家在这方面做得非常多，也非常吸引人，确实"禅定"是充满奥妙的。我们很多时候对人生的看法很肤浅，非常浮躁，对世间的一些理解非常杂乱无章，非常浅薄，或者有时候我们会看到，一些成就的圣人是这样来理解人生、这样来看待问题的，这是不是太过于神化或者太过于夸张，但确确实实就是因为他有一番"禅"的训练，他在那个状态下再来看待人生、看待生命、看世界和问题，就完全是另一番景象了，所以他的态度、品位、境界完全不同，这跟他禅修的训练有莫大的关系。如果说你没有这个基础，没有这方面的训练，你恐怕就不知道为什么是这样子。更重要的是，你心思散乱，心力交瘁不能聚集到一点的时候，你很多潜能得不到更好的发挥。深的不讲，远的不谈，如果一个人能够比较专注起来学习、工作包括运动，那么他所达到的状态肯定是非常殊胜的状态，像有的运动员，也许最出彩的时候就是他进入类似禅定的状态，所以禅定的训练非常重要。我们如果没有透过这个，就很难真切了解到，生命与世界中还充满种种难以想象的奥妙，这个可以说是非常奇异的领域。如果我们有这种因缘，有这种心的话，不妨适当去了解，甚至有可能的话，慢慢走上去，登堂入室，你就会发现，原来这个世间、原来这个人生还有一道不同的风景线，还有不同的天地，而且这个天地、这个风景线真的是太奇妙了，原来我生命有这样一个不同的状态、不同的质地，所以这个真的很值得我们走进去。但是各方面的禅修系统，不仅仅是今天，古往今来，古今中外，各种禅修系统千姿百态，虽然都说是禅修，都说是禅定，但是你怎么来理解禅定和禅修，你怎么来达到效果，你达到什么样的层次，这里面却是千差万别的。像一个常用的基本训练方式就是盘腿打坐，表面上大家都盘腿坐在那里，但是你内心是怎样来理解禅定的，你内心怎样运用禅定的训练方法，而且你内在达到什么样的状态、达到什么样的层面，那是天地悬殊的。这里面有的实际上是走入歧途的，走入魔道的；有的确确实实能够帮助我们开启生命最真、最善、最美的能量，让我们的生命不断地超越极限，甚至达到最高的境界，也就是佛菩萨的境界，所以这里面有非常美丽的世界，同时也充满着种种的陷阱，有的甚至是别有用心者故弄玄虚诈唬人的把戏，甚至是邪教，这必须更多地去了解，才能够比较清晰比较正确地把握。今天五花八门各种学修，说实在的我也不是权威，我也是在学习的过程中，但确实这里面有的会更加到位一些，有的会更加圆融一些，有的也许比较偏差一点，有的也许比较狭隘一些，有的故意标新立异存心可疑些，有的也许比较高远一些，有的接地气一些，有的虽然不接地气，但它实际上恰好是真正高明的上层面的东西，这是存在种种情况的。我觉得，如果大家有这方面的兴趣，可以适当地走进去，大的原理做相应的学习，并适当了解古圣先贤是怎样走过来的，可以通过相应的传记，对其人生历程、修炼经过，做一个更为直观形象的了解，也许借此能够慢慢理出一个大的路数来，从而更懂得评判与选择，免得走向歧路，走向偏差，特别是面对某些爱标榜神异，爱自命为高人者，我们更需要多一份谨慎，这方面教训太多了，甚至是特别惨重的。另外，训练方法很多，各有千秋，各随因缘，甚至具体到某个修法怎么样，实际上也是因人而异，同一个修法、同一个法门，大家也可以有不同的理解和运用，这个领域其实很复杂，所以具体情况要具体分析。

樊舟

佛教有个说法，叫"如如不动"，就是心如枯井，心如墙壁，不为外境所扰。我想请问法师一个具体的问题，你平时生气吗？

法广法师：我确实比较少生气，这个也许有个性的原因，另外作为出家人，我们应该更加平静、更加柔和些，更加想开些，但确确实实偶尔也会有生气的时候。佛家讲心性功夫，心性很需要我们不断去打磨以变得透亮无瑕。当没有触碰到一个尖锐的矛盾时，在一个比较合适的环境下，也许我们会觉得自己相当可以，但也许我们心灵深处还有一个瓶颈在那边，碰到适当的因缘它就会爆发出来。我发现自己还存在这方面的坎，我的心地还达不到截然的纯净，如果截然的纯净我就是佛了。我还有瓶颈在那边，特别到深圳之后，就给了自己很大的考验。在过去，也会碰到一些尖锐的问题和矛盾，但是我觉得好像都能够跨过去，都可以一笑了之，可以坦然面对，基本上是很难让我真正生气的，但是来深圳道场之后碰到一些不可理喻的人事，一些"传说中"的浊恶是那么真实地肆无忌惮地张牙舞爪来到面前，那么无情地冲击着毫无防备的自己，这才发现原来自己心灵深处还必须进一步地提纯，进一步地升华才能够去看破去承受，真的很不容易。但不管怎样，从佛家的行为角度讲，我们真的不要轻易生气，为什么呢？因为当你生气时，首先伤害到的是你自己，你整个身心马上会出现大问题，内分泌也会失衡而紊乱不堪。再说，你生气，气得不得了，也许对方还想让你更生气呢，正想气死你呢！生气首先伤害的是你自己，所以你真的不要这样去吃亏。另外，如果说你能够从这点透过去的话，你的生命境界又是另一番景象了，所以对我来讲，我希望更多的是从力争上游的角度来看待这些让我不平衡的人事，我觉得也许它就是佛菩萨想让我得到一些磨炼、一些考验和锻炼，也许有的东西隐藏在心灵深处，过去没有觉察到，自以为可以了，但是现在恰好就有特别的因缘触碰到这一块，让我反省到、让我警惕到原来我这块还没有打磨干净，我还没有更好地超越。话说回来，我觉得生活中有时也不妨生气，因为对某些人事，只是一味地仁慈宽容可能会让对方更加得寸进尺，故佛法有"菩萨低眉，金刚怒目"之说。只是不要轻易爆发，如果那样的话，很多时候你恐怕会让事情变得更加糟糕，因为你可能会失去理智，让整个事态变得更加严重，故此就算让人很生气，也最好先让自己再咽一口气，找个地方稍微冷静一下，也许去洗把脸，呼吸一下新鲜空气，让自己稍微平和一下，或者把这股怒气到一个没人的地方发泄一下，不要强闷在那边，要宣泄一下子。总之，要尽量控制情绪，否则的话，刚才说了，首先你伤害到自己，也许还会把事情弄得更加难以收拾，一点回旋的余地都没有，那是非常冤枉、非常不该的，所以应该尽量不要冲动。在我们没有达到圣人那么高超的境界时，我们的确不能很好地转换，我们本来就是普通人，拥有的是血肉之躯，所以有时不能够过于勉强抑制，须通过相应的方式宣泄出去，只是这种宣泄不要失去理智，关键是不要伤害到别人，也许你可以到无人的地方捡起石头来砸，大喊大叫也可以，这也是一种调整自我的宣泄。至于我自己，我希望自己尽量少生气，我希望自己能够越来越上乘，越来越走上去，更希望能够像佛菩萨那么高超，但是我只是在学习过程中，我还是有瓶颈存在的。

樊舟

我所以会问关于生气的话题，是因为在佛家看来，修行人如果不能祛除"五毒心"，就难以明心见性。这五毒——贪、嗔、痴、慢、疑，每一个都是很严重的问题，而其中的"嗔"便是生气。我记得很多年前，台湾著名作家龙应台写过文章，叫《中国人你为什么不生气》。我们在日常生活中会遇到各种让人生气的事情，比如开车，有人不遵守交规，危险驾驶，乱换线；比如在公司里边，老板欺负员工；比如出门办事，遇到别人出口伤人；等等。我记得有一个朋友教我，他说你在这些情况下要做的第一件事就是深呼吸。这个方法我试过，的确是很有帮助的。我想请问一下法广法师，有没有一些简便的禅法，可以帮助我们去抵御不良情绪？

法广法师：这个可以透过种种因缘的观察去做一些调整。佛教为了调整我们的身心，开示了很多对治的方法，所以要看具体是什么情况，也许才能够对症下药。因为有时候，同样说生气，但是为什么生气？这是不一样的！有的人为了小芝麻而生气，有的人为了国家大事而生气，都不一样。在此，我也稍微提一下，有时候该生气时也得生气，因为如果说你毫不生气的话，反而会助长了恶人恶事，让他忘乎所以，更加得寸进尺。不过这种生气，最好只是外在的愤怒相，而内在照样是非常超越的，这就是非常高的境界，否则你自己会先失去平衡的。调整的话，涉及的东西多，刚才讲，要看具体是什么原因，具体问题具体分析更好些。知道自己是为什么而生气，应该怎样才能够让自己平和下来，这也涉及佛法所讲的"因缘观"，你必须分析种种情况，看具体是怎么回事，看看是否值得我生气，还是因为自己心量比较狭隘，或者理解上出偏差了，大家的沟通上出状况了，才出现这样的不愉快，这样的情绪化？应该适当换位思考，多一分理解，这个时候才谈得上相应的对策和相应的调整，否则很难把控住的。前面所讲，是侧重于佛法的"因缘观"，其他如"念佛观""慈悲观"等也会有较好的帮助，因为心中念佛如佛在，自然容易澄清而少烦少恼；慈悲观则不断开阔我们的胸怀，增长我们仁爱亲和之心，增长为他人着想、尊重他人、善待他人之心，自然多友善而少计较。

樊舟

王老师补充一下？

王春永：我可以补充一点我的经验，和大家分享一下我的一个认识。我是看了一个外国心理学家的一个结论，在生活中有 10% 是过往积累的各种条件造成的，是你不可逆转、不可改变的事情，但是另外 90% 是由你的反应所决定的。这个观点实际在我们佛学当中有另外一种表达，它认为发生的一切事情是因为什么呢？"唯业所转，唯心所现。"唯业所转就是你过往的造作、所积累下来的各种因缘，在这个时候突然碰到了合适的条件，种子发芽了，就出现了这个事情；"唯心所现"，你面对这个情境的时候，你用什么样的心态、眼光去看已经发生的，就决定了后面发生的 90%。

这两个结合起来，我认为这位心理学家很伟大，他就补充给我们佛法一个比例，就说"唯业所转"是百分之多少呢？他认为是10%，"唯心所现"是 90%，我们在面对负面情绪的时候，一定记住我们要自己去控制"唯心所现"的这 90%，怎么去控制呢？就是刚才法广法师说的，要通过观照，要通过自己训练自己的心。这是我的一点补充。

樊舟

我们今天的主题是"佛学与人生"，这其中涉及许多个问题。第一个问题，就是终极关怀的问题。对于个体生命来说，我们会不会考虑世界的本质是什么，人生的本质是什么？如果考虑，而世间的学问和哲学又不能解答，那么我们可能就会走向宗教，也可能是佛教，也可能是其他宗教。第二点，除了终极的大问题，我们天天面对的是一些日常生活的具体而微的问题，不一定有多么重要，但一样需要处理。而佛法的智慧实际上也提供了一个处理日常问题的途径，让我们更好地去面对、去处理诸如事业、财富、爱情和各种人际关系等的情况。第三点，如果我们是一个知识分子，我们在研究和面对文化议题的时候，就会发现，原来佛教是中国乃至世界文化思想史上一个巨大的存在。如果我们不了解佛教，我们就没办法去做更为完备的思想文化研究。我记得当年胡适先生写中国哲学史只写了半部，因为他写的时候，对佛教的了解还不是很多，一些地方难以下笔。当然后来他对佛教的了解多了一些，包括对禅宗。我们知道，由于多年的积贫积弱，落后挨打，我们中国人曾经经历过很长的一个对传统文化自怨自艾、自我否定的时期。所幸的是，这个时期已经过去，被称为国学的传统文化越来越受到重视，无论从官方到民间，都以不同的方式一点点找回我们文化的本有的荣光。正如刚才提到的，佛学是传统文化的重要构成。大家可以看到，就在深图，就在这个雅致的南书房，大藏经已经摆放上去了。佛教的大藏经是一个浩如烟海的智慧宝库，无论是从信仰的角度，还是从文化的角度，或者从别的角度，我们都可以去了解佛教，了解佛教是什么，在解决什么问题。这至少可以开阔我们的文化和思想视野。而这正是我们今晚来探讨佛学与人生的初衷。今天的对话部分就到这里，剩下是我们大家互动的时间，欢迎大家提问。

观众：三位老师好，我想问一下：1、每个人的学习能力、悟性是不一样的，那么在求知的道路上总会遇到一个瓶颈期，就是在某些地方想不通、悟不透、学不会，如果说在学佛的路上遇到这种情况的话，是怎么样解决这种求不得的痛苦的呢？2、学了一门知识，包括像学到佛，佛会讲度人，都想普及给身边的人，让身边的人也学到这种知识，身边的人对佛可能就是不相信，就是比较偏执，或者不感兴趣，或者诋毁它，作为一个学佛的人是怎么样面对这些执迷不悟的人呢？3. 那些通透学佛的人的身上，会不会有那么一瞬间自己在精神上或智慧上会有一种优越感？

　　法广法师： 在学习过程中，每个人的天赋不一样，努力不一样，经验不一样，因缘不一样，都或多或少会出现各式各样的一些瓶颈，出现一些让自己觉得很难跨过去的台阶，只要你学习，每个人都会碰到，只是碰到的是多或少，尖锐不尖锐，或者你最终是不是就被卡住了，迈不过去了，或者说你最终突破了。每个人只要你想学，只要你想修，只要你想向上提升，肯定是必须去克服这方面的困难。包括佛教教主释迦牟尼佛，他也会出现这种情况，但他最终跨过去了。所以一方面，如果从佛教来讲，碰到这种情况，我们必须向外去参学，若依照我们内心这份聪明，已经达不到这种效果，我们的能力已经不足以解决这个事情的时候，我们应该去向老师、向善知识去求教，所以在佛教的学习过程中，留下了很多参学的典范，像《华严经》里善财童子五十三参，他就是自己有些东西悟不清、猜不透，所以他必须向外去参学，向善知识求教，求大家指点迷津，需要这样子。有时候也许对方不见得就是大善知识，但所谓"他山之石，可以攻玉"，也许就是一个小孩子，咿呀言语，或者没有多少学问的人，也许跟你相比还要差劲些，但是他的一个动作，或许他生命中的某个景象就能够给你产生很好的启发。所以虽然佛教以内心为根本，但在这种情况下，一定要懂得向外去寻找帮助，而非固执地师心自用、闭门造车。但有的时候，也得看我们自己所求的方向是不是正确，所以必须有内在的相应调整，有时候也许你绞尽脑汁，就是得不到开启，其实这时候就需要适当放下来，不管了，玩就去玩，我暂时不管这个事情了，让自己绷紧的神经放松下来，也许是睡大觉，也许是打一场球，出一身汗，说不定它突然就会灵光一闪，整个就打开了。是有种种的调节方式，不过，若涉及生命里面的某些根本困惑，与生俱来的，我们可能就很难堪破，虽说众生都有佛性，最终都能够成佛，从最根本上、最终极上都可以平等，但与生俱来确实是有差别的，绝大多数人今生无论如何努力也达不到最佳理想。某些问题我们就是猜不透，某些谜团我们就是解不开，某些台阶我们就是跨不过去，某些瓶颈我们就只能停步于这个地方，这个是存在的。但是不管怎样，只要我们还活着，我们就应该鼓励自己，对自己充满信心，借助自己努力和外缘的帮助，锲而不舍，也许最终我能够跨过去，能够更上一个台阶、更上一个层次，必须这样来坚持，不要放弃。当然这个还必须有相应的评估，这种努力、这种追求是否正确，这种钻研是不是有价值、有意义，这个必须有相应的考量，才不会浪费自己的时间和精力。关于你第二个问题，实际上，我们不可能让大家都来理解你，你就是再精妙，再美好，再殊胜，再有意义，再有品位，也不可能要求所有人都来认同你，都来走近你，都来接受你，所以佛教讲因缘就是如此，连佛都如此，更不用说我们凡夫俗子了。我们的能力，我们的智慧，我们的知识储备，我们的经验历练都是非常有限的，跟佛菩萨相比，他是非常高超的生命状态，充满无限的光明；他的人格魅力、他的形象、他的气质很快就能够征服很多人；他的谈吐，他所展现出来的生命风范、人生智慧那都是非常高超的，但是就连佛这样的境界、这样的质地、这样的威德，他照样度不了无缘人。佛教的佛不是万能的神，我们要知道，佛教否定主宰神，佛只是觉悟的圣人，他也必须依照因缘来成就，依照因缘来开展工作，来传播思想弘法利生，所以不要说有的人对佛不感冒，就是来学习佛法的人也有不同的层次不同的根基，不能期望每个走近佛陀身边的人，每个走近佛法学习的人，都能够在这一辈子、这一生中，就达到最高的顶点而成佛。所以有不同的教法，不同的学修层次，这不是佛不慈悲，不是佛不愿意，而是因缘就是如此，客观真理就是如此，你不能够勉强。也许你可以努力，也许你可以给他帮助和支持，让他走得更快更好，但你只是一个助力，对方怎么回事，仍然要靠他的内因才能够得到成就。所以有些人今生你就别指望他真正能够承认你、真正走近你、真正来学修佛法，不能够这样去勉强的，但确确实实我们可以不放弃努力。然而有的时候，如果你只是一厢情愿想让对方接受的话，恐怕你这种过于迫切的心、太过生硬的做法反而把对方给吓跑了。也许你可以换一种方式，对方才更好理解、更好接近你，你不要成天跟他说大道理，也许你可以采用其他的方法走近他，甚至遂顺他的生活方式，遂顺他的一些理念和趣味，让他觉得，你就是他可以掏心掏肺的知心人、共鸣者，非常亲切地，也许那时候，你可以润物细无声地去影响他的观念，转变他的认识，也许最终他所理解到的、所运用到的东西早就已经是佛法了，只是名称上不同罢了，内核上、内在上也就是佛法了，那不是很好了吗？但不管怎么样，不可能要求所有人都来理解你，所有人都来认同你，所有人都来学修佛法，这个是不可能的事情，佛法从一开始就认为这个是不可能的事情。肯定有些人这一生会走近佛法，会走得非常高超；也有人这一生虽走近佛法，走得非常努力，但只在很低层面徘徊着，没办法更好地登堂入室，这样的人太多太多了；也有更多的人，不管你怎么努力，不管这是多么美好的事物，他也不会走进来，甚至还特别地排斥，特别地攻击，特别地诽谤，特别地糟蹋，特别地摧残，都有可能。所以呢，佛法为什么说要透过因缘，因缘就是如此，千差万别，有的成熟，有的不成熟；不成熟的时候，恐怕你还得适当放下，不能够勉强。第三个问题，取得成就之后，克服骄傲，不要自以为是，不要妄自尊大，不要目中无人，不要高高在上，这个是佛法所要求的素养，傲慢之心本来就是佛法所要对治的劣根性。佛教当然希望大家都取得成就，而且取得成就也可以让我们很欢喜，佛教并不否定这种欣喜和欢乐，只是希望我们要冷静一些，低调一些，不要执着，希望我们有一个更为宽广的心胸，不要太过自我，更不要产生傲慢的心理和言语行为，那是会让自己产生许多负面的问题的，你在忘乎所以的当下，会留下尾巴，而且你恐怕很多时候会因此不思进取，最终会伤害到你成就的本身，伤害到你个人已获得的成绩。所以佛教里面讲"破我执"，而且唯识里面指出有"贪、嗔、痴、慢"这类负面的心灵情绪，这里面特别列出了"慢"字，就是让我们克服、消除、转换它。如果能够这样的话，你的形象会显得更加高大，别人会更加敬仰你；如果傲慢无礼、轻狂虚浮的话，人家反而会觉得这个人没什么值得我敬仰的，甚至产生反感。所以如果你想让自己更加高超，上升到更好的境界，那就应该克服、消除这个非常小我的低层面的傲慢心理、自负心理，这样你的自性之光才会更加清明、更加光亮，让大家更加羡慕钦佩你，你的生命才会达到一个更加殊胜的境地。如果你要真正地走上去的话，肯定必须打磨这方面的杂质，必须是这样子，这样才符合佛法，但这个很不容易。

听众： 首先谢谢三位老师，我觉得今天的讲座水平非常高，尤其谢谢樊老师，虽然你不参与对问题的讨论，但是你提出的每个问题就像一粒粒优质的种子，撒播下来，经过另外两位老师的浇灌，都长成了大树，谢谢。其实我一心向佛，希望三位老师可以度我一下。我的第一个问题，道家跟佛家都讲空无，道家甚至把"空无"比作女性无穷无尽的生殖力，就是讲"空无"中可以衍生出万物。但是我觉得我非常害怕掉入无的境地，比方说，不只是我，很多人总是要拼命抓住一些东西，比如房子、车子，比如说掌握一门技能，对世界充满了一种不安全感，更不要说陷入空无的境地，那我们要怎么样进入空境地，进驻在里面？第二个问题，佛教讲无条件地慈悲，我的感觉是，是不是就没有了是非观呢，因为一讲到因缘，我们觉得很多人犯错其实都是有因缘的，我们应该原谅他，那样的话，我们国家的行政处罚法和刑法典就没有必要了，因为那些犯罪分子他们其实也是很惨的，比如一些从小都是经过了暴力，最后犯下了错，如果我们无条件地慈悲，不分对错，那我们国家的审判机关还有存在必要吗？第三个问题，就是讲到虚实的问题。这个问题想特别留给王老师，你刚才说世界有两个，一个是虚的，一个是实的，那个虚的世界是透过我们的主观臆断而形成的，可是人具有高度精神世界，并且具有外部功能的内在存在，只要一个人是人，那么他看待事物肯定会带有主观性，那人所生活的世界不永远都是虚的吗？我们要怎么样到达那个实的世界呢？还有最后一个问题留给法广法师，这个问题有点尖锐，希望你不要生气。你作为出家人，你结婚了吗？你怎么样解决性的问题呢？

法广法师： 我先回答一下吧。"性"的问题对佛家来讲是一个大问题、一个相当根本的问题，从佛教来讲的话，我们这个世界叫作"欲界"，只要生而为人，我们来到这个世间，"性"就是我们生命中非常重要的一个色彩，根系在那边，所以为什么社会人说这个是生命的本能，当然"欲"和"性"不完全相同，但是涵而盖之。所以要怎么来面对和把握它，确实是一个重要的问题。作为出家人的话，首先你自己必须有自己的生命定位，你是要走世间法，还是要走出世间法？世间有世间的美好、世间的欲乐，也有世间的欠缺、世间的不足与烦恼；出世间有出世间的美妙，也有他必须放下的东西，不能够说他什么都想要，这是不可能的事情，有所得就必须有所失，因此首先要看你生命的定位。而佛教出家人是要求必须禁欲的，然而不是说很生硬的，如石头压草般勉强地压制着，那是不健康的！他是有相应的调整、转化的方法，而不是勉强的抑制，这里面涉及你对修道的诉求，你必须以这个更为高超、更为美好的修证层面来鼓舞自己、鞭策自己，希望自己能够一步一步地克服人性的弱点，克服普通层面的一些极限，以达到更为美好的境地，必须有这种更高的追求、更高远的理想来支撑着你。另外就是必须掌握相应的训练方法，这在佛教里面是有相应的训练方法的。禅定的训练实际上就能够较好地转换生命的能量，如果说你能够很好地去禅修的话，到一定阶段，到了所谓的"禅悦之乐"，那时你恐怕对世间的欲乐，都会觉得那是非常粗糙、非常粗陋的。当然世间跟出世间不一样，有些方面不需要讲得太夸张，但是生命如果有不同层面之后再回头来看它的话，好些东西就不是这样来理解的，所以这是可以通过相应的、非常合理的训练得到转换的。另外，当你还没有达到那种高度的时候，也有相应的方法来帮助你做一些过渡，包括刚才讲的生命定位，你向上追求的勇猛之心，还有相应的清规戒律的要求，你必须通过这些来规范自己。此外佛教要求僧人早点起床做功课等，像我们寺院4点半就得起来，这里面跟生理也有某些关系，包括叫你减少饮食，甚至汉地佛教还凸显素食，这都是有一些帮助的，反正有很多方便。应该说当我们年轻时，都有躁动的时候，都难免会产生好奇，不过刚才我也讲了，这个要看你是怎么定位自己。当然每个人的个性不一样，有的人也许这方面能够把握得更好，有的人也许这方面真的是很难去把控。如果说你自己觉得我这方面确确实实克服不了、把握不住，没关系，因为佛法的学习并不是说每个人都得剃发出家，独身自守，不是这样的，在家也照样可以学佛，实际上佛教很多大菩萨就是在家娶妻生子过家庭生活，这没有关系，只要不去邪淫就可以了。他可以有自然的生活，正常的社会生活，这都没问题。重要的是怎么定位自己，而且你是不是能够更好地去学修佛法，通过各种科学的正信佛法的指导和引导，很好地来训练自己转换生命的能量。转换上去之后，你更上一个层面之后，就会发现这不是一个问题，当然这个确实不容易，而且因人而异。我没那么高超，但是我还能够把握自己，而且我确实没有结过婚。

王春永：第三个问题就是说如果世界是虚实的问题，刚才我已经说了，佛学对世界的定义不是无、不是虚，是假，就是对我们凡夫境界——凡夫看到的世界的定义是假，而不是无，这是第一个。为什么说是假的？是因为我们有自己的执着，有各种的情绪，有恐惧、有设定、有自己的想象在里面。我们凡夫看到的世界是假的，那么我们下一步应该怎么办呢？实际上佛学是把世界分成三个层次：第一个就是由我们的情绪所造作出来的这个层次，这个世界叫"遍计所执"的世界，我们看到的每一个东西都带有我们的经验、设定，甚至说情绪。这为什么是椅子，这是话筒，已经带有我们的设定和经验在里面，这是这一个层次。实际上认清了这个层次，你就可以进入到第二个层次，就是"依他起"，就是说真正认识到这个世界的缘起性，真正认识到一切事物的因缘因果，这时候你就已经开了智慧了，你的智慧开了以后，就不会因为各种不确定性、各种执着产生烦恼，你的各种不明白、各种烦恼和负面的情绪就会消失，但是这个缘起的世界是有的，不是无的。到了这里，然后我们就说，你证得了"圆成实"。"圆成实"它是一个佛的境界，也就是"正遍知"，就是说所有的因缘因果、发展过程全部都是知道的，这是我们追求的最高的境界，"正遍知"，也就是智慧遍在了，我们走的那么一条道路。之所以要看破假的，就是为了开发我们的智慧，经过一个开发智慧、认识世界真相的过程，认识了真相，就消除了烦恼，你所有的烦恼都会消失。

听众：我感觉这个问题没有回答完，我问的是那个假的世界是由人的主观臆断形成的，那么人只要是个人，这种主观臆断是没法抛弃的，难道我就没法抵达那个真实存在的世界了吗？

王春永：刚才我已经说了，是可以的，众生皆有佛性，只要你努力去修行，是可以摆脱掉执着和烦恼，然后达到法广法师所说的那种佛菩萨的境界的，是可以的。

法广法师：我们对世界认识的错位、有与生俱来的迷失，也有后天新熏的谬误，是很不容易转换和改变的。但是佛法就是要帮助我们纠正，否则我们一直活在错乱之中、执迷之中，也就滋生很多很多个人及社会问题，乱成一团麻，都是由此而来，所以这个恰好就是佛法要帮助我们调整修正的地方。通过相应的努力，我们今生有的人能够达到很好的高度，把错误的认识和一些错谬的坐标消除掉，有一个更为健康的身心，面对外在的种种有一个更为客观和更为真实合理的把握和应对。但是大家最终的层面是有高低不同的，有的也许一直没法走上去，有的确实可以走到很高的层面，而且达到跟真理完全契合的状态，可以全盘无遗地谛观一切，能够把真相和谬误都了如指掌，但这个是非常高超的圣人境界，而且必须是大菩萨、佛的境界才能够达到如此不可思议的高度，如果只是小乘圣人也还达不到这种高度。为了人生的美好和生命的庄严，我们肯定必须通过努力调整自己评判万法的坐标，但是要知道，我们今生通过努力，也只能说达到相对来讲更好的状态罢了，要达到最佳的状态，这个是很不容易的，甚至可以说我们今生恐怕难以实现，为什么呢？因为按佛教来讲，虽然大家最终都可以成佛，每个人都可以成佛，但是今生，按照佛所授记的未来佛的说法，那是特别遥远的事情，今生别指望有究竟圆满的佛出现，所以我们今生肯定达不到那种高度。这是一个遗憾，但没办法，现实就是如此，生命就是如此，但只要我们不放弃、善自珍惜，而且借助巨人的肩膀、借助他们的人生经验和人生智慧，也许我们就能走得更高超一些。

樊舟

　我补充一下。最近有一本书卖得特别好，叫《我们误解了这个世界》，是济群法师跟周国平教授的对话。这本书可能能部分回答你的问题。简单地说，我们看待这个世界，其实还有另外的角度，跟我们惯常不同的角度，我们需要保持这样的醒觉。这是第一点。刚才剩下的两个问题，第二个问题，你问到犯罪分子是否可以包容，从佛法来说，讲八个字："无缘大慈，同体大悲。"即对所有的众生都应该有无限的慈悲跟关爱，这个没错，但是慈悲和关爱指向的是众生，而不是他的行为。这是两回事，在行为的部分，应该赏罚分明，否则，我们的社会没办法区分善恶，如此一来，会造成更多更大的问题，反而违背了慈悲精神。大乘佛教的戒律分为三种，被称为"三聚净戒"，即摄律仪戒、摄善法戒、饶益有情戒。摄律仪戒强调诸恶莫作；摄善法戒强调众善奉行；而饶益有情戒则更是强调自利利他，自度度人，服务社会，改造社会，自然也包括坚守原则。这方面，如果这位朋友有兴趣可以继续了解。你的第一个问题讲到空无问题，你说如果是空无的状态，你会觉得很害怕。你的这个担忧，恰恰龙树菩萨在《大智度论》里讲过了。他说："以人畏空，故言清净。"就是说，众生害怕空的状态，不谈空，谈清净。什么是清净？简单地说，就是我们把所有不好的部分祛除以后所呈现的状态。因此，空并不是一无所有，佛教恰恰反对一无所有，认为主张一无所有是"偏空观"，是"恶趣空"。所以，作为大乘佛教中观派的祖师，龙树菩萨在讲真理的时候，是讲"二重真理"，一个是"真谛"，一个是"俗谛"。真谛是指超越性的究极的真理，不可言说，不可思议；俗谛是我们能够感知和能够推理的真理。如果我们不认同俗谛，开口闭口去谈空，结果会变成空谈，反而障碍我们认识究极的真理。因此，对于佛教来说，"真空"和"妙有"是一而二、二而一的东西。

法广法师：我也聊两句。确实对普通大众来讲，总觉得必须有一个安放点在那边，必须有一个很实在的靠山在那里，我们才能够把握自己，有一个安全感、踏实感，有一个成就感，而佛法所讲的"空"似乎让我们无依无靠，无所适从，虚无缥缈。其实，正相反，佛教所讲的"空"，其智慧是可以给我们提供另一种更好的思路，另一个更好的生命状态。如果说，我们能够真正走进去，理解乃至体悟佛教所讲的"空"，就像刚才老师所讲的"真空妙有"的中道，那么我们将会法喜无量。讲"真空"，又讲"妙有"，好像是截然矛盾、互相对立？不是这样的，如果你能够真正去体悟到这份"空"的智慧的话，这个才是心灵最为安详、最为宁静、最为无碍的港湾，一切的一切，任何的忧悲喜乐到此都可以风平浪静，化归于零，谁还伤害得了你，这个才叫真正的"八风吹不动，端坐紫金莲"，所以"空"恰好能够让你生命处在没有安放点的最佳最妙的安放点，你达到这一步，一切是那样的自由、那样的自在，没有任何负面的东西可以限制你，没有任何东西能够伤害到你的心，所以"真空"是要提供给你这种超越、这种超然、这种豁达。真空并不是一无所有，它当下就是"妙有"，可以随着因缘而呈现出种种的功用和种种的外象，比如我旁边这张凳子，从佛教"空"的角度来讲，它自性是真空的，但是缘起造成它有这个外相，有这个功用，这是实实在在的。故此讲"真空"不要以为是什么都没有，佛教的"真空"，实际可以呈现出种种的可能，是充满生机的，如果你能够对这个妙意有更好的品味，你就会发现，很多原来你认为很纠结的事情，在这里不在话下；你觉得很难扛过去，觉得让人崩溃的东西，到这里都可以得到有效的化解。与此同时，这个缘起的"妙有"是告诉你，该把握的东西要好好地把握，该珍惜的东西要好好地珍惜，该努力的东西你得好好去努力，该讲究的东西你要好好地讲究，因为其中有因果的存在，你这样做、这样想、这样说是有相应的功用、相应的因果关系的，你不能够放纵自己而胡作非为，否则你就得吞咽自种的苦果。总的讲，佛教"空"的智慧，可以方便说为"真空妙有"的中道，一方面成就你达到超然的状态，一方面引导你去除污垢，一方面引导你必须把生命的能量更好地发挥出来，所有正的、善的、真的、积极的、健康的、有意义的都全盘发挥出来，如果这样，生命就是不可限量的可喜可贺的境地了。

听众：三位嘉宾好，今天讲的主题深受启发，尤其是法广法师开始讲的一段话，说人在顺境当中不需要多的赞扬，人在困境中要指出他的缺点，这个观点我非常赞同，就这个观点，我问一个问题，佛学与人生是不是紧密联系在一起？也就是说人的佛性观念强，他的人生价值观是不是就宽阔远大？如果这个人没有佛学的价值观，这个人是不是就没有人生价值观了？第二个问题，问一下王老师，当今社会是以经济建设为中心，在这个大环境背景下，宣称佛教与人生的价值有没有价值和意义？

法广法师：佛法原本就跟我们的人生息息相关，佛教非常著名的经典《妙法莲华经》简称《法华经》，非常明确标示出佛法的精神目的，说"诸佛为一大事因缘，出现于世间"。什么大事因缘呢？就是为了开示悟入众生佛之知见。换句话说，诸佛在人间的一切努力，都是为了引导大家觉悟成佛。像释迦牟尼佛一路求道修道，觉悟后又不遗余力弘法几十年，临涅槃前最后一刻还在引导人学修，这都是牢牢围绕人生来展开，都是为了成就人生的丰满、成就生命的庄严，希望大家也像他一样解脱成佛。甚至可以说，如果佛法离开人生、离开生命就没有任何意义。从起点上，本来就是为了服务人生，本来就是为了帮助大家走上去，这是基本定位、基本精神。佛法能够引导人走向觉、正、净，让生命充满意义，变得特别开阔无碍，然而并不是说没有佛法，我们就没有人生意义，没有生命价值。不过如果能够了解佛法、学习佛法、借助佛法给我们相应的启发和启示，也许我们可以开发出另一片新天地，也许我们能够进一步提升自己的生命意义，让人生的前境更加开阔光明。另外，佛法的根本立足点是客观真理，所以我们不要限定说必须是用佛法固有的名词术语表达出来的才叫作佛法。佛教有一个基本理念，叫作"世间一切微妙善法皆是佛法"，只要是符合真理的、符合大道的，只要是积极的、健康的、有价值的、有意义的，能够成就大家往更高的层面来发挥、成长的，不管它是不是用佛法的名词概念，跟佛法照样是相通的，也都是佛法的组成部分，所以要看你是怎么来理解佛法。你学习佛法可以从佛法里面得到很多收获，使人生得到一些大的转变，变得更加丰富多彩，变得更加有质量，但是你没有接触佛法，也许你的悟性、你接触的其他体系里面，很多内容本来就是契合佛教大道、契合宇宙真理的，这个也是广义的佛法，也照样可以成就你生命的尊严和人生价值，这是毫无问题的。重要的是你是不是随顺着真理走，是不是契合着真理走，你是不是真正地把生命最亮丽的潜能给开发出来、呈现出来、发挥出来、运用出来，这才是更关键的。如果不是的话，恐怕整个生命的存在，其质量和意义都得好好审视一下。

王春永：这位听众的第二个问题，在今天现在的条件下，是不是还有弘扬佛法的价值和意义，我用简短的一句话来回答，就是：如果我们早一点弘扬佛法，我们的世界也许不会是今天这个样子。谢谢。

听众：三位老师好，我有一个问题一直很好奇，佛教像这样成系统的、圆满自足的、有智慧的学说为什么会是在古印度产生，而且这么多典籍包括在后来翻译成中文的也是在古印度产生的？

法广法师：这个问题是这样的，佛教讲因缘。佛教之所以在古印度产生，是因为释迦牟尼佛他就诞生在古印度。他以自己的努力和追求，最终觉悟了，并把他所觉悟的跟大家分享，就形成了所谓的佛教和佛法。如果其他地方也有人能够觉悟生命的真谛，觉悟世间的真理，达到生命最佳的状态，跟别人去分享，也许他不叫佛教，但是内涵是相同的，那也没关系，都是同样的，所以不在于它外在的形式，更在于它是不是真的把握到这份精华、这份精妙。至于它在哪个地方产生，当然有它特别的情况，也重要也不重要。确实也有它特别的因缘，可以给我们提供一些思考，也许这样的土壤就能够产生这样的智慧，也许那样的土地就比较贫瘠些，只会产生一些粗俗的东西。当年的古印度，释迦牟尼佛并不是最早的宗教大师，在此之前，从考古发现看，古印度很早就已经有了禅修文化，包括宗教修行的一些系统。在佛教之前，最大的宗教就是婆罗门教，也就是今天印度教的前身，它的理论体系已经非常可观。除此之外还有许多其他修炼学派，佛教统称为90多种外道。释迦牟尼佛也是在学习前人的智慧中来前进的，王子出身的他，在家时已经得到最好的教育，出家之后，更是努力地寻师访道，听说哪个地方有高人，听到哪个地方有了不起的大师，就赶快跑过去，谦虚地跟别人学习，完全放下自我，完全把自己掏空，俯下身段去跟对方学习，按照他人指导的方法，按照他人的学修体系所要达到的高度，踏踏实实修证上去。达到那个状态之后，他再来审观，这个是不是真正能够解答我生命的困惑？但最终他觉得还不够，所以在集思广益的基础上，又另辟蹊径，来达到更进一步的提升和觉悟，最后在菩提树下大觉圆满，这个时候才可以说是非常透彻地、非常敏锐地觉悟到生命的最核心、最根本的真谛，而且分享出来才形成了佛法。根据对象的不同，他因材施教，所以有不同层面的佛法。这样讲吧，也许他有这块土壤的存在，就是前面有相应的宗教文化、禅修文化，而且据说可能跟地理环境有关系，其民族具有喜欢沉思的特性，另外释迦牟尼佛自小就有悲天悯人且善于观察、爱思考而且特别聪慧的天性，是有这些因缘条件，但不管怎样，更重要的还是是否体悟到真理。实际上，其他国家和民族都有自己的悟性和智慧，其他的宗教、其他的文化体系都有自己的独到之处，但这里面有的对大道、对真理或许领会得不够透彻，或许用的是其他表达方式罢了，有共同之处，也有不同之处，但不排除也许在其他地方、其他时空，也许过去不行，也许明天可以，也许出现一个人也能领悟到大道本身，那么他实际上也就像佛一样，也许他不用佛这个名称，但是他就是这样的实质，这都没有关系。在佛教里面就有一类叫作"独觉"的圣者，不是说这个人给他讲，不是说那个人给他教，他自己能够通过自然界的花开花落等现象，悟得深、悟得透，得到一个很好的人生的超越与成就，也有这样的人。所以我觉得这是有一些因缘，但是不要过于限定死。

听众：谢谢三位老师，我的问题非常简单，刚才主持人讲到佛学与中国，我就很好奇三位老师是怎么样看待"戒疤"这个文化的？因为据我所知，戒疤是起源于南梁帝将所有的囚徒送到寺庙去修行，为了避免他们逃出寺庙，为了方便辨认他们，所以就给他们在头上烫疤，其实这个对于和尚来说，我觉得是一个比较耻辱的做法，但是这个耻辱的做法为什么还广泛地盛行到现在？

法广法师：这个得从多角度来看待。一方面，后来因为外在因素，特别是政治原因，强加到佛教徒身上来。另一方面，佛教徒为了表示自己修道的决心、信心，也有采用这种特别的方式来强化自己的信念，来给自己鼓励和鞭策的。历史也许就是这样，可能刚开始有一些错谬，但它有传承性，在此过程中，也许大家会从更为积极的层面和角度来做一些理解，而最终会觉得应该这样做，这样做是值得提倡的，但实际上不完全如此。过去可能大家对历史缺乏知识、缺乏概念、缺乏相应的信息，对整个佛教的基本精神没有更多的了解，所以就觉得好像佛教僧人就是必须烧戒疤，但我们今天通过对历史的了解，通过对佛教精神的把握，知道没必要这么做，你要表决心可以采用其他方式，何况这是有特别的历史原因所强加的，所以中国佛教协会早就不提倡此类做法。当然如果你自己非得以此方式来表示决心和信心，或者为了防止以后经不住诱惑，而特别为还俗设个障碍，也是可以的，尊重你的选择，不做勉强。另外在烧的过程中必须要讲究，如果你的身体素质不允许，如果你烧的方式不对的话，也会造成比较大的伤害，这都是要注意的。

樊舟

佛学是一门博大精深的学问，也正因为如此，历朝历代都有最一流的知识分子参与其中。今天的对话仅仅是浮光掠影，抛砖引玉。感谢法广法师和王春永老师！感谢各位朋友！希望以后有机缘可以继续探讨，谢谢大家！

南书房夜话特别策划
——图书馆与家庭经典阅读

嘉宾：王余光　徐雁　邓康延　胡野秋（兼主持）
时间：2016年3月4日　19：00—21：00

胡野秋

　　各位女士先生们，大家好，非常欢迎大家来到图书馆参加我们的南书房夜话。今天的题目大家也都看到了，叫图书馆与家庭经典阅读。因为今天是谈的阅读，所以我们请来的是三位阅读界的大咖。

　　我先介绍一下这三位到场的专家学者。我右侧边的这位是南京大学信息管理学院的徐雁教授，同时他也是中国阅读学研究会的会长。徐会长每年在全国各地像个"读书传教士"一样地传播"书香教"，到现在已经做过1000多场阅读推广讲座。再右侧边的那位呢，是著名的北京大学信息管理系的王余光教授，王教授同时也是教育部全国高校图书馆学教学指导委员会的主任，在我国图书馆界有一个"北王南徐"的说法，是说他们俩一唱一和，不断著书立说，把图书馆阅读推广的氛围给做出来了。能够把"北王南徐"一道请到深圳来传播书香，这深圳图书馆的面子真是足够大！第三位是邓康延。邓康延其实我本来都不用介绍的，在深圳假如不认识邓康延，或者没有听说过邓康延，基本上都是新到深圳的人。邓先生曾经是《深圳青年》的策划总监，原来还做过《凤凰周刊》主编好多年，但他转行转得特别快，现在是搞影视，是深圳越众影视公司的董事长，现在又办了一个"国民纪录"，因为邓先生是一个"民国文化"的积极推广者，所以叫国民纪录影视公司的董事长，也是我们读书界的大咖。"深圳读书月"大家知道吧？主题歌是什么，大家知道吗？《云在青天书在手》，歌词就是他写的，所以我们每年都要唱他的歌。我自己就不用介绍了，我叫胡野秋，一个读书人，也写写书，兼着给他们主持一下。

今天我们想谈的是家庭读书问题。我就按顺序来，先问下徐雁教授，现在大学的人文经典图书的阅读氛围堪忧，在南京大学这么多年，你是怎么看待大学现在的阅读状况？

徐雁：对于当下大学校园里的阅读状态，我很同意野秋兄的判断。那么，现在我是怎样对大学本科生推广"阅读"的？那不是叫"苦口婆心"，简直是"婆心苦口"啊！我会怎么说呢？我说大家现在要好好读书，尤其要读古今经典好书，中外名著佳作，还要加上一个"美文"，为什么呢？因为这不仅仅是为你自己现在读的，因为五年、八年之后你们都走过了红地毯，都会是一个孩子加一个孩子的父亲或母亲，为人父母后需要教儿育女，需要言传身教……因此，假如你们现在不充分利用自己读大学本科这个最佳阅读时段，整天"身在课堂心在网，碎语闲言群里忙。日理手机百千遍，读书开卷两相忘"，不理性地努力，把自己从一个应试教育的成功考生，及时转型为素质教育的理想书生，不断熏陶自己成为一个真正的读书人的话，那么你们未来还有什么更好的办法"大手拉小手"地让自己的孩子成为一个又一个"书香宝宝""书香贝贝"，然后再成长为一个读书人、一个知识分子呢？如何在小家庭中实现良性的文教链条可持续呢？因此，有时候，还得从人生的成长战略、家庭发展的战术意义上来讲讲读书的意义。

刚才野秋兄要我讲一讲校园阅读的实情，其实，阳光底下最苦恼的职业之一大概就是教师，因为你要让不那么爱读书、不那么爱学习的孩子，静静地坐下来，开卷读书，是不那么容易的。所以我们提出一个概念叫作"校园阅读推广"，实际上就是跟我们南书房家庭经典阅读推广一样。大家设想，如果没有我们"深圳图书馆南书房"这样的家庭阅读作为起点，没有千家万户的"书香家庭"作为支撑，没有成千上万的"书香校园"作为支撑，那将来我们的公共图书馆哪里会再有读者？

胡野秋

王余光教授在 2008 年就曾呼吁在全国图书馆内设经典阅览室。我想请问王教授，你的呼声在多大程度或多大范围内得到了图书馆界的呼应？另外你认为图书馆经典阅读在图书馆阅读中的地位如何？

王余光：在我呼吁后，得到了一些响应，如南山图书馆设有"经典阅览室"，安徽省的高校也在呼吁建立"经典阅览室"等。另外，很多大学在开设经典阅读的课程。去年北京大学鼓励小班开设经典课程，学生不超过 20 个，老师跟学生一起读经典。过去的私塾、书院，乃至家庭，事实上都是以经典阅读为主流的。而 1949 年以来，家长要求孩子读的都是实用的书，不再强调阅读《诗经》《论语》等。近 20 年，随着电视、网络、手机的普及，读经典书籍的人更是越来越少。近几年来，我觉得状况有所恢复和改变，图书馆、学校、家长都在重视、推动经典阅读，深圳图书馆开设的"南书房"就是一个很好的范例。此外，也有公司在做经典阅读辅导了。这都说明"经典阅读"逐渐成为一个社会需求。随着大家的努力，我想"经典阅读"会走入我们每一个家庭。

胡野秋

康延兄是"民国文化"的积极推广者，这些年到处推广民国的老教材、老课本，能否说一说民国时期的经典阅读和经典教育都通过什么渠道进行？

邓康延：民国文化呢，我也是偶尔去一下，然后再赶紧回来，因为陷得太深拔不出来也不行。算是因缘际会吧，最早是去拍民国抗战的远征军，寻找少校、发现少校，猛不丁在腾冲国殇墓园附近的老市场找到了几本老课本，所以又关注民国的教育，突然又发现这些课本后面站着一些大先生，比如蔡元培、胡适、晏阳初、陶行知等，所以又萌发了去做这些先生的纪录片，就叫《先生》。等

《先生》完了之后，又想既然把先生都做了，还应该再做做民国的武士，所以又做了《黄埔》。整个系列做下来，我觉得它就是应运而生。我为什么说民国是最近的春秋呢？远的春秋是两千多年前诸子百家，最近的春秋也才60多年前，一个即使兵荒马乱、战火纷飞甚至民不聊生的年代，但依然出那么多大家，为什么呢？我觉得支撑那个时代的有社会的信仰。你去看民国先生们的照片，他们的眼神，他们的服饰，透着一种书卷气，他是有底子的，既有中国传统文化几千年的底子，又有西风东渐带来的精神上的变化。所以日本人侵略大半个中国了，我们还有脊梁挺着，还有"书"（文化的）脊梁。我记得两年前，也是受图书馆张岩馆长的感召，我们在做十集纪录片《黄埔》延伸的"惊涛伟岸"展时，我请来陈丹青和张晓风两个黄埔后代，一个是画家，一个是作家，在两岸都非常知名，在图书馆举办了两场讲座，我就觉得，他们讲了一种传承，有家教、有家中书籍的滋养，不只是书，还是一种读书的习惯，养出了书卷气。我们刚拍完《先生》的第二季，还是十集，和台湾地区合拍。我审片时，多次不能自已，觉得那种家国情怀就是用书里点点滴滴的文字所浸润的。比如于右任、林语堂、傅斯年、钱穆等等，过去曾经有些是所谓的"文化战犯"。你去梳理他们的平生，就能感受到他们对我们的汉字、我们的家国之爱。他们通过著述、通过人格魅力传承下来。林语堂的女儿就是美国读者文摘远东版的总编。书香门第虽然未必大富大贵，但是读书使人平和而高远，可以平安，可以饱满，可以幸运，而不像某些官二代、富二代，一会儿上来了，一会儿下去了，一会儿不知哪去了。所以书是最好的生命基因。通过书，我们把别人一辈子的精华，就能汲取得很多。我也为这座城市感动，可能每天都有讲座。今晚还有这么多人聚精会神地去听遥远的故事，这也是城市之幸，也是深圳人之幸。老课本有这样三篇课文："竹几上，有针有线有尺子有剪刀，我母亲坐几前，取针穿线，为我缝衣。"你看，母亲缝衣，充满了家庭的伦理之情，孩子在旁边温习功课，没有什么形容词，比如母亲多辛苦，寒夜多冷，但是慈母手中线的意境跃然于纸上。第二篇课文表达了民国教育的艺术性，蔡元培先生想用美育替代宗教，丰子恺先生设想艺术建国，都是伟大的理念，能否实现是另一回事，但奠基了民国的美育。这课是这样的："三只牛吃草，一只羊也吃草，一只羊不吃草，他看着花。"你看最后一句突来一笔，这只不吃草的羊，看着花，它原来是一只哲学的、艺术的羊，有那种情趣。第三课说了公民教育，只有两句话："开学了，我们选级长，谁得的票最多，谁就当选。"我们现在离80年前的课文还那么遥远，这是悲哀，也是我们往前走的动力。谢谢。

胡野秋

民国有很多大师。辛亥革命百年时，我在香港特区看了一个民国军阀的书法展。军阀天天打仗，但他们竟然能写那么美的字、那么美的文。因为那个时代的经典阅读是过关的。而现在中国家庭的经典阅读相对来说比较弱。我想请几位专家从阅读学的角度解析一下，中国家庭为什么离经典阅读那么遥远？

徐雁：作为一般文化程度的家长和小学、中学教师，都会遇到一个读物方面如何选择的现实问题。譬如，"中国四大古典文学名著"，对于一个孩子、一个学龄儿童和求知少年来说，应该先读哪一部，这中间的理性顺序是什么？能不能在阅读上也来些"减负"？作为家长也好，老师也好，还有我们图书馆的馆员也好，对这个问题一定要有一个非常理性的思考。

从我个人的阅读体会和认识角度来讲，我的建议是阅读"中国四大古典文学名著"，对于一个学龄儿童、学龄少年来说，可以先做个减法，那么先减去的是哪一部？当然是先减去《水浒》啦，前人说"少不看《水浒》"啊。《红楼梦》的阅读，对于小、中学生来说，不妨也暂缓。

但小学期间要通读《西游记》原著，初中时期要尽量把《三国演义》原著读完，这应该成为一个学龄儿童和中学生的基本阅读任务。然后上了大学本科，再读读《水浒》《红楼梦》，因为那个时候，一个走出家庭、面向社会的大学生，已经有那么一点社会阅历和生活经验了，对于是与非、善与恶，对于公平、正义这些问题的判断，已经会有那么一点准则了。

我们提倡小学阶段要完整读完《西游记》原著，是因为《西游记》可以培养学生的文字描写能力，更可以提升他们的文学鉴赏力、激发文学想象力，尤其是对于世间是非善恶的判断力，因为这些知识营养和精神能量，对于一个孩子来说非常重要。

进入中学后，尤其是在初一、初二年级，要抓紧时间读读《三国演义》原著，要努力争取尽量读完。尽管《三国演义》不是《三国志》，《三国演义》是根据东汉末年魏、蜀、吴三国的历史创造出来的历史人物故事，但小学生读了《西游记》，中学生读了《三国演义》，就可以让他对中国文学、中国史学有一种启蒙的感觉，我们做学问的不是经常讲贵在"文史兼治"吗？

胡野秋

王教授，你怎么看？刚才这个问题，就是中国家庭经典阅读的现状不是太好的原因你认为何在？

王余光：刚才主持人说到民国军阀在书法或文辞上很好，其实这并不来自于《西游记》《三国演义》，而是来自于他们早期读的《唐诗三百首》和《古文观止》。民国及之前，传统上重视这两本书的阅读。我一直在"鼓吹"，在小学、中学这 12 年里，能把这两本书读好就够了。现在中小学一些老师喜欢让孩子们看很多书，孩子很难完成这些阅读任务，反而因此厌恶读书。读透这两本书，甚至能背下来某些篇章，我觉得在写作时才能达到写得很典雅的水准。现在经典阅读的状况很不理想，我个人认为，原因主要是我们现在的家庭不是过去的家庭。我在跟家长交流时，说应该让孩子好好读读《唐诗三百首》《古文观止》。家长说，孩子读不懂。我说，读不懂，你跟他一起读。家长却无奈地说，我自己也读不懂！因为现在的家长年少时，中国家庭那种"耕读传家"的阅读传统已经丢失了，所以现在要再拾起"经典阅读"，需要从一代家长开始，这个起步就有困难。所以说，家庭阅读传统在近几十年内的中断，是目前家庭经典阅读状况不太好的原因所在。

我之所以说要读这两本书，是因为我个人觉得读经典主要有两个方面：一是工具性，《唐诗三百首》和《古文观止》主要是工具性，在中小学阶段读好这两本书，具备了阅读中国经典的能力，到了大学，再想读《论语》《史记》《诗经》等，基本就能畅行无阻。不然即使以后想读，却会因不具备这样的能力而放弃。二是思想性，读经典是为了思想的汲取。我听说现在很多中小学在背诵《弟子规》，我不赞同给孩子们背这些思想性的经典，而应等他们上大学后，再做出自己的选择。在这一阶段，应给孩子们读工具性的书。

此外，1949 年以来，我们一直在批判中国文化、批判中国经典，虽然近 20 年来在逐渐转变，但转变是缓慢的，很多人在内心对中国文化仍持批判态度。这也是经典阅读，尤其是中国传统经典阅读的状况不好的另一个原因。今天情况不同了，我们讲文化自信，从中央政府到家庭成员，都觉得中国文化是立身之本。读经典的这种意识和行动，越来越好了。

胡野秋

王教授从阅读史的角度梳理了一下，很清晰。康延兄，你怎么看？

邓康延：我和王老师非常有共鸣，我们的年纪也差不多。我认为如果汉字是我们的祖国，那唐诗就是我们的山水故乡，这上千年的文化就直接抵达了中国人的心里，汉字之简约，意境之深邃，是非国人能透彻理解的。要我们的孩子孙子多读这些唐诗都没错的，能自己迸发出民族的一种情怀、意境和眼光，影响他的气质。"文革"开始时，我一年级刚读完金木水火土，要誉写最高指示，当时老师也不知道这个是什么，说我们明天要听广播，要一字一字记，记下来就是最高指示。我记得抄写的第一篇课文是"领导我们事业的核心力量是中国共产党，指导我们思想的理论基础是马克思列宁主义"。许多年以后，我再去做民国的讲座，讲先生的时候，我非常惭愧。我们现在所拍的林语堂先生，他的文字上的"京华烟云"，或者散尽他所有家财去做一个打字机，让汉字打字更快捷地来普及，他说这是送给中国人的礼物。经典的阅读和阅世都能启迪心灵。我还想起民国武将的一个情节。抗战胜利重庆大游行，走过了陆军空军游击队民兵，在整齐的军旅队伍里突然现出几个褴褛军人，打出了四个字横幅"中国海军"，全场震撼，继而是雷鸣般的掌声，因为我们的海军已经打得没有一条船了，船沉的时候，船上的枪炮拼命拆下来拖到岸上，依然去打日本鬼子，"中国海军"，那种军种被灭的悲壮和河山犹在的勇气，这就是文武民国的精气神。而现在，不管是我们的故乡山水还是心灵，都在不同程度上受到污染，实则我们已经把我们的经典抛弃了，或者有一些其他的伪经典吸进来了，所以读书不只要去读，还要更多地打开心扉，通畅世界的窗户，就像我们 80 年代豁然开放和世界交流，才能强大。若四周封闭如村庄，只能近亲繁殖，而且是坏的基因来繁殖，我们这个民族就会一点一点萎缩下去，这就是我的忧虑。当然我的观点只代表自己，不代表南书房。

胡野秋

　　我也谈谈我的阅读观和对经典阅读的看法。在阅读上，我是一个相对的开放主义者，对孩子从小的阅读培养是"放养式"的。我只告诉他，读书是最好的行为。我儿子问我，什么书都可以读吗？我说都可以读。过了几天，他跟我说，不对，我们老师说坏书不能读。我说，世界上其实本没有所谓"坏书"。坏书是谁定的？四大名著在不同的时代曾被列为禁书，禁书当然是坏书，但在我们这个年代，四大名著是经典。现在我们再认为，一个孩子读《红楼梦》可能会导致早恋，这就错了。现在那么多孩子早恋，他们都从未看过《红楼梦》。但是读完《红楼梦》，会让一个孩子的审美品位大大提高，反而不太会盲目早恋。刚才提到"少不看水浒，老不看三国"，但是我现在发现，阅读有时需要一定的引导，但不要绝对化。

　　最近，我刚从美国回来，在美国，真的没有像在中国一样到处看见刷手机的，反而常看见人捧着一本厚书在读。后来我问他们：你们的孩子怎么教育？他们说，我们的孩子只有一本书是强制要读的，除此之外，他爱读什么读什么，这本书就是《圣经》。这相当于刚才王余光老师说的打底子的书。

在读书上，家长对孩子的影响很重要，中国的孩子不读书，根子在家长。常有家长说，我的孩子现在越来越不爱读书了，我就问他，你现在读书吗？家长说，不读。我说，你不读，凭什么要求你孩子读？一个国家的阅读状态，往往是看家庭的阅读状态，一个家庭如果每个人都看自己喜欢的书，这个家庭一定不错。

最近《全民阅读促进条例》（征求意见稿）公布了。我想请教几位专家，我们都想改变阅读现状，政府通过立法等方式来促进阅读，你们觉得有无必要？《全民阅读促进条例》有多大的效用或价值？

王余光：这个其实还不算法律，它只是一个促进条例，至今还在征求意见。我觉得可取的是它对地方政府提出了一些要求，能够为公民阅读提供一些硬件设施，为经济欠发达地区提供协助。事实上它不是对公民的要求，跟家庭的阅读、跟具体的读书行为几乎没有关系。还有尚未出台的我国的《公共图书馆法》，也是在从这个角度立法。在一些发达国家，如日本和美国，都有类似的立法，来促进与加强地方政府为公民提供阅读方面的服务。

其实我个人认为，美国的乡村、村镇图书馆做得特别好，不仅是因为法律保障。举例说，在美国你想当镇长，为了让大家给你投票，就要把图书馆建得很好，为什么？因为美国孩子大概下午3点就没课了，家长会把孩子送到图书馆去，图书馆对当地家庭非常重要。而我们还在朝这个方向发展。总的来讲，《全民阅读促进条例》反映了中国社会对阅读重要性的认识，我觉得还是积极的。

徐雁：大家知道，自2009年10月1日起，国家开始实施《全民健身条例》，于是在我们生活的街区边上就有了一片塑胶场地，及24小时开放的露天健身器材。拟议中的《全民阅读促进条例》呢，实际上就是一个"全民健脑法"。在 2015 年 1 月 1 日江苏省人大常委会就通过了一个《江苏省促进全民阅读条例》，其中规定，从 2015 年开始，每年的"4·23 世界读书日"也就是"江苏全民阅读日"。那么，它对于我们个人、家庭的意义在哪里呢？刚才王教授已经讲了，立法可以促进全民阅读，主要是对政府行为的促进，比如说，我们很多很多市和县，都没有专门的少年儿童图书馆，尤其是没有独立建制的少年儿童图书馆。那好，我们可以借助这个《全民阅读促进条例》，要求和推动政府财政去立项建设少儿图书馆，或者在"全面两孩"政策的社会语境中，加强对全民阅读推广社区设施，尤其是少儿阅读推广的财政投入。而对于我们个人和家庭来说，建立和强化"月读一书，日行一善"的知行合一价值观念，也就顺理成章了。

我们公共图书馆促进全民阅读做了十多年了，深圳图书馆在这个方面的工作，也是以非常领先的姿态参与的。我们呼吁提高图书馆公益性促进全民阅读的社会力量，为"阅读推广人"的培训工作，创造更好更多的条件，所以《促进全民阅读条例》落地了之后，我们完全有理由有信心期待，在我们的小区边上会有 24 小时的自助图书馆，会有开放公益性的"社区阅读空间"，它们的社会分布密度更高，我们的阅读条件更加便利，而一般家庭为读物所付出的投资可以更加节省一点。

邓康延：我们这个城市比上海和北京这些大城市尤为不差的就是多种民间组织以及读书会，我们前几年拍了 12 集的系列纪录片，叫《民间》，其中两集就关乎读书：后院读书会和三叶草故事家族。政府层面也在推广读书，深圳图书馆和书城都有相应的图书活动和大块头的自助电子图书馆。（跑题说一句，我对电子图书馆是持点儿异议的，觉得几十万杵在那，总得有人车拉送货，效率并不高。还不如多印点书呢。）可见我们的硬件是非常不错。深圳民间力量最为丰沛，早先有梁湘、袁庚杀出一条血路，先从经济上，实际在社会文化生活上，也开拓了很多空间。而更早呢，是因为数万人在这不断地冒死逃港，最后带来了深圳特区，邓小平也说过不能怪逃港者，而是政策有问题。所以我认为特区的民间力量滋长着民间的读书力量，拿出寸土寸金这么大的地方作为书城和图书馆音乐厅全国罕见，它带来人气的聚拢、书香的叠加。写读书月的歌词时，我冒出两句词，"长空雁过天有字，是谁伫立读出秋"，我觉得知识分子读的书多了，就会忧国忧民忧天下，忧古忧今忧后世。这两句却不知被哪级领导删改了，因为不喜欢"读出秋"。天下的好书都可以入我的书柜，入我们城市的图书馆，说到底，书是没有禁区的，我同意野秋兄的观点，没有什么坏书，除非是违法的，淫秽的，攻击人的。每个读书人都有自己的眼光，也有文化自主的权利。

胡野秋

康延兄是有激情的人，他这种激情也支持他这么多年，我非常佩服他这一点。刚才谈到如何改变家庭阅读的现状，大家都开始给"方子"，其实我觉得还有一点很重要，就是我们常说，要让阅读成为我们的生活方式，但是应该如何做呢？多年来，我送人礼品习惯送书，但这个习惯，在中国家庭里不太普遍。而以色列人给孩子送礼物是书，给朋友的生日礼物也是书，如果是送给女性，再加一朵花。我们学西方过情人节，过成了到咖啡厅里喝咖啡、喝红酒，但西方情人节的通行礼物是一朵花加一本书，还有夹在书里的巧克力。他们把阅读化为一种生活方式。我们的所谓生活方式还是偏重物质的，远离精神，所以忽视阅读。

另外包括刚才康延兄说的这个，他讲关于什么书能不能看？我们两个是高度统一的，甚至包括淫秽书的问题，我思考过这个问题，你说哪个家长会毒害孩子的？在有些国家是这样，书也分级，比如说淫秽的东西，对成人来说，你说什么是淫秽？你什么都能干的，你不能看吗？这是没有问题的，在国外就没有说什么电影不能看的，只是有的分三级、四级，有的分六级的，我们到台湾和香港地区也是分，美国是分五级，顶级的一个是战争，一个是色情，但是战争和色情不是本身这个东西看了的就一定是坏人。成人看，孩子因为年纪小，所以书上有一句提示，此书不适合12岁以下的儿童看。但一般来说，看见一个小孩来，不可能到那儿去拿一本书他不给你埋单的，就像在有些地方，带酒精的饮料不给埋单一样，所以你也不用过于担心。另外，换句话说，你想我们在这么严苛的情况下在阅读，你说我们很多罪犯是从哪里来的？他是从书中学会的吗？不读书的、你到监狱里面问那些杀人犯和强奸犯，你读过《金瓶梅》吗？哪个强奸犯读过《金瓶梅》？没读过，他连正常的恋爱可能都不知道怎么办，他不可能读书，所以读完《金瓶梅》才发现，《金瓶梅》哪有你想得可怕？比现在的三级片保守多了，人家里面有多少优美的文字？所以我觉得我们要让人类的情感正常的是放在读书上，我是主张无禁区的。我就说到这，因为今天来了不少的现场观众，另外有几位深圳书香之家的家庭也来了，我认识的一家是陈浩老师和黄老师，这两位我是认识的，你们站起来跟我们现场的观众认识一下。黄明老师和陈浩老师，他们是深圳 30 年 30 户书香人家，夫妻两个都是作家，我当年在特区报的时候，还编过你们的稿子。还有一位是宁雨家庭，这是第二届全国书香之家候选家庭。还有一家是廖世超家庭，他们也是第二届全国书香之家的候选家庭。还有是杨玉英家庭，也是深圳 30 年 30 户的书香人家。这四个人家都值得我们尊敬，我觉得成为书香家庭是一件太好的事情，我想几个家庭也得给我们简单地说一下，或者你们有什么问题跟几位老师探讨的，或者说说你们的感想？

陈浩：四位老师，听了你们的讲座，很受启发。我们家的书香家庭，为什么评出来？因为有很多人来电话请我去讲课，报纸上也介绍过，可能我的书香家庭的特殊性就是书多，留书家庭、多书、写书、讲书、证书、捐书，是因为这个原因才选上的，而且是深圳1000 多个作家里面唯一的书香家庭。我的感觉在座的家长你们每天都做经典，不要听那些说得很悬乎，什么是经典？说是对教材，比如今天中午我孙子浪费了几粒米，我就跟他说"锄禾日当午，汗滴禾下土。谁知盘中餐，粒粒皆辛苦"，捡起来吃掉，这就是经典。现在我们读经典，要实用，说得太多了，我反问过我们深圳的秀才，他考上了清华大学，他的经典是什么呢？现阶段家长、准备做家长的准妈妈，你们现阶段的学生和你们的儿女，我已经是太爷了，我有四代，从博士到大学生，主要还是多把课文读好，因为现在要应试要考试，那边那些读书的都在准备考试，而不是我们现在拿着几千年的《论语》那些东西来读，那些东西读经典是我们工作之后，我们现在去读，万一考不上大学怎么工作呢？所以首要还是读我们的课本，读得滚瓜烂熟，应试考试，考上大学和研究生才是光荣的，不然你饭碗都丢了。四大名著的书多少个火车都拉不完，我家里有几万册书，他们来看了，捐赠的送的多得到处都有，怎么办？我捐出去，我主要还是读那几本书。那么现在学生呢，我认为一个是刚才你们讲的唐诗宋词，读好课文里面选的那些。西游记不光是教我们怎么样做人，都要学孙悟空，而且是百折不挠，敢问路在何方，就是好坏不怕困难，打妖怪，想象丰富。所以这个也应该读。当然你的孩子是天才，能够看很多书。但是开卷有益，时间有限，考上大学才是顶呱呱，你什么都知道，就是不知道考试，这怎么行呢？所以我的看法就是这样的。

胡野秋

谢谢陈老师，这也是你的切身的体会。

黄老师：我和他有不同的观点，因为他不太喜欢外国文学，我喜欢名著，就是所谓的经典，实际上我是草船借箭，因为我看一些名著，特别是描写的那些，我要是写东西，就要借鉴外国的名著，读这些东西，一中一外。

胡野秋

下一家庭，杨玉英，她培养了一个少年作家，她女儿谢然是一个很不错的少年作家。

杨老师：不敢，谢谢胡老师的谬赞。我很赞成老师们的各个观点，我都觉得非常的受益。我自己的做法是从小带着我的小孩读《论语》、读《孟子》，可能她还没有认字的时候，就让她稀里糊涂地读，这本我带来的书是她17岁的时候写的一本书，叫作《不读论语枉少年》，是2011年出版的，开过全国性的研讨会，像白叶这些名家也来参与过这个事情，并且由此而推动了一个课程，叫作论语分主题精读。这个课题的开创者是我，于是我后来又编写了一个教材叫《论语分主题读本》，2013年在中华书局出版的。现在在我们学校，深圳有十几家学校，以及全国各地有100多家学校在用这个教材上《论语》课。同时，在上论语课的时候有一个做法还是在推家庭阅读，这个课程如果我们在学校里，因为我们是公立学校，不是私立学校，也不是私塾，你要去推的话，家长可能会有问题，会不会加重学生的学业负担？如果家长不认可，你是很难推的，所以在我自己的班里，我所要做就是带着家长一起来读，也促进了他们家庭的阅读。我现在回归到我自己，我的小孩从小读《论语》，其实她是不像一般人想象的过得很悲惨的童年，她是蛮愉快的。还有刚才老师们讲到，孩子们从小要读诗，这是确确实实的。我们好像是说考托福和雅思是有单词量的，我们作为中国的孩子，作为一个中国人，有没有一个诗词量，我的观点中国就算没有四大名著，中国文学在世界文学之林依然是熠熠生辉的，我们最大的一个文化就是诗，所以我的小孩小时候每天一首诗，我跟她像玩游戏一样玩下来。每天读《论语》，最早的时候，也没有别的条件，我就读了录起来，录起来播录音，在家里单曲循环，单曲循环的结果就是，她不知道是什么意思，但是她听得非常耳熟，等到要去跟她学的时候，她就很惊喜，这就是我天天听熟的，你一般是讲了上句，她就会接下句。我们家给她的家规就是每天开电脑不能超过1小时，电脑也是在客厅的，大家可能互相监督，我也不超过1个小时，你也不超过1个小时，今天要是用电脑过分了之后，你明天就把这个时间扣回来，今天用一个半小时，明天就只能用半个小时，这个是为了什么呢？为了保证有时间读书，我对她的干预为什么就是一定要去读《论语》？因为一个小孩子，家长不带着，她不可能在童年和少年的时光去读这些书。而其他的阅读我对她是非常放任的，我觉得我是有民主，有自由，也是有专制的，但是专制也是非常宽松的，她不自觉地去接受，像玩游戏一样，到最后她差不多了，你看把前面的五篇，背熟了默一遍，默一遍还可以坑蒙拐骗一下，有什么奖励，给她一些奖励。比如你最想要什么奖励，我就可以满足你，当然这个是正当的，所以等到她成为深圳市的十佳文学少年，报刊约她开专栏的时候，这些编辑们可能就觉得写中学生情感什么的，我就又干预了一把，跟老师说，我说能不能商量一下，我说中学生情感，可能所有的中学生都会写，为什么？这就是他非常直接的感受，我说能不能写写她读《论语》、读《孟子》呢？他说杨老师这写出来有人看吗？我说不妨试一试。后来写出来之后，倒是她的专栏是最受追捧的，且后来顺利出书。其实这本书是影响蛮大的，这已经是她的第二本书了。她有句话是这样概括的，"小子何莫学论语乎，论语可以兴，可以观，可以群，可以怨"，她说"张口可言，举笔可写，多识于世界纷繁之道也"，就是很多东西，你用《论语》交给你的识别世界的、明辨是非的一些方法来看这个世界，其实它应该是没有那么复杂，应该是很简单的，所以这就是我做的。谢谢。

胡野秋

　　谢谢杨老师将阅读往前推了一步。就是学以致用了，阅读之后能写作。今天老师在上面讲的是理论，这几个家庭讲的实际是案例，下面廖家选一个代表。

　　廖家代表：各位老师好，在座的各位朋友大家好。其实跟刚才两位作家老师，还有这位天才的妈妈比较起来，我们家是非常非常普通的在深圳的三口之家，是非常接地气的，可以说跟在座的大多数是一样的，我儿子在 5 岁之前是不读书的，他只看奥特曼，我是因为儿子要上小学，才真正开始亲子阅读，且我们是彩虹花公益小书房的推广者，然后才开始慢慢进入到阅读这个角色里面，再跟着儿子一起读书，从而开始我们这个家庭的阅读之旅，也非常有幸地被推选为深圳市书香之家。我现在做亲子阅读，我儿子从不读书，到现在他非常喜欢读书，读书已经成为他日常的一个行为，有机会我想跟大家分享一下。我现在有几个问题想问老师，因为我是做阅读推广的，我自己在家里开了公益的图书馆，会带很多孩子来做经典阅读。在做经典阅读的时候，会发现一个问题，因为我可能不是专业学历出身的，而是半路出家的一个人，虽然自己也没有停止过学习的进度和脚步，但是我在带孩子阅读的时候，我会发现，我跟家长之间的沟通，和孩子之间的沟通，总觉得不是特别的协调，我就想问，就像我这样，如何提高家长自身的能力，包括经典阅读的自身能力？对于我们来说，我们谈了很多问题，但是我当时就想了一个问题，真正的经典是什么？因为从小到大也没有老师带过我们，告诉我们什么经典？除了你刚才说的唐诗三百首，及四大名著，诸如这些之外，还有哪些可以适合我们的家庭、适合我们的孩子真正读的？虽然每年都在推荐哪些书可以读，哪些书不能来读？但真正的经典是什么？想听听老师的见解。

胡野秋

这个问题好，王教授你先来。什么是真正的经典和家庭的经典？

王余光：我觉得深圳图书馆南书房每年 4·23 "世界读书日"发布的那些书我是认可的，因为我想我们不是给它做一个定义，那些书是看得见的，大家都知道，4·23 的时候，南书房发布家庭经典阅读书目，他们的计划是发布 10 年，每年发布 30 本，希望 10 年发布 300 本。这个计划它是想每个家庭，假设说愿意接受这个书目的话，那么在 10 年之内，可以建立一个家庭书架，300 本书大概相当于一个普通的书架的书。这对于我们家庭来讲，也是能做得到的。现在关于经典的话题是有争议的，但是我觉得我们南书房发布的这个，至少是可以供我们家庭来选择的书。

徐雁：我想在引导孩子阅读经典读物的时候，假如一些经典的作品如《水浒》《三国演义》《鲁滨孙漂流记》等已经有了电视剧、电影的改编本，那么，我们不妨提倡这样一种阅读方式：如果这个孩子对文字的感知能力和阅读能力强，可以让他先去看文学作品读原著，然后在作品原著读完以后，强化他的阅读，可以引导他去看根据原著改编的电影，但一定给他一个引导，让他看一看那些白纸黑字的纯文学描写文本，是如何在导演、演员的共同合作下，依靠自然外景地，再加上声、光、电等技术元素，在银幕和荧屏上活动起来的？在这个过程中，编剧和作家有什么文化视角的不同？对人物的形象、作品的情节、故事的场景等，都做了怎样的调整？为什么会发生这样的改动和变化？通过诸如此类的"问题"的引导，借助这样的启发式导读方式，引导孩子从文本阅读到影视阅读，实现一种飞跃，将来他很可能会喜欢上文学、历史、艺术等人文科学，也可能爱上传播技术等。如果孩子对这些文字量大的文学名著在阅读上有畏惧感，那也不妨把"观看"与"读书"的先后次序给颠倒一下，让他先去看看被改编成为电影的文学名著（如《汪洋中的一条船》《城南旧事》《我亲爱的甜橙树》等），然后再引导他去读原著，这也应该是因材施教、行之有效的一种方式。

邓康延：两位老师都说得挺好，有些经典我们民族或世界的读书界已经沉淀下来了，你到网上一搜就都有了。再近一点，就是咱们南书房，每年也发布咱们的经典，读书月也有当年的好书，这都是经过大众和书评家从各种角度长期沉淀下来的。其次对于孩子来讲，还是让他兴趣杂一点好，多些自由度。我们经常能看到一个作家叙述他姥姥或者爷爷家，或者父母留下来的小书房，他读的杂书或某一本书，一下吸引了他，渐渐成了那个方向的追随者爱好者，最后成为著述者，兴趣是最好的老师。举个例子说，有本老课本写道：父亲拿了一盆水仙，让兄弟两人来描述。大儿子描述水仙是什么样的植物，它的根茎叶脉花色，非常严谨；老二就说水仙，它袅袅婷婷，叶子犹如它的裙带，它的花束犹如它的面庞，故称凌波仙子。父亲最后就说，一个是植物学家的描述，一个是文学家的笔墨。所以不要限制孩子的兴趣爱好。父母好似一国的君主，如同不能去限制他的子民去读什么书一样，才能多出才俊。

胡野秋

讲得很好，我也再说一下这个问题。因为你刚才提出的问题是根本性的问题，就是关于经典的定义。今天为什么一开始我们没说这个问题呢？因为怕陷入所谓的理论和定义的判断里面去了，很枯燥，但是这问题是绕不过去的。今天上午，我们几个都是刚从大鹏回来，干什么？就是第三届家庭经典藏书书目的审定。王教授拿了一个书单，当然也遭到了我们还有几位专家，大家的互相的攻击。当然了这就说明什么？说明经典本身不是一个绝对的概念，它是相对的。另外，家庭的经典和经典又有点区别，你比如说《上下五千年》，算不算经典？那么刚开始，那绝对说这怎么算经典？但最后，去年我们还是把它放进去了，因为这本《上下五千年》的影响确实很大，而且穿透了历史的沉淀，如果一个孩子能把《上下五千年》看完，基本上你的大的历史的架构起来了，未必一定是去读《资治通鉴》，但是你可以读它，你想《十万个为什么》算不算经典？也争论得吵得死去活来的，按道理说，这怎么能称经典呢？这就是讲常识嘛，就讲一些知识，但最后发现，它也因为太经典了。用康延兄的一句话我觉得很好，经典流传下来，意思是只有流传，没有经典，绕来绕去意思还是流传下来的才是经典，也就是说流传下来的相对来说是经过检验的，另外经典我个人认为更多的可能是在非功利性，比如说《唐诗三百首》，我不认为它是工具性的书，它不像《说文解字》，《说文解字》是工具，但是《唐诗三百首》就像康延兄刚才说的，他有了诗的功底之后，他看见花、看见人、看见山水，他有诗意的东西在里面，他的心是柔软的，诗歌是可以改变人的气质和心灵的。最后还有宁雨家庭说几句。

宁雨家庭：谢谢四位老师，更感谢深圳图书馆。因为图书馆不光是一个可以安置身体的地方，更能安置我们心灵，所以大家在这种地方都特别的舒服，也愿意去探讨一些深入的东西。我想说两句话：像四位老师非常非常用心在做阅读推广的人，就好像火炬一样，照亮四周，也能够把我们阅读的氛围点燃，像我们这样的民间阅读推广人，更多的是像萤火虫，尽量地去把身边的人照亮，如果每个家庭都能够从自己做起，能够每个家庭都能够把自身照亮，其实我们这个世界也就是一片光明了，这是我自己想说的。我也想向四位老师提一个请求，今天因为主题是家庭经典阅读，我发现在我们亲子阅读推广的过程中，爸爸缺位的现象都很严重，虽然四位老师都是爸爸，但是因为你们都是做学问的，实际上现在尤其是在深圳，做生意的爸爸比较多，所以我想可能跟这样的现实状况也有关系，我想请四位老师就结合你们自己的亲身经历给各个家庭提一下建议，爸爸在家庭的亲子阅读当中应该起到一个什么样的带头作用？

徐雁： 就像《爸爸去哪儿》，不仅仅是做生意去了，游山玩水农家乐、打牌喝酒钓鱼去了，所以这个现象不仅仅是深圳，在全国也都有。我们设想一下，在《爸爸去哪儿》的电视里，一期、二期都很红火的时候，假如说我们的编剧是读一点书的，假如导演是读一点书的，假如这些明星的爸爸也是读一点书的，他们把他们的孩子带到南书房来，带到尚书吧去，带到深圳图书馆，带到深圳书城，那在全民阅读的过程中，起到的正导向正能量作用一定是非常大的。《还没有长大就老了》，这部书是凤凰出版社出版的，是成龙的口述自传。成龙在口述自传中说他最大的遗憾是什么？就是小的时候有条件读书但是没有好好读书，所以当他的影迷让他签名的时候，影迷说不要光写你成龙先生本人的名字，把我们的名字写上，很多人家的名字告诉他，他不会写，写成了错别字，当他面对新闻记者发布会的时候，他说他经常被新闻记者搞笑钻空子，为什么呢？他读书读得少，语和文都不足，经常词不达意，不能准确地、精确地、精微地表达自己的想法。所以他后来在世界各地看到很多华人的小孩有文化、有修养、有气度，他就会觉得非常高兴。

王余光： 其实现在不是说"爸爸到哪里去"，因为现在父母可能都很忙，没有时间陪孩子读书，或者说没有经验指导孩子读书。我了解很多家长，他们其实希望孩子好好读书，读的是课外书，因为读课本有老师来指导，不用家长指导，但是家长们认为，光读课本是不够的，希望读一些课外书，特别是小学到初二这个阶段，很多家庭是这么认为的，就是父母参与，但是父母确实觉得自己没有能力。我个人觉得，现在有很多机构，我刚才开始说的深圳有公司在免费地做这个工作，在参与这个工作。比如说现在用手机可以搜索到一个平台，就是APP，叫"经典阅读"，刚才我已经说了，这个公司辅导是免费的，我问他用什么赚钱，他说卖书，这是合情合理的，他招募北京高校的大学生当志愿者免费指导，我觉得这是一个很好的想法。既然家长在这方面缺少经验或者说他没有时间，那么在这个平台上，有这些北大的志愿者，这些学生，可以给家庭孩子做一些阅读指导，我认为是很好的，而且它是免费的。如果这个工作能够坚持下来，我觉得一定很不错。而且我还强调一点，其实这个公司的创办人是我早年的学生，大概六七年前，他来拜访我的时候，我跟他说，我说你一定要强调线下读书线上讨论，什么意思呢？就是你不要在网上读，你要在线下阅读，然后在线上讨论。志愿者是在线上跟他辅导、交流和讨论的。其实一个孩子读书很难坚持，大家肯定发现了这个问题，但当你把孩子拖到一个群体当中，比如说拖到一个阅读的群体之中，大家都在发表意见，而且还有志愿者在指导，对他很有促进作用，其间很多中学以班为单位，加入到里面来，因为它是免费的。他派一个志愿者来到这个班，在每周会公布时间，我在这个时间指导他。至于学生的发言，班主任有时间到这个群里来看一看，效果非常好，因为这样他才能坚持，不然这个孩子就不能支持，家长有时也无可奈何。其实在现代技术条件下，比如说这个志愿者是北大的学生，其实在国外的那些孩子都能够加入这个平台跟他互相交流、向他提问。有一个志愿者是我们学校的学生，他就跟我说，他在指导这些孩子读《三国演义》，好多问题他根本没有想到。比如一个孩子问他，某某某的兵器为什么是这个样子？他说我不知道，但其实这个志愿者应该是要知道的，要回答孩子的问题，这些孩子的很多问题，他回来到北大图书馆去做功课，下次去回答他，因为有些问题是我们看《三国演义》很快就忽略掉的。在现代这样一个交流的社会，我个人觉得，家长可以不承担主要责任，这个社会有很多工人来代替家长，我刚才举这个例子就是。

比如我们南书房也可能会做这样的工人，比如说我们南书房有这样一个平台，但是我一直主张是线下阅读线上教育，这是我一直主张的，我们南书房如果有这样的平台，南书房的老师定期会发布在某一个时段向这些读者来加以指导。指导的时段，家长们可以让孩子加入去讨论，且在读书的时候，家长很愿意陪他一边读一边写，然后志愿者还可以帮忙批改作业，这样就会持续地发展下去。我现在觉得很多家长都希望孩子读书，但是很多情况下，都是不能坚持的，就是几天的热情，这是普遍存在的现象，其实家长自己也只有那几天的热情，所以我想我们介入某一种机制，让这种热情持续下去，这是能做到的，现在是完全能做到的。

邓康延：我记得大约 1976 年的时候，我母亲知道一本书叫《流浪儿》，听别人说非常好，她走了几十里路，找到了那个人，那个人说刚借出去，又去找，可能辗转了几次，我拿到了经历了很多人的那本书，书和母亲的找书都让我难忘。而那个年代粮食和书都匮乏，我们一直处于饥饿状态。我下了一年乡，正好赶上恢复高考，考上了 77 级，但是我的大部分插队同伴还留在贫困农村，直到两三年后才招工。知识青年上山下乡那段经历，你们的父母或兄姐，或者你本人经历过，那种梦醒了无路可走的感觉，饿着肚子读书甚至读不到书，是冷酷的时代。要让我再说一本难忘的书，那是距下乡插队许多年后，我太太经常带着孩子，两个人嘻嘻哈哈看一本书，翻烂过几种版本的《父与子》，德国卜劳恩的画书，没有什么文字，但是全世界的人都懂。人性是互通的，对美好或冷酷的生活报以幽默态度，感染了千万的家庭，而且这次的评审会上，我也极力地推荐它，也得到诸位老师共鸣。我最早的作品是翻译美国《读者文摘》，像《第六枚戒指》《妈妈和房客》等，有十来篇吧，很长时间我喜欢中国的《读者文摘》（后来改名《读者》），看着短小精粹，多是生命的一种积淀，也适合家庭阅读。当然它中坚读者群应是高中生或大一大二生，后来《读者》也转发过我一些短文，会寄样刊，家里就常有与儿子买的杂志重叠。随着年龄增长，随着我去做时政的凤凰周刊主编和纪录片的制片人，我知道世界上除了《读者》柔软的、抒情的、人性的故事之外，还有更多的严峻的现实。所以对一个男人来说，对一个"国家不幸诗家幸"的男人来说，我更多了悲凉与反思。要说父亲去哪儿了，儿子又去读什么？我和儿子也有些书籍交流，一看他中学时满架子日本漫画，我就有些生气，但许多年之后，他又跟我一个专业了，我是一个草台班子，他是一个专门的拍纪录片的，以前的漫画语言和节奏并非无用。我就想说，不要去限制每个孩子的自由自我发展，不要去拔苗助长，不要按己之意志决定别人，每一个人、每一代人都有他自己的命运。

胡野秋

　　非常好，我简单说一下，关于你提出的在家庭阅读中父亲缺位的问题。在中国古代家庭教育基本是父亲的事，责任是父亲的，所以你看三字经"子不教，父之过""慈母手中线，游子身上衣"什么意思？就是物质的东西、生活的东西归母亲，教育归父亲，这说明什么？现在为什么家长那么多父亲缺位，时代进步了，女同胞现在都认字，有教育能力，女人进步了，男人没有进步，女人进步了，跟男人一起一样高的时候，男人在原地踏步，甚至男人在向后退。表面上看，你看我们多忙啊，男人负责养家，现在女人也负责养家，古代完全靠男人养家，但是子不教也是父之过，为什么？中国在把传统的很多教育理念，我觉得是异化掉了，就像我在很多场合跟别人讲，中国的文化现在已经是转了基因了。今天我们中国文化跟5000年的中国文化有多大的关系？但是为什么每年南书房特别做这个，我觉得特别有价值的就在于每一年坚持不懈推出30本，10年300本经典，这个经典中间有好多，至少一半以上是我们国学的经典，王余光教授刚才也说了，打底子的书，《古文观止》、唐诗宋词元曲、论语、四书你把它读完了，这个人你说能坏得了吗？坏不了。而且10年下来，如果300本书，每一家，你只要有这300本经典，并且能把它读完，你就不得了了，也可以讲你是饱学之士。我跟很多人讲，读书未必是破万卷，你非要读3万本才饱学之士啊！你把这300本经典读完了，你就是饱学之士，知识基本上都有了。另外一个，现在很多家庭，尤其大城市，包括深圳在内，北京、上海等，我可以说，你们的家庭装修是残疾的，很多家庭装修很豪华，带我去看，看完之后，说胡老师给我们提提意见吧？我说你们家不合格，你花了很多钱装，但是没有一个像样的书房。他说我有书房啊，我进去一看，稀稀拉拉放两本菜谱、杂志，我说你这也好意思叫书房？柜子上摆几个假古董？什么叫书房？我当时就讲了，一个家庭没有500本左右的书，你这个家庭是不合格的，当然有300本这样的经典的话，我觉得你价值是连城的。所以我就认为这300本书可能会让一个城市改变，会让这个城市的市民集体的气质和精神状态发生变化，如果都能做到这样，你读完了，你们这个家庭是非常不得了的家庭，哪怕你没有读完，这300本在家里放着，你读一部分，放在家里，你也是书香四溢，家里面也是蓬荜生辉的。你的家里可以俭朴，但是必须有一个好的书房。非常感谢大家，今天的南书房夜话到此结束，谢谢大家。

南书房夜话第二十九期
——理学与读书明理

嘉宾：景海峰　王立新　张晓峰（兼主持）
时间：2016年3月12日　19：00—21：00

张晓峰

　　现在开始本次"理学与读书明理"的话题。我是主持人张晓峰，首先请允许我给大家简单介绍下两位嘉宾，中间这位是深圳大学文学院院长景海峰先生，旁边这位是深圳大学文学院王立新先生。我们三位均是南书房的常客。这期题目是由立新先生定的，我先对题目做一个简单的切割分解。"理学与读书明理"这个题目可以分拆为三个要素：理学、读书、明理。理学是这其话题的前提条件，那么读书主要针对理学学人的一些管见、明理作为读书的落点，最后回扣到理学所谓之"理"。这就是这期题目的大概主旨。接下来，我们把时间交给景先生。

　　景海峰：谢谢。今天来了很多新面孔，可能以前没有来过，我先把前面的情况稍微跟大家介绍一下。我们这是一个系列活动，这是第三季，共有10期，现在差不多是收尾的时候了，还有最后的两期。前面8期大约是从10月份就开始了，整个第三季的主题是"国学与诸子百家"，前面已分别讲了先秦的儒家和道家，还有法家、墨家，后来也讲了佛教、讲了道教，这样就把国学里面所包含的各家各派、各种思想都介绍到了。最后的两期，一次是讲理学，下一次是讲心学，这样10期差不多就把国学的内容按照历史线索和流派基本上涵盖了，大概就是这么一个规划。

　　什么是"理学"？说来话长，大致可以从广义和狭义两个方面来

理解。从广义来讲，就是从北宋开始，一直到清朝末年，整个 800
多年的时间，历宋、元、明、清四代，我们说中国文化的主流就是
所谓的理学。也就是说，从先秦的诸子百家到后来汉代的经学，到
魏晋南北朝开端的三教，尤其是玄学，到了隋唐是佛教最盛的时代，
然后进入宋代，便是理学崛起的时期，一直到晚清，这 800 多年漫
长的主流文化形态就是所谓的理学，这是从广义来讲。而从狭义来
讲，一般是指二程和朱熹所代表的思想流派，就是所谓的"程朱理
学"，这是一个狭义的说法。

　　从广义的角度而言，这 800 多年明显是跟我们今天这个时代的
生活内容最为接近的，因为现在我们讲孔子和老子，那是 2500 多年
前的；我们讲汉人的很多东西差不多也是 2000 年；如果讲佛教的那
些东西，那是唐代最盛，也有 1000 多年；而我们现在讲的理学，是
跟我们现在生活的时代是一脉相传的。所以"五四"的时候"打倒
孔家店"，对中国传统的文化有一些严厉的批判，实际上这个矛头就
是指向理学的，是对这个形态的反思和批评。一直到今天，一提程
朱理学，在很多人的记忆里面仍然是把它作为我们迈向现代社会的
一个障碍，是需要去反思和讨论的东西，所以"理学"这个形态，
它的很多问题、很多观念、很多思想都跟我们的时代有一种关联性。
我们要从近代往前追溯，前面的这几百年就是理学，这个文化脉络
往下捋，就发展到了当下，所以理学的内容对当代与传统的关系来
讲就显得非常重要。今天的中国文化怎么向前发展，怎么进一步和
外部的世界去交流和沟通，都直接面对着如何去处理这笔文化遗产
的问题。

　　我们都知道有当代新儒学或现代新儒家，现代新儒家在很大程
度上就是要把理学的资源做一个现代化的处理。像现代新儒家的很
多大师，他们最熟悉、动用最多的思想资源就是宋明以来这几百年
的东西，所以李泽厚有一个说法，说所谓的现代新儒家就是新的宋
明理学。当然这个说法比较简单化了，但意思就是强调我们这个时
代的儒学反思和前面这几百年之间的密切关系，因为从广义来讲，
它等于是代表了晚清之前 800 多年的整个中国文化的主流。

　　宋以后的这 800 多年对中国文化的发展来讲是一个内容很丰富

的时代，一方面是儒学的重新崛起，就是所谓的第二期发展，这个第二期发展把中国文化特别是儒家思想从域内推到了整个东亚地区，宋以后的儒学就成为一个世界性的文化，传播到了朝鲜半岛、日本，还有越南，作为东亚区域的一个主流思想，它的扩展过程就是在这个阶段完成的，所以这个时候的儒学就不光是中国的了，它也成为一个世界性的文化形态。在这样一个形态里面，除了儒学以外，它也包含了佛教的进一步发展，也包括道教的一些发展，从明末清初后，也包括了外来的基督教文化在明末的进入，也包括了伊斯兰教在这个时期的进入和发展，所以它又是一个非常多元的形态。我们过去提唐代，常常讲是儒释道三教合流，而到宋明之后，实际上是儒、释、道、耶、回五教并生，是一个文明形态大交融的时代，所以它的丰富性远远超过了我们的想象，比以前的中国文化面貌要更加的丰富多彩。

在这种多样性里面，就儒学而言，程朱理学是最重要的一个主流学派，除了程朱以外，我们今天一般把广义的理学又划分成三个流派，就是除了"理学"之外，还有"心学"的崛起，从陆九渊开始，到明代王阳明的出现，使心学和程朱理学能够分庭抗礼，成为明之后中国文化非常重要的两支，就是朱子学和阳明学，直到今天我们讲儒学大致还是在朱子学和阳明学的取舍当中，所以除了程朱理学之外，就是陆王心学这一脉。而除了理学、心学，或者说程朱、陆王之外，从20世纪50年代开始有很多学者特别提倡另外的一支，就是所谓的"气学"，以宋代张载为代表，一直到明代王廷相、明末清初的王夫之，能找出一些特别重视气学思想的代表人物，把他们的谱系挺起来，构成与程朱、陆王并立的第三派。所以，理学派、心学派、气学派，在学术界常常是这么来把理学做一个分割的。但是从传统来讲，宋明时期主要就是理学和心学。这是我们今天要讲的所谓"理学"的大致背景，以及一个基本的分法。我就先开个头，下面看王老师有没有意见补充？

王立新：刚才景教授说了，理学是中国儒家在宋以后的形式，而且是最精湛的、最精深的、最理论化的形式，800多年一直影响着中国的历史。说实在的，今天中国人身上所具有的很多特点和精神，包括毛病，主要都是理学赋予的，所以五四新文化运动时期，大家反省中国文化的问题时，都把主要的斗争矛头指向了理学。理学博大精深，是中国文化最高的、最完整的、最完善的、最精湛的形态，因为它含融了道家和佛家的东西。理学的理论是非常渊深的，如果大家没有曾经在理学中沉浸过一段时间，说出来就会如堕入五里雾中一样，一头雾水。刚才景院长说的一套东西，可能有些朋友就不太明白，比如什么叫儒学的二期发展之类。我今天立这样一个题目，曾经跟景教授商量过。因为单纯讲理学、理学的概念、理学对于心性哲学的专注、理学家们互相间的派别争论，以及理学跟理学之外的儒家，和整个儒学与道教哲学、佛教哲学以及明以后对耶教、回教，还有西方的一些当时介绍进来的科学等的关系，都太复杂，不太适合在今天这样的场合跟大家细聊。所以，我们觉得理学既是以明理为主，理学家又以读书为基本的人生修养功夫，通过读书贯通人我内外，贯通古圣先贤和当下自己的人生，通过读书去"明"很多道理，于是乎我就觉得，由景院长首先说一下关于理学究竟是什么，在中国历史上究竟有怎么样的地位，我们接下去就进入理学家怎么样通过读书，去明了世间的道理。因为马上到读书月了，同时今天中国高等学校也越来越多，招生规模也越来越大，普通的没读过高等学校的人们，也都在有意无意地读书，我们通过纸板书，通过电子书，通过媒体书，现在还有微信。"读书"的方式越来越丰富，读书活动已经成为我们生活中的常态，而中国又是读书发达最早，持续时间最长的国家，所以理学家怎么读书，可能对我们今天读书更有实际意义。

过去有副对联，叫"一等人忠臣孝子，两件事读书耕田"。过去中国的士大夫组织自己的家庭，建设自己的家庭，教育自己的儿孙们说，人的一生中最主要的就是两件大事，一件事读书，一件事耕田。耕田是为了活命，读书是为了活人。活命的不仅是人，还有动物，只有认真读书，去学习、掌握世间的道理，那才能活得像人。理学家们强调，要读书明理，人生要明白道理。不明白道理，在理学家看来就是枉过一生。所以他们怎么读书，他们对读书有什么看法，明了什么理，我今天就主要想跟大家说说这方面的问题。

我们生存在这个世界上，究竟需要明白一些什么道理？这世界上究竟有什么理是我们需要去明白的？古人对此，是有一定说法的，我给大家来点生活化的说法，也可能把古人的一些说法圈进来，加上我个人的理解。其实人生首先面对的是外物，我们面对外物的时候，要了解物理，我讲的不是今天物理学的物理，大凡外物，都有它的理，所以我们明理，第一是明物理。第二是明事理，因为我们从小有意无意不管愿意不愿意都要做点事，事中有理，你做不好，他做好了，为什么，人家晓得理，你不晓得理，所以第二是事理。然后是治理、城市治理、河流治理的治理，但是这个话语的意思，是古代的政治治理，治理国家的治理。治中有理，中国古代对治理研究得很精深，大家也很专注治理国家这件事情，像《资治通鉴》，就是专门研究治理的，就是为了大家能够从治中找寻出理，才作了这样一个大部头的历史著作。再就是每个人都有所谓生理，当然这不仅仅是指现代医学的生理，理学家们讲，人是有生理的，那就是你生命的机制，生命的机制没有了，你活在这个世界上已经没有生理可言，就如同行尸走肉，只会喘气。这种理叫生理。然后是性理，我指的性理并不全是理学家所说的性命之理，还有我们平日了解的基本人性的一些东西。接下去，就是在逻辑学或哲学意义上的理，中国古代管这叫"名理"。然后最高的层面肯定是理学家要求我们懂的，就是"天理"。

总的说来，就是根据这样几个目标，要了解、要知道的就是这些"理"。这些理都是"道理"，就是人得懂道理，我们平时讲道理，说这孩子不懂道理，说你这个人怎么不讲道理？有的时候不是他不讲道理，而是他不知道什么是道理。知道道理的途径显然有两条：一个是我们亲身的实践和接触，也就是理学家们讲的践履，包括体察；再一个是读书，读书怎么能够明白道理？是因为古圣先贤通过他的人生经验和他人生直接的接触，把这份感觉、这份想法和这份深入的思考留存下来，虽然不是我们直接接触外物，但是我们间接地通过他们的接触，跟他们接通生命的联系，于是就打通了我们跟世界的阻隔。了解世界外在之理的途径就是这么两个，一个是直接亲身接触，一个是通过读书，而读书有的时候显得比我们直接接触更加重要。为什么呢？因为留下书的都是高人，而理学家强调的让别人读的书都是圣贤留下的书，圣贤们是这个世界的精英，是这个世界所有的精气化在他们的身上，要不然他们怎么是圣贤呢？理学家们比如朱熹，在这方面还是比较温和的，都说不读书明理，就成禽兽了。所以我们要明理，我们要明圣贤在书中所述之理。

为什么我们能够通过读书，来了解他们的心思呢？孟子说"均是人也"，圣贤和普通人，大家都是人；孟子还说"圣人与我同类也"，我们都是同类，有共同的生命的机理，有共同的生命本身与生俱来的那种志趣和兴趣，有共同要求自己的生命越来越明朗、越来越阔大、越来越成就的愿望，尽管圣贤的自觉性比我们高，坚定性比我们强，但是我们也有。正是因为这点，我们才可以打通跟圣贤的时空的阻隔，达成一种生命的交融。通过读书的方式打通我们跟先贤的阻隔，通过对先贤的了解，让我们进一步认识世界，认识我们自己，认识我们人类社会应该以怎么样的姿态继续存在下去。这是非常必要和有效的途径。同时，我们也要充分利用个体的生存经验，我们对于世界的曾经和正在进行的接触，是我们揭示圣贤思想的一个重要前提，如果你什么都没有经历过，什么都不懂，那圣贤说的话你就不会懂。为什么我们今天有些人读书读得那么费劲呢？说我怎么就读不懂呢？一是你接触外物不够，二是你读书读得少，读书越少越粗，就越不容易继续读懂。一会儿我就给大家读一点大理学家们怎么读书，现在我先举一个例子。

比如说了解物理，这个世界在我们今天看来，曾经有过从什么都没有，到什么都有，将来它还会毁掉，地球也会毁灭的过程，不管它有多少亿年。那时生命就没了，接着可能又赶上什么机缘，又出现新的一个星球再度出现生命，周而复始地这样轮转。理学家对此有深刻的认识，我举一个例子。南宋时期有一个大儒家叫胡宏，他讲了这样一段话："一气大息，震荡无垠，海宇变动，山勃川湮，人消物尽，旧迹亡灭，是所以为洪荒之世欤？"老天这一口气吸回去了，在它还没有呼出来的时候，所有的生灵都死掉了，世界一片空寂，这事完了吗？没完，然后他又说，"气复而滋，日以益众"。它又呼出来了，然后又滋生万物，万物又都生出来了。你看这句话，可能觉得太遥远，说宇宙变迁跟我们有什么关系？朱老夫子当年给自己的学生讲学的时候，提到过胡宏的这句话。他领着学生去登山，看到山上有很多小贝壳，比我们小手指甲还要小，原本就是我们今天上饭店吃的花甲，是那种东西的最早的原始形态。它怎么会在山上呢？朱老夫子就说了，胡五峰讲过这个话，说五峰先生说了，一气大息之后，所有的人物就都消亡了。我们中国有句成语，叫"沧海桑田"，你不知道，今天的桑田就是过去的沧海。从前我家在平原住，我不懂这样的道理。后来我在山东大学读书，才去了一个多月，同学们组织一次爬山运动，爬千佛山，济南市南郊的一个山，也叫舜耕山，传说大舜就在这个山底下耕种过，"舜耕历山，历山之人皆让畔"，大家互相谦让，把肥的土地让给别人耕种，互相关怀，互相帮助，日子过得很美好。我到那个山上一看，就有很多小贝壳，我亲自拿到了，仔细地斟酌，它跟我们现在的圆圆的小螺不一样，它是扁扁的；现在的螺没有牙，那个扁的螺里面是有牙的。我就想，在很遥远、很遥远的地质时代里，这座山的山顶，就是海底的一块岩石，后来海水骤然退去，这些小贝壳就被留在这里，变成了现在的样子。通过这件事，我就明白了一个道理，后来读胡五峰先生的书，读朱子的书，看到他们谈到这个问题，就觉得没障碍，而且还很亲切。这就叫读书"明理"。说你明这个干什么？明这个没用，但是你不明这个干什么？我是不是可以反着问呢？这是一个事情，明事理好去做事，明物理好去制作。不明理你怎么做事情，怎么造东西？

比如当木匠，你得知道木头的属性吧？你看《庄子》那部书，说"无用之用是为大用"，人要是有用就被人所用，被人所用就劳心伤神，今天被人抬举，明天被人压下去，后天被人弄得腐败了，然后再去坐牢。《庄子》说只有你没用，才能保住自己的生命。他举了个例子，说在路边有一棵大树，长得歪七扭八的，不中规中矩，木匠来了一看：这破玩意儿，什么用都没有，不看就走了。你要是不懂，砍回去也没用。为什么木匠要制作？制作需要材质，所以明物理是有用的，就不说现代科学技术的物理了。理学家在这方面的读书的经验非常丰富，胡宏这样一句深刻的话语，竟然让朱熹用小螺了证明，并成了他给学生讲天地大化流行的例证。他们对事物的观察是非常仔细的，他们的书不是瞎写的。一些朋友听我在讲理学，说他喜欢孔孟，不喜欢朱熹。我问为什么？他说他最讨厌朱熹，好好的儒学都被朱熹搞坏了。我问他："你念过朱熹的书吗？"他说"没有。"没读过人家的书，又不可能跟人家喝过酒，你凭什么讨厌人家？

朱熹是个很不得了的人，我今天拿来一本朱熹的书，一会儿我给大家念几段，它告诉你怎么样读书、怎样明理。我真敢保证我下面所读的朱熹的书，"句句是真理，一句顶一万句"。等一下我读的时候，看看大家感觉我说得对不对。我先说到这里。

张晓峰

立新老师的语言幽默犀利。刚才先生把读书需明之理给大家大致归了五类，起到了纲举目张的作用。我在这里强调几个问题。首先书是什么？人为什么要读书？其次是该读什么书的问题？最后是怎样去读书？我简单地对这几个问题做一个尝试性的回答。首先广义上的书是指人类文明传承下来有文字记载的载体，构成了一个书文的语言世界。在现在条件下表现载体多样（如纸质书、电子书，还有胶片等其他形式）。当然这里讨论的书，必须进行恰当的聚焦筛选。否则在信息大爆炸的今天，书会淹没我们。那么人为什么要读书呢？我想大概有这几层意思：第一，明理祛魅，这个过程就是去除个人认识愚昧的一种方式，同时也是我们个人自身修养提高的主要途径（立命之需）。这层意思和我们今天的主题紧密相关。第二，修学储能，这是读书的另一层需求：人作为社会化动物的安身之需。那么该读什么书呢？在我们这个语境下，当然是读圣贤之书，前人留下来的经典。当然好的人文社科书要么侧重事理，要么侧重情理，或者侧重义理，并从中阐发道理，更经典的书籍一般都会涵盖这几个方面。从书的分类角度讲，有些书是修养心性的；有些书是增强个人生存能力的，是指导人生在社会场域内实现社会价值的；还有一些书是提高人的思维能力的。这就需要我们在读书的时候要有所选择，有所甄别。否则会被书籍淹没，反受其害。我们夜话语境锁定的读书范围大致在明理祛魅的这层意思。读书是作为我们和远古先贤沟通的一个主要方式，立新老师对此做了很好的概括。至于怎么读书？这个问题留给立新老师后面回答。

我再细化一下刚才的观点。圣贤人类历史标杆的存在，在人类文明中起到示范作用，虽然离我们年代久远但他是活生生的。用下面的话表述可能更通俗一些，它们代表着人类良知、具有很高的道德修养、有丰富的认识见识，更有系统的书文论证。过去人类文明积累下的智慧经验，完全可以滋养或者启示我们处理人生面临的各种问题。理学在中国古代文化中的分量十足，而其中理学家在中国文明传承过程中扮演着极其重要的角色，所以我们有必要深挖一下这些前贤的深思、所想、所得。回过头来，读他们的书就会有捷径可走。否则还会在原点上打转，而不得前行。下面将话题交给景先生。

景海峰：还是先回到理学，我要对"理"的问题再讲几句。"理"这个字非常奇妙，我们现在日常生活里是常挂嘴边的，比如说：你讲不讲理？有没有道理？明不明理？这是一个很常用的字，但到底什么是"理"，这个"理"怎么来理解？实际上，"理"在整个中国文化发展史上，是一个非常核心的范畴。前面我们讲的先秦诸子，各学派都不大讲"理"。"理"这个字，在儒、墨、名、法、道、阴阳各派的思想里面，都不是一个重要的概念。也就是说，这个概念是到了中古以后，或宋代之后才凸显出来的，成为中国文化新时期的一个最重要的符号，就一如在先秦时代，不管是哪家哪派都在讲"道"，"道"都是一个最重要的符号。所以说中国文化2000多年的历史，三皇五帝不说，从春秋战国以来2000多年的文明形态，实际上可以分为两个阶段，一个是"道"的阶段，一个是"理"的阶段。也就是说宋以来的这800多年，一直到今天，实际上是一个讲"理"的时代。所以这个概念太重要了，对我们中国人的观念世界理解太重要了，需要把这个"理"拿出来好好讲一下。

在先秦诸子百家的文献里面，实际上都不大讲"理"。比如说孔子，我们都知道，他讲了很多重要的概念和范畴，譬如"仁义礼智"，如"恭宽信敏惠"，还有"智仁勇"，当时人讲的"四维八德"这些，里面都没有"理"。道家的老子和庄子也不太讲"理"，《老子》无"理"，《庄子》里面有这个字，但它不是一个什么重要的概念。我们现在一般说，可能到了战国的尾声，也就是在法家的集大成者韩非子的思想里面，"理"才稍微有了一点位置。他把"理"和"道"结合起来讲，有"理者，成物之文也；道者，万物之所以成也"的说法。但这已经很晚了，差不多到了战国的尾声，"理"才开始进入一个稍微重要点的概念序列里面。所以在整个先秦时代，都是一个不太讲"理"的状况，那时是讲礼乐的"礼"，而不是道理的"理"。这个问题要追究，是非常有意思的事情，为什么后来"理"有这么大的一个提升？甚至取代了先秦那些最重要的概念，成为中国文化中古以后的第一范畴，这个道理何在？这里面的背景太复杂了、内容太深刻了，牵涉文化形态转型的问题，牵涉三教融合的问题，牵涉宋代理学大师重构中国人的精神世界的问题。他们是把这个概念作为整个新思想系统里面的最核心的基石。

三国时代的刘劭有一本《人物志》，讲人的"十二流品"，现在讲什么人才学，往往是以这本书为鼻祖。刚才王老师已经讲了几个"理"，刘劭当时对"理"也有一个分法，他说"理有四部，明有四家，情有九偏"。"理有四部"，就是将"理"细化为四种。这是到了三国时代，经过汉代人几百年对人性问题的反思，细辨了性、情、欲等概念框架之后，对"理"所产生的一些更深入的认识，刘劭做了一个总结，"理有四部"就是道之理、事之理、义之理和情之理。这个分法很有意思，很有启发性，后来对"理"的理解基本上可以在刘劭的框架上来讲。一直到当代新儒家，唐君毅在《中国哲学原论》里面讲"理"，大致也是这个框架的一个创造性的"变形"，他是分名、物、玄、空、性、事六理。牟宗三的《心体与性体》，在综论的第一章里就先把刘劭对"理"的理解和划分作为一个开头提出来了，然后再引出宋明心性之学的内核问题来。我们今天对"理"的基本理解，大致仍可以按照刘劭的"事理""情理""义理"和"道理"这四种来分析，包括刚才讲到的六理分法。

　　我们先来看所谓的"事理"。"理"这个字最早在中文里面，就是讲一个东西表面的一种肌理或纹理，譬如一块木头，我们要看树的年轮、截面有纹理，以此来断定这个事物的状态，分析它的表面特征。所以纹理、肌理等，相当于是所谓的物之理，就是一个经验的、可感觉的世界的对象，我们怎么去把握它、怎么去认识它，这就是所谓"理"的最早的意思。后来稍微抽象一点，我们做事情要有条理，事实上就是肌理、纹理这种感觉经验对象的一个延伸。我们做事的时候，也要像大自然的存在物一样，要有今天所说的所谓规律性，要有一些基本的方法和路径，就是要有一些路路道道，你所做的才比较合乎事物的本来面貌。这些内容可以说都是就事理而言的，也就是所谓的物之理，即在一个感觉经验的世界里面，我们怎么样去把握你所面对的东西，掌握它的一些特点，怎么样能够对它有一个比较恰当的了解和认识，然后在这个基础上，我们才有可能对这个对象有一个比较好的面对的方式和处理的方法，这是感觉经验、生活世界的具体性。这个"理"重不重要呢？当然重要，可以说整个物质文化都是在围绕着它转。西方文化的长处，按照梁漱溟的说法，就是物的文化，也可以说是"事理"的文化，它的全副精神就是在处理这些问题，包括今天科学技术的指向都是在探明这个东西，就是怎么样把"理"、把客观经验的世界的一切东西都说得更加清楚、搞得更加明白、安排得更加有条理。所以整个知识世界的建构，都是在所谓"明理"的状态之下繁衍出来的，科学研究就是越来越深刻、越来越细微、越来越接近于事物的本来面貌，这大概就是我们经常说的"理"的意思，主要是指"事理"，或者"物理"。"事理"重不重要？当然重要。我们面对客观世界，要去认识它、要理解它、要把握它、要驾驭它，从小的到大的，从微观世界到宏观宇宙，这里面的万千变化之理，我们都要一个一个去认识、去理解，这就是人类所追求的知识，或知识之境所要处理的问题，是一个事理的世界。当然，中国古代文化最早也是在讲"事理"的问题，对世界的描述和概括基本上也是在"事理"的层面，比如说金、木、水、火、土"五行"，比如说阴阳"二气"等，这些概念最初都是从事理的角度做总结。刘劭所说的"道之理"也是指"天地气化，盈虚损益"，是在讲自然物的世界。所以事理可能是所有文明形态的一个基础，没有事理，没有对物质世界的了解和把握，文化就没有了产生的基础，也不可能发展起来。但中国人的世界又不限于这个层面，包括印度文明更是不限于这个层面，这和西方文化不太一样，可能西方人的很多东西是被事理给束缚住了，当然它的灵性的宗教的一面我们暂且不说，所谓知识的、科学的基本理念，都是建立在"事理"意义上的。

第二是"情理"。"情理"的意思，我们中国人应该最容易了解，为什么这么说？因为情理的世界是一个活动的生命状态的东西，它跟事理的世界不一样。事理是一个死的，就像物理学、化学、生物学所要处理的对象，它可以在实验室里无数次地重复和验证，可以得到一些确定的定理和规则，甚至成为一个普遍性的科学原理，那些东西都是死的。但"情理"却是活的，是人的生命有机体的复杂性呈现，没有确定性，不可重复，不可验证。所以"情理"问题，一方面是中国文化非常重要的内容，另一方面也曾让宋明理学家大为困惑，有些关系没有处理好，常遭人诟病。比如在"五四"时代批评理学家的时候，有一句话叫"存天理，灭人欲"，被人抓住不放，大做文章，说理学对人情的东西太过严苛，这种道德的束缚把人性中一些活泼的东西给束缚住了。这其实是现代的一个比较简单甚至是机械的描述，好像过分讲"理"了，人的生命情欲的东西就被抛弃掉了，或者给压制了，这是现代人很熟悉的对理学的看法。实际上这个问题在中国文化中是很复杂的，因为性、情、欲这三个层面的问题讨论得很多，从汉代关于性、情之辩，到六朝、到佛教，有一个长期论辩的过程，里面有一些很复杂的问题，这里就不说了。至少到理学时代，对"情"这个层面有些比较特殊的处理方式，可能把"情"放在了后面要说的"义理"的层面来解决，从天道性命那些义理的套子里来解决。这样，凡俗日常生活里的七情六欲安置可能就出现了一些问题，就是把它高度抽象化、义理化之后，造成了对活泼状态的漠视，或者有一点手足无措，所以现代人站在所谓"情"的角度对它批判是有些道理的。晚明就有人反思，特别是清代，像戴震的《孟子字义疏证》里就讲，什么是理？就是

"情之不爽失也"，如果没有情，理是没有办法想象的，有情才有理。所以他批评理学家的偏失，特别把情的问题提出来了。他有一句名言，说"人死于法，犹有怜之者；死于理，其谁怜之"，很是沉痛。如果理过于严苛，一个人犯了法，因法被杀，还有人可怜、有人叹息，但如果因违背"理"而遭到惩罚，甚至被杀头，是没有人同情你的。当然这是把它推到一个极端说的，也就是后来常说的一句话"以理杀人"，到这种极端状态，"理"当然是可怕的，它跟七情六欲、跟日常的生命状态情的层面有了相当的对抗性，甚至势不两立。所以"情理"这个层面，在现代文化里面，尤其是在西学传入以后，对它的肯定和理解可能比宋明时代有一个很大的变化。现代文化，新文化运动对理学的批判，实际上就是要张扬所谓的个性解放、人的情感的自由抒发，现代人的无拘无束，就跟理学对人的义理要求有了很大的差别，这也可以说是现代社会的进步。这是第二个层面。当然"情理"这个形态非常复杂，我只是结合对理的分法稍微讲了一下。

第三个层面，就是所谓的"义理"。"义理"可能接近于哲学，如果说情理更多的是用艺术的方式来表达，各种艺术手段都可以渲染情理，那"义理"实际上就是哲学思辨。所以后来西方的 philosophy 传入中国以后，中国人找的那个对应物就是宋明理学，而不是两汉的经学，也不是佛教。一般研究哲学肯定是重视理学，为什么？因为宋明的理学最具有理论色彩，就是所谓的"义理"。这个层面在整个中国文化系统里面可以理学为代表，最高的一种体现就是理学，没有哪个系统在哲学性上、在对世界认识理解的深度上可以和理学相比，所以拿西方哲学一对照，很自然的研究中国哲学就是研究理学，或理学就是中国的哲学。这 100 多年的对应性是非常准的，为什么把宋明理学作为中国哲学的代表，讲中国哲学就是讲这些东西，就是讲天道、性命这些内容，因为这是中国人的世界意识或价值观念的一种抽象的形而上表达的最高系统。它包括了对这个世界的解释，对宇宙人生的理解，对人的存在价值的认定，没有哪个系统能够讲得比理学更深刻。当然在它里面，是吸收了先秦儒家的思想，吸收了先秦诸子的思想，吸收了佛教和道教的很多东西，融合它们之后，有一个新的创造，所以它是最深刻的。这样一个义理系统，刚才王老师已经讲了，我们要在这个场合讲这些，光那些概念就会让人晕头转向，因为那些概念太复杂了，牵涉本体论的、知识论的、道德各领域的，都是一套一套的，理学家的学术工作及思想创造基本上就是在这些套子里面。以至于今天讲新儒学，也基本上是在这样一些概念之中来回翻转，还是在这个套子里面转来转去，用的一些最重要的概念，还是这个系统里的东西，从太极、无极，到心性、理气、道器、体用等，我们现在讲中国哲学，离了这些，就不知道怎么去表达了，就没有办法讲了。而这些系统化、理论化、完善化的观念，都是在理学系统里面完成的，所以我们说"义理"，可以说对理学有最大的成绩和贡献。

第四个层面，就是所谓的"道理"。"道理"，我觉得是一个更能代表中国精神、表达中国心灵、体现中国思维的概念。比如我们讲一个东西合不合理？如果在工程师的话语里，可能是说你合不合事理，合不合科学。如果是在一个长辈或者一个朋友的话语里面，可能是说你合不合情理，你懂不懂人情。是在说这个"理"。如果是在一个哲学家的论辩当中，比如在课堂上要讨论问题，说你合不合理？可能就是指合不合义理，你能不能在理论上讲出一套来。"道理"一层，实际上把这些内容都涵盖了，没有什么能逃出"道理"的分析性，所有东西都可以用"道理"来表达。它可以说既有事理的因素，又有情理的成分，也有义理的色彩，所以是一个综汇性的。中国人说一千道一万，小到一个琐碎的日常事务，大到对这个世界的理解，就是在不断地探讨道理，就是在讲这个"道"。然后从古讲到今，从一个事情上讲到另一个事情上，我们就是不断地在探讨这种道理，所以"道理"就是把形而上的世界和形而下的世界，把"道"和"器"、"理"和"气"，把各种心物问题，包括我们的精神世界，把这些复杂的东西都融会在了对这个概念的寄托和理解上。所以我们每个人，或者一个团体、一个企业、一个组织、一个政党、一个国家，能不能有意义、有价值，就看它讲不讲道理，讲道理就是好的，不讲道理那就不好。这就是"人同此心，心同此理"，是一个带有普遍性的理解，构成我们今天对中国文化核心价值理念的一种把握，也就是我们这个民族是一个讲道理的民族，我们这个文化是一个讲道理的文化，讲道理是一个最大的标签。

张晓峰

景先生对"理"的四层意思给大家剥离得非常清晰，也让我们进一步触摸到传统文化脉搏的跃动，让人醍醐灌顶。这正体现了景先生的很强的义理功底，学术功底可见一斑。这是学者区分普通读书人的关键所在。景先生通过明什么理，把"理"的四层含义给大家讲清楚了，然后我们再读书就有靶标了。如此读书我们就能击中该击中的地方，否则就好比我们站在一个大水池前面，不知水之深浅，一猛子扎进去，沉底了，浮不上来了，那就坏了。下面有请王老师继续讲解。

王立新：张老师串讲得很好，中国真的是一个讲道理的民族，景先生刚才把中国古代整理的"事理""情理""义理""道理"这段讲得非常清楚，而且我觉得比牟宗三先生在《心体和性体》中论述得更有中国文化的味道，因为牟先生直接就把它拉到现代的哲学领域中去了。一般说来，有哲学以后，哲学进入中国以后，中国人也不认为哲学是最高的形态，我们认为还有一个"道理"是最高的形态，就像景先生说的那样。因为要讲道理，所以才要读书；读书，就是为了明理。明什么理，就是明道理。当然，"道理"包括很多理，刚才我说的"事理""物理"，其实这两个"理"可以放一起都叫"事理"，还有"心理""生理"，也可以统括为"情理"。了解道理也不容易。我刚才举的胡五峰的一句话，朱子把它传播给学生。胡五峰还讲过一句话，大家知道今天天气比较冷，你看我穿这么厚就来了。但是我这个衣服今天穿着不觉得沉重，明天或者后天30度了，我再穿这个衣服就会觉得很重。胡宏在书里面明确说，"一绨绤也"，一个小薄布、纱布，做成了衣服，他说这就是一件纱布做的衣服，"逮冬时举之，不胜其轻"，冬天我把它拿起来，衣服太轻太冷，逮夏时举之却不觉得它很轻，为什么？是事物变了吗？不是，

"寒暑以乱其心"。说这个话什么意思？这也叫"读书明理"，你读书光知道薄衣服是轻的夏天穿，厚衣服是重的冬天穿，今天大家穿得都挺厚，可是你觉得重了吗？冬天你没觉得它重。可是夏天你再穿现在的衣服，就会觉得它太重了。为什么我们会有这个判断呢？我们怎么样去了解这个物理呢？我们首先要把寒暑这个乱我们心的外在干扰排除掉，要不然就会产生错误的判断。所以，明理有的时候是个排误的过程，就是排除错误和谬误的过程。你不要以为书上写的就是正确的，有的写的是错误的，你怎么样把它排除出去？要靠生活感受，所以，完全没有生活的人读不了书。我刚才说治理，也就是政治治理，也含有很多道理，要能看出其中的道理才行。再举例说，隔一段我们南书房就要讲文学，讲有一部书叫《三国演义》。大家差不多都接触过《三国演义》，知道《三国演义》这部书主要表扬的对象就是价值的正面的代表，肯定是西蜀刘备了，《三国演义》里最杰出的人物，最伟大的、最了不起的人物两位，一个是诸葛亮，仁爱智慧的象征；一个是关云长，忠义不屈的象征。还有一个杰出人物曹操，被描写成了一个反面的奸诈的象征，这是《三国演义》里面的话语。《三国演义》这本书为什么要以刘备为正统，把他摆在正确的位置上？这就是朱熹他们做的，是我说的那位胡宏的父亲和胡宏的哥哥胡寅引导朱熹做的。朱熹后来对这段历史的价值目标，就是按照胡氏父子说的话语制定的。你看咱们北宋司马光的《资治通鉴》，他写"三国"这段，他写魏的时候，管曹丕、曹睿都叫"帝"，写西蜀时，管刘备叫"蜀主"，写东吴的时候，管孙权叫"吴主"。在他写作的目标里面，魏是正大的，尽管他给皇帝上的奏章，说我不知道什么叫作正统，"臣愚"，判断不清楚，但是为了纪年，我只能这样写。那你为什么不写蜀汉多少多少年，为什么非写魏多少多少年？怎么到了南宋就变了呢？我们今天《三国演义》的目标完全是南宋造成的，我以前知道这个线索，这段时间我在这方面沉潜得太深，是因为我给凤凰国学网写专栏文章，人家赐给我一个专栏叫《王立新论史》。不久就要登载三国这段历史的文章了，所以我只能发奋写作。但是因为这段沉潜，我更加清楚了把刘备看作三国时期正统的来龙去脉。司马光写《资治通鉴》，基本可以说是以曹魏为正统的，朱熹作了一部《资治通鉴纲目》，却明确地把蜀当成正统，曹魏成了篡逆。朱子的价值标准是从哪来的？就是从我刚才讲的哲学家胡宏的哥哥那儿来的。他哥哥的观念，又是从他父亲那儿来的。他父亲叫胡安国，是"春秋学"的大家，写过《资治通鉴举要补遗》一百卷，就是为了教育我刚才说的那位著名的理学家胡宏。因为这个人天资太好了，15岁就写了很多义理文章，他父亲怕他走浮华的道路，因为思想太灵了，不着实不行，中国的学问都得这么做。于是就把《资治通鉴》授给他，因为部头大不好看，于是他父亲就给他整理修剪成了一百卷，叫《资治通鉴举要补遗》。在这部书里就把曹操判为叛逆。胡宏的哥哥叫作胡寅，写了一本《读史管见》，有30卷，就是他自己读历史的管窥之见，他谦虚了。在《读史管见》里面，明确指责司马光，说谁是正统，明摆着的，有什么说不清的？胡寅还指责司马光的写法。司马光在《资治通鉴》里写诸葛亮六出祁山去攻击曹魏的时候，用了"蜀入寇"的字样。胡寅很义愤，把"入寇"改成了"讨伐"。所以到朱熹那里，就变成了"丞相出师讨伐"了。你要读到这儿，就糊涂了。你不能只凭情绪认定"刘备就应该是正统，就是正确的"，或者凭情绪就认为曹操是正确的，你讲的是情绪话语，不是在讲道理，不能说服人。读书，你得读明白，读出道理来，你说给人家一听，说到底是怎么回事，人家说，原来是这么回事，这样你才能服人，要不然你只能负气。我给你讲一个道理，你听听看自己的感觉如何？

司马光写成《资治通鉴》的时候，离宋太祖过世90年，北宋蒸蒸日上，虽然有西夏和契丹的进攻，都成不了大的隐患，双方只是来回拉锯玩。这个时候要判决曹操为叛逆的话，宋太祖的政权就是从后周手里禅让来的，怎么定自己的祖先？司马光没有办法，聪明地装作愚钝的样子说"臣愚"，搞不清楚谁是正统，我只能这么顺着汉、魏、晋的线索纪年。司马光不是整不明白，而是不能整明白，真整明白反倒麻烦了。到了胡宏的父亲、哥哥和朱子的时候，为什么就可以"整明白"了呢？他们就不是宋朝人吗？不顾及宋太祖的政权的来路吗？不是，他们出了新问题了。

北宋灭亡了，金国推举出一个代理的假皇帝伪政权叫张邦昌，宋高宗一继位，张邦昌把权力还回来了，金国又立了一个叫伪齐的，假皇帝叫刘豫，也是宋朝的一个官员，给金国效命去了。就在宋高宗当了不到三年皇帝的时候，手底下的两个将领把他强行关了禁闭，扶植宋高宗 3 岁的儿子当了皇帝。你要知道，那个时候金兵入侵，南宋勉强撑持，国家民族水深火热，山河破碎，但是还有半壁可以依托。这些士大夫靠这个依托，国家不能再出事了，谁要是敢对当今圣上宋高宗有想要篡逆或者废弃的想法，那就是逆贼。所以他们必须定曹操为篡逆，定西蜀为正统，好去收复失地，重整河山。

还有，大家都知道诸葛亮在中国特别的了不得，诸葛亮怎么了不得？什么时候诸葛亮声名鹊起？这是我好奇的缘由。你看看历史，从陈寿写《三国志》就说诸葛亮长于治理，而缺乏领军的本领。说他是杰出的军事家，很多人都不服，他没有这个本事。接着到晋，直到唐朝这段，人们提起诸葛亮，也没太当回事。诸葛亮什么时候就突然间不得了了？就打南宋时起，为什么？南宋既确定刘备为正统，那么诸葛亮一心忠诚于刘备，鞠躬尽瘁，死而后已，诸葛亮就此成了中国宰相的标杆。为什么要树诸葛亮，为了贬斥秦桧。诸葛亮在国家那么羸弱的时候，还不断地举兵讨伐中原，而秦桧在南宋当宰相，却坚定主张议和。

中国历史上的《诸葛亮传》，是陈寿在《三国志》的《蜀书》里面写的，不用再写了，就那么多事情，都写尽了，后世历史也没给他再写过传记。但是仅在南宋之初，就另出了好几部诸葛亮的传记，第一部就是我刚才说的，胡宏的大哥、写《读史管见》的胡寅写的，叫《诸葛孔明传》。接着是我刚才讲的胡宏的大弟子、朱熹的好朋友张栻写的，叫《汉丞相诸葛忠武侯传》。其他大理学家和大儒者、大学者们，也都纷纷起来论说诸葛亮，褒扬诸葛亮，诸葛亮这时候才声名大噪、家喻户晓起来。

《三国演义》是后来的作品，元末明初以后，把诸葛亮摆在那么高的位置上，以刘备为正统，完全是南宋的理学家造就的结果。《三国演义》对诸葛亮的极尽赞美，只是南宋这种崇尚诸葛亮历史大潮的继续奔流而已。

南宋的理学家和儒者、文人们，为什么要把刘备当正统，还

"造就"了一个崭新而崇高的诸葛亮？这不是篡改历史吗？不是，历史的评价可以因时因人而异，他们站在保护自己的民族文化的立场上，出于复兴自己破灭的祖国的良好的愿望，才把刘备当成正统，把诸葛亮树为古今第一贤相。你查查陈寿的《诸葛亮传》，他到底有什么业绩？跟曹操能比吗？不能。

读书可以明理，我读过了这些书，然后明白了这个道理，现在我这样一说，大家就应该明白了。你不能说我不喜欢曹操，所以诸葛亮就好，这样说没有道理，表明你不讲道理。我给你讲了一通道理，你就知道了。当然，我今天不是来讲《三国演义》的，只是举个例子，说明读书就是这么明理的。

现在不说这个话题了，我读两句朱老夫子的话语。朱老夫子带了那么多学生，孔子以后中国真正的老师带的学生最多的儒家，应该差不多就是朱子了。咱们看看人家带着学生们是怎么读书的。我现在拿的是《朱子语类》，是朱熹跟学生平日里讲的话语，被他的一些学生们分门别类加以整理后编纂成书了。我念几条，大家听一听。

刚才我们景先生说了，咱们要了解道理，中国人那么讲理，理在哪里？理不止是在外面，而且理真不在外面，理就在心里，到你真了解了你的心的时候，你就知道了。朱熹有这么一句话："理不是在面前别为一物"，理可不是在你面前的另外一个东西，"即在吾心"，理就在每个人的心里。你了解了这句话之后就知道，读书明理是什么？其实就是明你自己的本心，你把自己的心弄明白了，世界上的事情和事物也就明白了。我们有很多人读不懂书，看不懂事，是因为你不懂你自己。你说那不对，我懂我自己，如果问你懂自己什么，你能回答出来吗？你懂你什么？你只懂你自己需要吃饭睡觉，除此之外，你还懂吗？那就是你不懂自己，你把自己当成一个生物了，你怎么还会懂自己呢？所以你需要懂你的心。

我再读两句：朱熹说你要懂了道理，咱们不就向贤人靠近了吗？他说"学问，无贤愚，无大小，无贵贱"。你看，这是理学也是中国传统儒学的真正平等观。在学问上没有贵贱、没有贤愚、没有大小，谁都能做，就看你用不用心。你读书的时候应该注意什么呢？朱熹这样讲："读书以观圣贤之意。"我们读书时不要看文字，不要像现在的很多人天天看微信、看图片，看来看去，不知道自己在看啥。看书当然得看圣贤书，看没用的书，看一千本，连人家的一句话都不如，白耽误工夫。我给研究生们讲课，就给他们讲一篇王夫之论宋太祖的书，我说我这学期不给你们讲众多的思想家，咱们一起来读这篇，读完这篇，慢慢你在自己的生活中再继续体会，可以受用一生。一篇就够，多了不用。再读别的，那只能是扩充见识而已。一篇就够，这是真的，为什么呢？朱熹举了个例子，是禅宗高僧宗杲讲的，说有人在那里练兵器，练完这件，再练那件，好像什么兵器都能使得顺手，宗杲说："一看便知不是杀人手段。我只有寸铁，便可杀人。"读书有时真的不必多，尤其在你不想成为今天的学者，而只想读书明理的时候，只读一两本像样的圣贤书就可以了。朱子说："读书以观圣贤之意，然后因圣贤之意，以观自然之理。"你看看，朱子读书明理的方法多精湛。当然还有很多，我再给大家读几段，大家听听。

怎么样才叫会读书呢？朱子说，读书需是"看着他那缝罅处，方寻得道理透彻，若不见得缝罅，无由入得。看见缝罅时，脉络自开"。这是朱子的说法。朱子还说，读书需是穷究道理彻底，要想明理，读书就得研究彻底。怎么读书呢？我再念两段，看朱子怎么说法。朱子说："看文字需要人在里面"，你在书外面不行，我说我这一段整个沉浸在书里的生活，我读书真有这个劲，我读书完全可以进到书里，这是真的，谁在我身边走过、周围什么声响我都不知道，我完全在书里面，我的世界就是我看的书里面的世界，除此之外，没有外在的世界。当然，看完了我会出来。"看文字需要人在里面，猛滚一番，要透彻，方能得脱离。"只有滚得猛，看得透彻，你才能从里面爬出来。爬出来了，书归你了；爬不出来，你归书了。这是读书。

朱熹还有这么一段话，这话说得非常好，听来有点像鲁智深。朱子说，"看文字需大段精彩看，要耸起精神，竖起筋骨"，你把书当回事，书就把你当回事，书把你当回事，你就有学问了。你不把书当回事，书就不把你当回事，那你怎么读都没有用。所以你看人家朱子的说法，"要耸起精神，竖起筋骨，不要困，如有刀尖在后一般"，要是有朱熹这种精神头儿，书能读不好吗？我跟景先生做这么长时间的学问，我们的学生了解我们，知道我们是怎么读书的。我们家里的书，不是摆给别人看的，你看我这书里面夹的条条，十几年、二十年前夹的，隔几年再看再夹，这夹进去的一个条，就是当时的我；今天我再夹一个，就是今天的我；将来我把它放下来的时候，我不是书的，书成了我的了。书的道理读通了，天地宇宙间的很多事情就懂了。你越懂道理，你读书的劲头越足，因为你懂道理了，就等于是它赏赐你了，你的热情、兴趣都会不断地增长、加剧。你光看看不懂，比如说我自己家人——我弟弟，他念我的书，他说他看不懂。我说你接着看，他说他看了两遍了还是看不懂。朱子告诉我们，可以读 10 遍、20 遍；你得看 50 遍。朱子说了，读书要读50 遍，如果读了 50 遍，你还没看懂，朱子没说你脑子有问题，客气地说是"气质不好"。要么你就是没用心，读书不是看字的，光看字肯定看不懂书，所以更要读书明理。读书可以明理，但是读书明理的过程很艰难，要全身心投入进去。当然，你投入到一个毫无兴趣、毫无道理、毫无内涵的书里面去，肯定不行。我指的都是圣贤的书，圣贤的书就像一道电光，你进去之后，它能把你整个的生命都照亮。这时候，你的精神头立刻就提起来了，你不用故意去"耸"，精神头自然就起来了。我先说到这里。

张晓峰

　　立新先生好口才。刚才立新举了《三国演义》成书例子。其中如何在历史中形成刘备、诸葛亮、关羽三国正统，我想再细究一下。人文社科中很多理论的产生在情理上能说得通，但是不合事实的现象并不少见。比如西方关于国家起源学说里面有一种理论叫"契约论"（卢梭《社会契约论》），他认为一个国家的产生是人与人之间集体达成的合同，这个奠定了欧洲近现代国家学说的主流。但从人类学和考古的事实发现，其实没有一个国家的产生跟这个学说的论定一致，但契约论在近代资本主义国家产生的时期，对公权力来源进行了解释说明、保护了私权利符合当时社会革命的需求，大家都信这个。所以有些理论学说产生的时候，并不一定完全是合事实的，这是意识形态的常见手法。当然久而久之可能对历史事实造成遮蔽，但是这些思想通过教育宣传逐渐渗透在每个民众的骨子里面，普通大众把这个结果当成事实上的结果也就不足为奇了。当下有很多人在读书过程中，把这两种方法混同了就会得出一个偏见，对于明理就是一个障碍。再回到读书方法，书不同，学科不同，也就是说，面对的对象不同，读书的方法也自然不同。记得英国哲学家弗兰西斯·培根在他的《论读书》里面也有一段话："阅读使人充实、读史使人明智、逻辑和修辞使人善辩、数学使人思维缜密、会谈使人敏捷、笔记使人精确、诗歌使人巧慧、伦理之学使人庄重、博物使人深沉"，最后得出一句话"大凡所学皆成性格也"。刚才王老师提到朱子读书个人精、气、神的准备，还有有些读书的窍门，这里面每个人的体会不一样，工科有工科的读书法，理科有理科的研读法，文科更有文科的读书法，不能一概而论。一般而言读书首先凭兴趣，兴趣是读书的第一老师。但书读到一定程度，就需要跳出兴趣的框架。这和吃饭挑食是一样的道理。兴趣会使人偏，读书获得的营养难免有所不全。所以到第二个阶段必须把兴趣这个障碍破掉，因为一类书同质同理难免狭隘短视。还有一个原因就是现在分科太细，面对大问题的时候，窄学科视野难以应对。比如说有些问题在这个学科里很难解决，但是对另外一个学科来说就是很简单的基本问题，所以读书的学科的界限适当的时候要打破。从教学论的角度来讲学科的产生本身必须对教学的便利、个人兴趣偏好、人的学习精力、学科之间的逻辑界定等诸多因素加以考虑，这样其实是对书的一种割裂。所以居于一隅地读书学问难有大成。最后要讲的一点是学问必包含着一种基本精神，这是道的东西，当个人从形而下至形而上地找到这个学科的精神，那么你离真正的出师就不远了。有一位西方哲学家说，如果你忘记这个学科创始者定下的学问宗旨，就意味着对该学问的背叛。寻道至到之时，便是登堂入室之时。

刚才两位老师说到的很多的读书道理，对我们中国学问而言可谓一用一个准。那么对我们在座的各位，首先你要知道自己是个什么样的人，你能不能坐得住，你喜欢读什么书，读什么书是有用的？

既要解决内心安宁的问题，还需要将修学所储之能释放出来，可谓是件难事。读书最起码要先安身立命，如果学有余力，再去做做其他有益之事。不能只看见这个世界的阳光，也要看到这个世界的种种不如意，然后用平常心去面对，那就很了不起；如果还能看到希望并为之努力，那就更了不起了。这是我由今天题目想到的题外话，希望今天这个题目，能够给大家在读书各方面有一点触动。谢谢大家。剩下大约 20 分钟的时间由现场观众提问。

听众：有个问题想问一下王立新老师。你刚才谈到的用朱子的方法读书，你刚才说读书要读 50 遍，读书好像跟王阳明的格物致知一样辛苦，那读书跟格物这两者，你能做一个辨析或者区分吗？或者读书更便于明理还是格物更直接简单？

王立新：你这个话题挺有意思，其实读书也是格物的一种方式，至少它是间接的，格物并不一定非要像阳明子早期那样，面对竹子时，忘记了世界的存在，那是熊猫。后来王阳明知道自己走错了途辙。格物的目的，在于穷理，只要穷尽了道理，格物的目的就实现了。但是怎么样穷理，这两种范式实际上都可以，而且还要融在一起使用。书里面都是先贤的经验、先贤的思考，必须结合我们自己的人生体会。每个人读书都有一点个人的体会，这是一定的。岁数越大，人生阅历越丰富，读书的体会就会越深入、越真切。比如我现在写一点东西，需要使用读过的书的时候，一下子先蹦出来的就是哪本书里谁谁讲过的什么东西。接着就是我实际生活中从小到大见过的东西和事情。两方面都能借上力。正是因为有人生体验，我才可以将心比心地来对待书里面说的东西，才会理解圣贤们为什么会有书里的想法。只有这样，才能把自己的判断搞得相对准确一些，绝对准确是不可能有的。有了直接的实践，读书的效率就会更高，读起书来也会更便捷。所以，对于读书来讲，你的生活体会和实际的体验很重要。不格物不行，不格物没法读书。不读书也不行，不读书，就是格物了，也不容易穷理。

张晓峰

对这个问题我有点个人看法。首先读书其实就是种训练，虽然最终导向结果不同。比如你刚才说的格物，没有经过训练的对物交互那是没有意义的或者说是浅层次的，比如牛顿被落下来的苹果砸到脑袋，能让他明白引力问题。而我们更多的人根本不可能。那么我们再细细剖析一下，牛顿当时的思考训练（读书训练）肯定不是一张白纸，至少他的思维已经到了某种临界状态，所以与物交互就能产生灵感。我相信奇迹，但我更相信奇迹大多数是在有准备的状态下发生的。其次读书的过程是一个继承前人智慧经验的过程，读书本身就有一个前提，那就是必须建立在对前人创设知识文化信任的基础上，如果没有这个前提，那么何必要读书呢？若如此人类历史还停顿在刀耕火种时代。我最终想表达的观点就是读书是格物的一种间接形式，这种效力更直接（当然我不排除灵童转世的那种可能性）。在读书过程中有些内容是随机性的，有些是学校教育大纲设定的，当然这些方式都有优缺点，这就需要我们不断地校正。再者在继承知识过程中，作为读书人来说，例如一个专业从事某个学科的人，其实很渴望某一天自己的见解和知识创设能够进入学术史。什么叫进入学术史？一个学者必须能够对自他以前人类发生过的知识在这个体系演变脉络里承继下来，就这当时思考问题的思考点到达哪个位置，还能在当下的位置继续思考探索下去，那么在这个人类学术史肯定有其位置。当然完成这个过程自觉不自觉地会产生大师级的人物，上承下传毕竟不是随便人物能够达到的（那么宗师级的学者在此过程中能够不断地步入进去，而且能够改变这个东西的发生方向，这种人物就是我们平常所说的学问宗派式的人物）。再举一个例子：新中国开国将军，读过识字读过军校的有几个，大部分都是血与火的战场滚出来的，但是这个成将的代价太大了。从抗日战争初期，中国单兵作战能力很差，但是经过八年抗战，中国单兵素质得到质的提升，后来解放战争中继续锻炼，直到抗美援朝战争，中国的步兵达到步兵的巅峰状态，可是面对世界拥有最好装备的现代化军队，我们还是得学习，后来有很多将军（杨得志、杨勇上将等）被刘伯承元帅抽调回国到南京陆军军事学院学习，由于客观历史条件的限制，我们格"军事之理"的代价太大太大了，太悲壮了。举以上例子就是让你明白活读书、读好书。这样才能赶得上自己乃至国家社会的需要。我对你的问题大概回应这么多。

听众：我有一个问题问景老师。现在有一个词讲得很多，就是"理性"，就是你这个人不理性，做事情不理性，我想请景老师讲讲这两个字的来龙去脉，因为按当下这两个字说得非常多，它是怎么样发展到今天的语境下使用的？

景海峰：这又回到"理"这个概念，因为现代语汇里面是中西交错的，有好多是翻译的，"理性"这个概念应该是一个西语，它并不是中国传统的。把理和性捏在一起，因为"性"是一个西语的语尾，很多抽象概念都要加一个"性"字，像科学性、主观性、能动性等。这个"理"，在19世纪末严复那个时代翻译的时候，更多是从事理的角度来讲，就是刚才辨析的，主要是一种事理、一种科学精神，对外部世界比较客观、经验的一种把握和理解，这个程序和过程，称之为"理性"。所以"理性"往往是科学的另外一种表达，或者说理性就代表了科学。科学，我们今天知道它是什么意思，就是不迷信，不是信仰，也不是一种意见或胡思乱想，而是要根于一种事实，根于一种具体的可验证的方式，这大概就是我们今天所用的"理性"的意思。

我想从你这个话，再引出两个概念来。一个是"真理"，这个词我们现在用得很多，实际上在中国古代一般也不讲真理，而是讲刚才所说的道理，如果从形而上的最高意义来讲，从一个价值的最顶层来讲，道理就相当于现在所说的"真理"，是一个最高的道理，一个最大的道理，这当然就是真理。现在说的真理，如果从传统而言，在佛教里面，它是从所谓真谛、俗谛来分的，"真谛"大概就是"真理"，这在翻译上面稍微有点延续感，真理相当于就是真谛，宗教里面讲要弄明白这个东西，就是要把人生的这种意义弄透彻，这个就是真谛。佛教讲我们所看到的这个世界都是假象，执假为真这是俗见，是一种俗谛，就是把现象执为实有，所以要从俗谛里跳出来，要寻求所谓的真谛。这个意思可能跟我们前面讲的那个"理"的意思是另外一个系统，逻辑不一样，它是一种对入世和出世的判断，是一种价值探寻的方式。因为宗教，像佛教讲的那个真谛，可能在我们刚才讲的系统里，既不是事理的问题，也不是情理的问题，甚至不是所谓义理的问题，而是讲另外的一种思路，是另外的一个逻辑路径。所以真理这个概念在西语传入之后，也是一个很困惑的问题，什么是真理？我们要为真理而奋斗，这里面有些中国文化的影子，但它的背景又比较复杂，这是"真理"。

还有一个就是刚才提到的"天理"，这也是中国人常讲的，现代社会很长时间不讲了，现在大家好像又比较认可天理这个说法。天理昭昭、天理昭著、天理良心等，也把它作为一个正面的东西来讲，过去在批判儒家或批判传统的时候，把"天理"和"人欲"对立起来，"天理"慢慢有一些负面的色彩，现在我们又比较肯定"天理"在现代语汇里面的价值，慢慢有点回到我们日常的用语里面。这个天理很复杂，实际上，天理大概就是中国人的信仰世界，就相当于是西方的上帝，当然这只是一个简单的比照。从《周易》的系统来讲，形而上就是讲太极，理学系统里面也辩太极、无极，都是讲最高的普遍性问题，但后来习用"天理"这个概念。在宋以后，"天理"慢慢在中国人的语汇里面，成了最高的价值标准，"理"讲到最大，能笼罩所有的意义，大概就是"天理"了。这个"天理"明显带有某种宗教性或宗教信仰的意义，已经不是一个义理可以简单讨论的对象。所以儒家尽管不是一个宗教，但"天理"所扮演的角色和它所透显出的信息，实际是解决了中国人的终极关怀的问题，我们的信仰世界讲到最高就是天理。天理不容，那你就不是人了。所以，如果我们要探讨儒家的宗教性，或者理学的世界是不是一个宗教的问题，"天理"这个概念就代表了它的这个面相，它有信仰的意义和价值，它不是宗教，但中国人都明白"天理"这个角色的意义，即什么叫"天理"。

张晓峰

　　对这个问题我有一点补充，刚才说的"理性"，西方解释得清晰明了的要算德国哲学家康德。"理性"一词英语是"reason"，德语"Vernunft"，有原因、理由、理性、理智这么几层意思。对于"理性"康德在其《纯粹理性批判》《实践理性批判》《判断力批判》中分别做了阐述，而"纯粹理性"是独立于一切经验的理性，这里理性是相对于感性而言的，就是思考问题（认识功能），专业称谓"理论理性"。即想问题偏向于逻辑性推理总结经验，是根据理论性的知识来作为判断标准的，不是只靠感觉平时的个人情感为准。这种理性追求知识来源的可靠性和准确性，是种"工具理性"，主要侧重于对事理（物"理"）的研究，这里也有摆脱宗教认识的意思。而其"实践理性"，是指人类理性的意志功能，是人们运用理性决定在特定情势下如何行动。这种"意志功能"强调个人行动依据规范准则的遵循与"情理"相对应；判断力批判试图架通纯粹理性和实践理性的桥梁，这种状态既带知性性质又带理性性质，依照"自然合目的性"来沟通认识与道德两大领域，实现自然界的必然王国与道德界的自由王国的和谐，这就是康德完备的哲学体系。在实践理性批判的结论里有康德的哲学名言："有两样东西，人们越是经常持久地对之凝神思索，它们就越是使内心充满常新而日增的惊奇和敬畏：我头上的星空和我心中的道德律。"这句话也表达了康德对于理性的最高精义灵魂注解。关于"真理"这个词，黑格尔在其《小逻辑》中做了这样的解释：客观思想一词最能表达真理的意。只有真理和上帝是绝对的，在西方哲学起源上讲上帝是宗教人文化的真理，这里既包含着西方的认识体系也包含着其信仰体系。宗教认知人类一切都是由上帝主宰的。上帝（真理）在西方早期世界是同位一体。但随着其纯粹理性的进步（特别是后来演化出来科学认知体系），上帝与真理逐渐分道扬镳，纯粹理性的进步使得人类逐步完成宗教祛魅，原来上帝主宰的东西后来经过纯粹理性的证明发现很多事情原来与上帝本身无关。真理在这个过程中发生了变化：人类认知完成之后的绝对的理性。对于认识论来说，真理存在于认知过程的最后尽头——世界的真面目。这样西方哲学体系认识和信仰两者关系极为紧张，特别是科学的进步加剧二元关系的紧张（科学每往前延展一步，发现原来由绝对性的上帝扮演真理的角色过程中并没有起作用），无怪乎尼采说"上帝死亡了，真正的上帝早被钉死在十字架了"，这是在西方哲学史很重要的一个基本问题，这两个关系要是能够理解清楚的话，理解古典哲学到现代哲学的转轨就容易得多。后来随着哲学的发展、人类认识的进步，从前院赶走上帝，可他又化装一番从后院溜进来，后来哲学家发现信仰体系不能轻易丢掉，发现认知的进步产生的科学的方法并不能解决信仰的问题，对于上帝信仰体系存而不证。这就是我对"理性"与"真理"两词在西方哲学语境中的解释。最后一个问题。

听众：景老师，我问你一个问题。我刚才听你讲了，"理"这个概念来源是在北宋时期，出于三教融合。在中国唐朝的时候，就有儒释道三种宗教，我觉得"理"就相当于儒学的形而上，"理"这个概念到底是从哪里来的？它是从儒学的文化里面的哪个概念发展出来的？或者是从别的教里面发展出来的？就像我们说的民主和科学的概念那样，它是怎么样通过我们儒学的解释又变成我们自己的概念？是不是这个来路？

景海峰：因为理学起源一般是从"北宋五子"开始讲，而且后来的系统话语整个奠基也是从北宋五子开始的，但"理"这个概念，刚才讲了实际上很复杂。比如说"性"和"理"、"性"与"情"这些内容，从战国末期之后一直在做，所以"理"在"性情"的架构里面是一个什么位置，实际上在北宋五子之前就已经有一些说法了。我觉得这应该是三教融合之后的一个浮现，它肯定有这个背景，如果没有这个大开大合的文化激荡，"理"的概念不可能有这么高的位置，这点我觉得是可以这么来理解的。它是在经过了隋唐佛教的洗礼之后，儒家重新复兴崛起，经过那几百年的融合之后，要找到一个更有说服力的概念时，"理"就出现了。这里面，我觉得至少有这么几条线索。

一个是佛教的影响。因为在佛教里面，华严宗讲"四法界"：事法界、理法界、理事无碍法界、事事无碍法界。四法界的义理是从缘起的理论来进入的，事法界是在因缘和合之下的物象的呈现，我们的眼睛对色界都有一个感觉、感知，然后我们就说这是一个物，这是一个所谓构成我们眼前这个世界的图景，这个就是事法界。但佛教说那些东西都是虚假的、虚幻的，因为它都是一种因缘和合而成，是忽生忽灭的，没有"自性"，我们应该去追究它背后的意义或者找出它呈现的理由，所以要找另外的东西，这就是所谓的理法界。因为华严是从唯识的系统来的，所以它要讲"识"，就是心意识的活动过程，精神的复杂活动怎样被外在的东西激发，形成眼前的图景，这个过程很复杂，它实际上是一个精神分析的内容。当然，这个理法界的"理"跟儒家讲的从"事理"入手是不一样的，儒家的理是入世主义的，肯定客观实有的存在，所以和华严思想不是一个系统。华严是从一种宗教的意义来讲的。华严宗讲事法界、理法界，又讲理事无碍法界，这两个东西怎么沟通，有很复杂的说法。最后就是事事无碍法界，所谓"一即一切，一切即一"，就像光，它是一种无障碍的穿透性，从所有的角度看都圆融无碍，都可以打成一片，没有了任何隔阂。这是佛教的一个独特理论，它有它的逻辑出发点，华严讲的"四法界"即属此类，这个思想是很深刻的，实际上是大乘佛教对东方思维的一个很了不起的贡献。这个思想传入中国以后，中国学者怎样从里面吸收智慧、去吸取这些东西，肯定影响到了宋明理学，北宋的理学家对这些应该是不陌生的，因为唐代的佛教已经很普及了。尽管二程说：看一部《华严经》，不如看一艮卦，但他们肯定是看过华严著作的，看了之后，一定吸收了其中的义理，就像刚才王老师说的将书读到肚子里了。所以这个线索应该是很重要的，佛教肯定影响到了理学家对"理"的一些更深刻、更细致的理解。

还有一个线索，我们看周敦颐的《太极图说》，不讲"理"，只是讲太极、无极等，里面没有"理"这个概念。张载也不太讲"理"，张载讲气、讲阴阳等系统。到了小程子才特别讲"理"，所以后来为什么小程子的地位那么高，讲程朱理学，实际上就是程颐和朱熹在代表，所以程颐在整个系统的建构里面是很重要的人物，讲理讲得最多最重要的就是小程子。小程子是把儒家传统，包括前面讲的性命、天道、阴阳这些传统，尤其是把天命的思想包括孟子的思想，都融合内化到了"理"这个字眼上。所以"理"这个概念，实际上到了小程子的时候，就完成了大开大合的新的创造过程。到了这个时候，"理"这个概念，你说有《孟子》的影子、有《易传》的影子、有《中庸》的影子，也有《太极图》那个系统的影子，还有"气"的影子，更有刚才讲的佛教的影子，是一个高度融合之后的东西。所以我想这个概念的起源史就是一部儒家思想融合发展的历史，孟子的时候，也有这个理，讲"心之同然"。"心之同然"跟后来"情"的分析是有一些结合的，就是"人同此心，心同此理"，是一种"血气心知"的可感性，是从物的刺激感应的角度引出的，还不是一个纯逻辑义理的问题，里面有情感的问题。这些都很复杂，从气感的角度怎么延续下来，到"理"有那么大的融合性，成为一个最高范畴，我想它是整个中国文化经过不断融合和吸收之后，才铸造出来的东西。

张晓峰

由于时间关系，今天的南书房夜话到此结束，谢谢大家。

南书房夜话第三十期
——心学与体会人生

嘉宾：景海峰　王立新　张晓峰（兼主持）
时间：2016 年 3 月 26 日　19：00—21：00

张晓峰

　　现在开始我们今天的话题。首先按照惯例对我们三位做简要介绍，中间这位是深圳大学文学院院长景海峰先生，是国内比较著名中国哲学史专家，曾主持教育部人文社科重大攻关项目"《儒藏》编纂与研究"（子课题负责人），国家社科基金重点项目"《儒藏》精华本"（子课题负责人）。旁边这位是深圳大学文学院王立新先生，是国内著名的宋明理学专家，也是国内著名王船山研究专家。我是研究历史社会学、政治社会的张晓峰。今天的"心学与体会人生"这个题目是王先生拟的，我简单对这个题目做一个介绍。"心学"就是我们这期题目的限定语，给我们确定了一个范围。而人生的话题，跟我们在座的各位紧密关联，当然每个人在每个年龄阶段会有不同的体会。为什么要讲这个题目呢？王先生事前交代：目的在于通过中国古代"心学"的一些学者著述，来审视他们的人生，并返照当下如何让我们的人生状态更加挺立？谈心学不得不谈陆九渊、王阳明两位先哲。近几年尤其是关于王阳明的书籍很多，民间升腾起"心学"热。我个人喜读明史，曾有一些史家言及明代的政治生活，明朝政治的氛围和文化环境总体很压抑，官员和思想家整体的生活比较压抑，可是在这个大前提下，阳明先生却在他的人生状态中达到了儒家所讲的立功、立言、立德，这尤为难得。他们是如何去挺拔自己的人生的？对我们当下有何启示意义？这是我们今天话题的主旨。接下来有请景先生把心学的发端及主旨精神给大家做一个介绍，有请景先生。

景海峰：谢谢，我们这一季一共十讲，今天是最后一讲。南书房夜话已经进行了三季，每季十讲，今天是第 30 讲，时间过得真快。今天这一讲是"国学与诸子百家"这个系列的最后一场，我想这么多朋友到场，可能对心学非常有兴趣，尤其是近十来年，随着阳明学的大热，可能对王阳明的景仰之情在很多人的心中升腾，肯定有不少人看过《传习录》或者王阳明的传记，对阳明先生的一些事迹也耳熟能详，所以今天"心学"这样一个主题，王老师加了个"体会人生"，我想是有现实意义的，或者有对人的生命状态的体悟含义在里面。但既然是一个学术讲座，我们还是先稍微梳理一下"心学"，关于个人体悟的一些东西后面再细讲。

"心学"这个概念实际上是比较晚的，我们现在常说"陆王心学"或"阳明心学"，或者以心学与理学来对举，是一个比较晚的说法，很多学者做过考证，这些概念比较流行是一个晚近的事情。首先，我们来看"心"这个字，它在中国的文字里面非常独特。"心"是什么意思？它本来是一个器官，是一个重要的脏器，但所谓"心学"，显然不是一个生物学意义上的，不是研究心脏，跟生理学、医学的心的意思是不一样的。在《说文解字》里面说"人心也，在身之中"，这已经是东汉后期的解法，实际上已把心限定为人之心，显然是一个较后的理解。如果往前追溯，可能"心"这个字，最早是来自对植物的一种观察，《尔雅》释木、《广雅》释草，均言及于心，刘熙《释名》说"心，纤也"，是指一种比较纷繁的、有生发的、丝絮状的那种东西。到了清代，有朴学家考证"心"这个字，最早可能是指枝条上有尖刺的部分，锐刺处于萌发期，在将生未生之际，顺着枝条抚摸的时候，会感觉到它的凸起状，有一种生长和坚硬的感觉，这可能就是"心"字最初的意思。到了春秋战国时代，这个心慢慢和我们的精神文化有了密切的关系，早已经突破了物相的、生理的意义，而被赋予了很多精神性的意味。

当时言心，大致有这么几个路向：我们最熟悉的可能就是孟子，因为中国的心学如果要追溯历史渊源的话，就是从孟子开始讲起，后来阳明也主要是发挥孟子"良知"的思想，所以孟子可以说是中国心学文化、心学思想的鼻祖。孟子讲"心"是与讨论人性问题联系在一起的，他讲人性是善的，所谓"善"就是先要有一些根芽，或者按《周易》的概念就叫"几"，就是一个起端、一个原发点，所谓"性善"就是本来有那么一种东西，这个东西是其他万物所不具备的，唯有人"最为天下贵"，他有这样一种东西，就是所谓的"善端"，是良知、良能、人性向善的所有道德活动和道德行为的基础。从人禽之辨出发，人和万物不一样，就是因为他有这种"善端"，孟子讲了"四善端"，即恻隐之心、羞恶之心、恭敬之心、是非之心，这"四心"便把"心"从原有的生理意义或人体机理的东西转移到了道德的领域，把自然的那种生发意引申到一种特有的情感意义，并且做了人文主义的升华，赋予"心"以充沛的精神气质，这种气质当然就是我们所熟悉的道德情感。道德虽然依于人的身体，和物质存在的机理、机能有关，但它又充盈着一种丰富的情感，是人所独有的东西，再把它升华为一种道德的状态，这大概就是最早孟子对"心"所赋予的意义，也是所谓"心学"最核心的意思。孟子讲人都有良知、良能，这种良知、良能是所有道德行为的根本，如果丧失掉了，或者被遮蔽掉了，人可能就成为一种"非人"，或者沦为禽兽，便不构成我们真正的作为人的本质意义的存在。这个思想主要是从一种道德的视域来规定人、给人下定义，所以我们说孟子的这个思想开了中国古代心学的最重要的一种理路，即从道德的意义给"心"做界定，这是一个思路。

第二个思路呢，可能就是从《管子》到荀子。《管子》"四篇"的"心"也是从"气"入手的，然后引申到感知的问题，它的"精气"说为荀子所继承。我们知道荀子是战国末期的儒学大师，他的一些思路跟孟子不太一样，荀子言"心"，讲"心之官则思"，他是从"知"或"智"的意义来入手的。从感知或知识的角度来讲，"心"具有一种独特的功能，有其他器官所不具有的能力，它可以去感知外部的世界，所谓"心有征知"，主动地去感知、了解、掌握和解释外部的世界，这更多的是从认识论的意义上来讲的。关于知识生成的理路，荀子做了比较完整的阐发，在《解蔽》篇中有大量描绘心"虚一而静"状态的文字，即怎样接受和容纳外部世界的各种刺激，以及感官功能的发挥，以增强人认识外部世界的能力和接受知识的能力，这便构成了中国古代对"心"的意义的另外一种理解。

这两条路向，一个比较接近于道德，另一个则接近所谓的知识，它们都是儒家关于"心"的学说里非常重要的内容。这两条路向，从汉以后一直到宋明，所有的儒家人物在理解"心"的时候，都是在这两个方面做一个调适或中和，当然往往也有偏袒处。陆王心学兴起之后，最主要继承的是孟子的这条路向，后续的心学发展经历过复杂的变化，逐渐地狭义化了，变成了专指孟子一系，甚至成了陆王之学的代称。但最早，在儒家思想里面，对心的理解的这两个层面都是包含了的。

现在一般所说的"心学"，是从宋明时代的思想系统入手的。北宋时代对心的理解就有新的思路，像张载讲的"大其心"和"无成心"，尤其是程颢，他的学说里面有很多对心的阐发，这些思想，可以说是开了宋明理学认识心、理解心的先河，提出了一些非常重要的命题。在这里面，包含了许多本体论的问题，可能跟对人性的理解、对宇宙自然的理解都有一些结合，从各种角度对心的意义和内涵有一种深化和发展。后来一般讲心学，大多是从狭义来说的，就是宋明时代和程朱理学不同的另外一路，这是从陆九渊开始的。陆九渊的思想和朱子的思想有所不同，他们当时有"鹅湖之会"，在论辩中，不管是对知识的理解还是掌握知识的入手处，都有很大的差别，一个讲"心即理"，一个讲"性即理"，这就构成了当时理学中的两派。实际上，陆九渊和朱子思想的差异不像后来阳明学兴起之后变得似乎是那么的不可调和，好像就成了两个非常对立的派别，它只是在宋代理学中构成了不同的致思取向和学问方式上的一些差异。在阳明学兴起以后，这种学派的对峙感变得越来越强烈，好像心学就成了整个理学的对立面，陆九渊跟朱子的路向完全不同，是另外的一种东西，这是在后来阳明学大盛之后，逐渐强化或加以比较之后给人们留下的一个印象。陆九渊之后，也有他思想传承的线索，有一些重要的弟子，比如说杨简，但总的说来，这条线和朱子所开创的学派并不是并行的，其影响力完全不能够相提并论，陆学逐渐式微了，而朱子学却一家独盛。一直到入明以后，情况才有了一个比较大的转折，明初的儒学有一个沉寂期，从元代以来便死气沉沉的儒学要想从僵化的状态走向复兴，除了继承发展朱子学的内容之外，这个时候就有了所谓心学的兴起来另辟蹊径，并且逐渐成为儒学里的一个重要潮流，心学就慢慢地成了明代学术的主打产品，成了明代儒学最重要的一种面貌。

这个新潮流的起头，一般是从陈白沙开始说起的，这是我们广东地界的产物。白沙是岭南大儒，崛起于江门，他的师承并不是从陆九渊这一系下来的，学问出处并没有清晰的线索，在很大程度上通过自己的人生体验、对儒家学问的一些反思得来，所谓"自得"，他的思想可以看作明代心学的一个开端。白沙之后就是湛若水，是他的大弟子，同时王阳明在浙江那边，所以当时就形成了所谓的"浙宗"和"粤宗"，在浙江和广东这两个地方同时出现心学很兴旺的状况，也就是甘泉和阳明"分主教事"。在传播和弘扬心学的潮流当中，他们两个人是主将，但后来实际是阳明的影响越来越大，尤其是到了晚明，基本上是阳明学的天下。黄宗羲作《明儒学案》，里面用了绝大篇幅来表彰阳明一系的思想，对他的门徒分系及每个人的记述非常多，这样一来渐渐构成历史书写的定案。因为《明儒学案》的影响非常大，我们后来一般讲明代的哲学、明代的思想、明代的儒学都要看《明儒学案》，这样阳明学好像就成了明代最主干的东西。这个过程是跟整个中国文化的走向、跟孟子以后儒家思想里特别彰显心性一系的选择有非常直接的关系，再加之宋明时代儒学转型以及时代变迁的问题，使得到了明代中后期，阳明学逐渐把心学的路向或心学的思潮推进到了一个高峰。所以到了今天，一说"心学"，几乎就成了阳明学的代名词，大家都是以王阳明作为它最主要的代表。这大概就是心学的一个来龙去脉。

张晓峰

刚才景先生已经把整个心学的演变过程，包括"心"这个字在中国历史文化中的演变交代得很清楚，对明代心学逐渐蔚为大观、枝繁叶茂的形态变化进行了详细的阐述。我简单补充一下，刚才景先生讲到"心"，西方文化场域也论及"心"，"heart"一词单指人体的脏器，而"mind"一词为心灵、意念的意思，大意和我们文化中的"心"类似。还有一词就是"idea"，有观念和思想的意思，这个主要指"mind"衍生物。而孟子曰"心之官则思"就是指人类头脑的官能是思维，心即心灵，在人的头顶上，乃是人之意识和灵魂之所在，是由人身体（主要指头颅和脏器）整体形成的一种意识机能。再回到我们今天的话题，一个生命从呱呱坠地，这时候作为一个人便开始他的人生。在人生过程中，如何成为一个具有社会意义而非单纯生物学意义上的生命体，是需要精神支持的。这个问题哲学家或者思想家都会或多或少地涉及，该如何在这个世界上？凭什么活着？这些哲学命题便产生了。人活着的依据是什么？这是一个很有意思的问题。西方著名哲学家康德在其《实践理性批判》的序言中："有两样东西，人们越是经常持久地对之凝神思索，它们就越是使内心充满常新而日增的惊奇和敬畏：我头上的星空和我心中的道德律。"中国古代学者也思考过类似的问题，人凭什么活在这个世界上？人存在的理由是什么？这里面就生发出了一些东西。众所周知，作为一个自然人，按照人生序位有幼年时期、青年时期、壮年时期、老年时期以及人生暮年归于死亡这几个阶段，每个人生阶段必然有每个人生阶段的人生主题。作为一个生物意义上的人，或者社会意义上的人，他必然从出生开始，这是一个生命初点，但是人作为一个社会意义上的生物，或者一个物体，必然有一个圆心，这是人生意义向外荡漾必须恒守的东西。人一生是向外抛射的过程，中间的圆心是什么？我们的人生随着这个圆心一圈一圈往外荡漾，最终支撑的动力是什么？"心学"将良知、善作为这个圆心，很有意思。在座的各位，包括我还有在座的两位老师，他们年龄比较长，相对来说人生阅历要比我丰富很多，对于我们在座的每个人来说，如何把我们这一生经营得更好这是件很有意义的事情。佛曰"烦恼众生相"，人活一生确实不易，早年求学，想方设法让自己的能力很强，而能力铸造更多的表现是如何让自己的心力强，心力强才能支撑一个人能够走得更远。人的出生是不能选择的，而人在不同年龄阶段里面临着不同的社会分工和社会选择，这个过程充满被动和主动，人在这个过程中如何主动选择，这便是心力如何找到投放地的过程。其间定会面临很多挫折和困苦，这个过程如何挺立人生？我们看看"心学"思想家是怎么样去处理的，这个问题我们交给王老师，让王老师谈谈。

王立新：我接着刚才两位老师的话题说，因为景老师把心学的来龙去脉、心学大致的范围、目标、内容等，都比较清楚地跟大家讲说完了，张老师又做了非常有效的补充，同时给我说话做了一个引导。我接着讲，心学其实也是理学，整个的宋明理学大致说来主要可以分为理学和心学，为什么这么说呢？因为理学是追寻理的，心学是讲发扬心的。理学以理为本体，要回归于理；心学以心为本体，同时又通过心来发用，看上去好像有点骑驴找驴的味道。其实不是这样。"心"这个东西，首先作为一个本体，就是道德良知的根本的贮存地。哪里表明你有道德良知？就是因为你有心，刚才景老师和张老师都说了，这个心不是我们生理学和心理学那个"心"，不是英文那个"heart"，那个东西在这里，平时有人说："这个人怎么没长心呢？"不是说你没长这个东西。"心"是道德、良知的源泉，既是它的收受地，也是它发光发力的地方。人的生命中所有的能量，人能够行善、能够作恶都是从心里发出来的。如果你问我，你说心脏不是心，那心在哪儿呢？这是个问题。如果你要找人生在哪，首先得找着心在哪里。没心的人，就不要体会人生这件事。体会人生，说到底就是体会人心；要体会人心，得首先体会自己的心，然后将心比心。心在哪儿都没有找着，那你就没有办法体会了。心在哪儿呢？

刚才景老师说了，中国的传统儒家，从先秦开始，开出了对心的描述的两条道路：一条是走道德良知的路数，叫作本心；另一条是认识客观事实的辨识能力的路数，叫认知心。道德本心从孟子这路开出来，认知心打荀子那路开出来。现在我把这两个结合在一起来讲，表明我们人有心，其实是两点，一个是我们有认知心，一是有道德良心。认知心在哪里？认知心也不是长在这个地方，我有一次跟一个文科的教授在一起，他跟我说："中国的孟子真是个傻瓜。"我问他为什么会有这样的判断，他说："孟子讲'心之官则思'，他竟然不知道心不能思考，大脑才能思考。"懂中国文化的人，都会觉得他的话莫名其妙。但他为什么莫名其妙呢？你要是说心能思考，我们这个心肯定不能思考。孟子讲的不是作为生理器官的心脏的心。

从认知的角度来讲，心在哪里呢？比如说现在来一只蚊子，正好在我脸上咬着呢，我就会伸手去抽打脸上的蚊子，这时候，我的认知心就在脸上；它咬到胳膊了，我的认知心就又跑到胳膊上。它哪儿都咬，那我的心就哪都在。这是"心无不在"。因为它咬到了脸上，你就认为心只在脸上，那你又错了。因为它还会咬别的地方，它咬哪，心就跟着到哪，心不会只在一个固定的地方，这叫"心无定在"。既无定在，又无不在，这就是心的本质特征。这是从认知心的角度来讲。

道德本心也表现为这种特征，但是它的表现法却不同。蚊子咬我我一打，肯定打不出道德心来，那什么时候能出道德心？王阳明有句话说："尔那一点良知，是尔自家的准则，是便知其为是，非便知其为非。"当我们对一个事情做出判断的时候，我们依据的是什么呢？经常的情况下，我们依据的是道德的良知。可是他在哪里呢？我们经常找不到它，就是因为我们把它弄丢了。当我们发现做错了事情的时候，我们就找到丢失的良心了。我们感觉自己的做法不对，忽然间产生了羞耻的感觉，良心就闪现出来了。当然，我说的是意识到自己真正错了的时候，而不是为了躲避谴责和惩罚装作认错的时候。如果你是个不诚实的人，你就永远不会认错，那良心就永远找不回来了。孟子说"羞耻之心，人皆有之"，忽然间我感到很不好意思，"此良心之苗裔也"，这就是良心的小苗要长出来了。当然，我们今天生存在一个比较无耻的时代。"无耻"是什么意思？就是没心，没有道德良心，都无耻了，那就没办法了。我举一个历史上的例子，东汉末年的时候，有一个人叫王烈，是个坚决不出来做官的读书人。他的德行很高，远近人们要是有了纠纷，都不去官府告状，而是找他评理裁决。周围人都这样钦敬他，做了坏事都怕被他知道，丢人！

有个人看见一头牛独自在田野里，就顺手牵走了。结果被人逮住，要求一起去见王烈评理。偷牛的人很害怕，不是怕被抓住这件事，而是怕自己偷牛的事情让王烈知道了太难看。他请求不要去见王烈，失主答应了他的请求。结果这个人后来尽干善事，成了远近闻名的"仁人"。他通过对偷人家牛这件事的深刻反省，诱发了羞耻之心，从而找回了自己丢失的良心。

良心无所定在，因时间、因机缘而出现，尤其是当我们做了错事，一下子反省过来，感到羞愧的时候。我再举东汉一个因为感觉羞耻而找回丢失良心的例子。

东汉一个很有名的官员叫陈寔，是东汉晚期的一个大贤者。每天办完公事回家，一家人都睡觉了，他却拿出《论语》来读，对照一下，看看自己这一天，什么事情违背了圣贤的教诲。看着看着，听到房梁上隆隆作响。年纪大一点的同志们都知道，古代的房屋没现在那么多设施，没有地方藏身。小偷来了怎么办呢？就躲到房梁上，等人都睡着以后，再从房梁上爬下来偷东西。所以小偷有个雅号，叫"梁上君子"。陈寔回到家中，就在房梁下的书案上看书，一看看到下半夜去了。小偷总保持趴着的姿势，久了受不了，就动起来了，弄得隆隆作响，被陈寔听到了。他就把熟睡中的家人都叫起来，围着这个书案开会。陈寔跟家人大讲人伦美德，说人要有道德良心，讲"冻死迎风站，饿死不下道"，你不能乘着人家不备，爬到人家房梁上，等人家睡着，好下来偷东西。这不是君子的做法，有良心的人都不这么做。梁上君子知道已被发现，就从梁上跳下来，亮出了凶器。"图穷而匕首现"嘛。陈寔说你先把这玩意儿放下来，你身上还有另外一个东西比这个重要。"什么东西？""良心！"小偷说："我没良心。"陈寔说："你有良心，不信你找找。"小偷朝自己身上看了一大圈，没找着。陈寔说你脱衣服找。小偷把衣服脱了，还是没找着。陈寔说"你再脱"，再脱，又没找着。"接着脱。""不能再脱了，再脱就没了。"小偷很害羞。陈寔说："你找到良心了。"

陈寔接着说，孟老夫子教导我们说："羞耻之心，人皆有之，此良心之苗裔也。"你既然知道羞耻，就证明你有良心。你回家好好扩充、保养这个良心，你会成君子的。你来我家一趟不容易，在上面趴着怪憋屈的，我是两袖清风，没东西给你，给你拿两匹布吧。这个小偷回去之后，金盆洗手，成了远近闻名的君子。不仅他不偷东西了，他所带领的小偷团伙，还有其他惯窃团伙，从此戒偷，社会风气变好了。这就叫"良心"的力量。

前面说的是良心因羞耻而呈现。道德良心，还因恻隐之发、是非之明，以及揖让之间呈现。孟子说："见孺子入井，皆有怵惕恻隐之心。"为什么你会因同情而紧张、而不忍，就是因为你有良心。这是良心在恻隐之情激发时的呈现。

人之所以能恻隐，会羞恶，知是非，懂揖让，都是因为有良心，良心不会泯灭，但却会丢失。如此看来，道德良心也跟认知心一样，同样具有无所定在又无所不在的属性，它会借助有效的时间和机缘闪现，你哪受刺激了，它就会在哪儿呈现。孟子说，一旦发现良心闪现出来了，就要把握住，去培植、浇灌，它就会长大。这颗心越长越大，比我们的身体还大，那你就成了大人了。当然，这个"大人"的"大"，不是数量和体型上的大小的"大"，而是崇高伟大的"大"。中国的"大"字很伟大，有伟大、光辉、灿烂、崇高、壮美等意思。找到这颗心，栽培好了之后，还要运用自如，让它发力。

要学会使用自己的良心，不会使用，你的良心就没了。比如你看见一个杀人犯，他杀了几个人，警察都来追了，跑到你家里，你怕他被警察抓住，就把他藏起来了。好像也是恻隐，那是你不懂"良心"了。貌似恻隐，实则助纣为虐。有一句俗语，叫作"妇人之仁"。"妇人之仁"的意思就是女同胞的同情心，有的时候没有价值的尺标，不论善恶贤奸。当然这个话语还有另外一个意思，就是不够狠。我现在讲的只是前面的意思，请女同胞不要生气，要是讲第二种意思，却正是表扬女同胞心善了。其实孟子讲的"良心"，是有是非标准的，这个恻隐之心，是包含仁爱精神的正义，不是没有原则的苟且。

"心学"的目标，就是让我们找到良心，把它养大，然后会使用它，让它闪闪发光，让它照亮自己的人生，让它照亮整个世界，让世界充满爱，让世界成为人间的乐园。心学的目标大概就是这个样子。从个人角度来讲，谁发现了自己的良心，谁就能成为君子，谁就可以成为贤人。谁的生命就更伟大，从而更能照亮周围，让全世界也都更加光明伟大，让我们的生活成为真正让人留恋的生存乐土。

　　心学的目标，就是要找到并点亮你的道德本心。心学跟理学的不同，就在于理学说外在有一个理，心学只说内在有一颗心。大致可以这样讲。当然，理学也强调，必须将外在之理，融摄到内心中来。格物穷理的意思，是说格一物、穷一理，多多益善，你懂得多了，道理自然就明白了，就在心理上融会贯通了。心学认为"心即理"，我不要朝外面格，把自己的心看清楚就行了。所以王阳明早年想走朱子的道路，朝着庭院里面的竹子在那里坐着格，格了几天之后，人都格出病来了，还是没有找到理在哪里。后来他发现了一个秘密，说原来这个理就在心里。良知本在内心，不用到外面去寻找，把我自己的良知找到，那么这个天下的理，自然就都清明起来了。我先说到这里。

张晓峰

　　刚才王先生就心学给大家举了一些例子，我就王老师的发言再补充一下。一个精神个体要作为一个人活着，首先要找到一个依据，这个依据首先就是道德层面的，人有道德，性才为贵；人如果不讲道德，那这个人明显是有缺陷和瑕疵的。东西方文化在古典哲学时期，哲学家和思想家本着人的良知和良心去思考和应对自己面临的各种问题，而带着良知和良心做出来的学问和思想是最纯粹无私的，所以他们的思想和言论闪烁着人性高贵的光芒。很多人喜欢读古典文学、古典哲学，其实从本真讲，是他的心和古典哲学的精神是相通的。也就是说，当一个人保持着心里面最纯粹的东西，可能会在社会生活中受到一点污染，这个时候特别需要心灵的慰藉，那么什么东西最能慰藉你？最纯粹最无私的东西就是心灵的良药，安慰我们在尘世中所受的创伤。众所周知，人站在大地之上，借宇宙之力而生长，但是人若想成为精神上的成熟的个体，第一个面对的问题就是良知，人有与生俱来的善念，刚才王先生和景先生对这个问题都有所论及。中国文化从一个人的本心去讲，西方文化从认识论的主体去讲，不同的文化语境都有所触及，但是在对待和取舍上又不尽相同。记得上次夜话结束后一个小姑娘追问立新老师："你看现在人学传统文化，但是上公交车的时候还是照挤不误，这是什么原因呢？有些人学习道理之后，为什么在实践过程中还是做不到呢？"认识和行为往往不是同步的，知行不合一是常态。我们作为一个人，活着的时候尽可能让自己完美起来，中国文化其实更多让我们向圣人学习，圣人给我们立了一个标杆，在哲学体系里面，纵坐标是人的行为、横坐标是道德伦理，这个十字架上面架设的是人，人的行为在这个坐标体系上的曲线变化，就是一个精神个体的人生投射。我们依据这个准则无限地接近所谓理想的状态，这就是教育开启人心，人自我激活，这是一个不断修行的过程。那么人在道德和认识实践这两个过程中如何做得平衡？西方有西方的话语，心学有心学的话语，一个人生活在社会中是有不同的社会分工和角色的，也有刚才王老师讲的"心无不在"，而人的良知中往往受具体情景的诱导，人性两面性在不同的情境中表现往往不一，尤其没有经过严格道德伦理教育的人，在某些情境里面就善良得不得了，在某些情境中就恶得不得了，还有一些人更多的是在于社会中凭借多年积累的生活的经验选择趋利避害。我记得相声演员冯巩早年拍过一个情景剧，情景剧中他和一个孩子演一对父子，在逛公园的时候捡到一只新鞋，当时他看到这是一只新鞋没法穿，就教导孩子说："孩子，这只鞋应该交给警察叔叔。"可是走着走着，又发现另一只新鞋（买鞋子的人粗心大意，发现自己买的鞋子丢得只剩一只了，没法穿了，就一气之下把剩下的一只也扔了）。这两只恰好是一双，这时这位父亲马上话锋一变，说："孩子，这是一双鞋，这就不能交给警察叔叔了，咱回头交到你妈妈的手里边。"这个情景剧恰好就是这种人性悖论面临伦理选择时候的趋利避害。对于常人来说，基本的生活路径和人生路径是差不多的，一般没有多大的跳跃和起伏。孔子讲"勇者不惧，仁者无敌"，为什么人有时候会这么强大，深层次的原因在于人在这种状态下有理可依，这种理可使得人内心强大，无所畏惧。那么这种依据的力量是什么东西？做事无所畏惧的"法理"是什么东西？这就不得不论及人心动力的本原，可能一个也说不清道不明，但是这个东西能给他力量支持，而哲学家和思想家的责任在于把这个东西说清楚讲明白，让更多的人能听明白、看明白，然后依据这个东西去做。再谈一下我们的认识问题，在当下社会一个人生下来一般会经过家庭教育、学校教育、社会教育，人生往往能通过前三阶段的教育达到自省，也就是自我教育的状态，只有自我教育是给人主动添加力量，这里不光包括认知，还应包括道德自我成熟。这是我对教育的理解，懂得了内心的自省，就是自我能开始成就自己的时候。

人的心没有觉醒时容易受外界环境的影响，有人因出身贫寒而自卑，有人因出身小康富足而骄狂，环境使然。如果人的内心添加不够，被外界所左右便是再自然不过了，然而人如从心开始觉醒，那么最后的人生结果并非环境能够左右。人生在成长过程中如果能遇到一本好书，或者遇到一个好老师，或者有慈善开明的长辈引导，这对人一生的促进作用都是非常非常大的，如果你有幸能遇到这样的书、这样的人，那就太幸福了。反之人生就会呈现可怜可悲的状态，这个屡见不鲜。在人生的旅途中，如何把自己的人生像一种喷射状态弹出来，活得有意义，"心学"在这方面论及很多。"心学"强调一个人生的原点的心如何锁定？"长立志不如立长志"，志者，心愿所往者也，敬者诚也，有志者，必生恒心，恒心者，专一事物，志移正位！心存敬者当诚意待事待物，必生敬畏，斯能与血肉之躯并于天地。格致、诚意者必显大节！立志乃定本之举，居敬以持其志。现学生亦无立志之举，更无立志之行，古人常云修身乃根本，然修身之根本为何者？从言从行根于立志。志之于行，且须正大光明。如不立者，终生不得力。断为人生践行之存续，生当徘徊困惑，行当踯躅不前。志不立，则一生无恒守，无恒守者，则无使力处；无恒守，亦无恒业！一时积蓄之能量，定无所投，张弛无度。堂堂一生之聚散之间，抟不成大业！人这个本点找到了，心灵的源头找到了，在人生的发展过程中，随着认识的提高，随着伦理修养的提高，人的半径跨度就会越大，人生的面积就会更大、更饱满。

景海峰： 阳明有一句诗叫"抛却自家无尽藏，沿门托钵效贫儿"，本来是我心自足的事，却非要到外面去找。这个"心"呢，我们再回过头来看，它在中国文化里面实际上是一个涵容性很大的概念，刚才主要讲了从道德主体和认知主体这两个层面去看，但实际上还远不止如此。我们想，为什么明以后"心"成为整个中国文化的主体性观念，张扬心学的意识构成了中国精神的一个核心，成为中国哲学最高的本体论范畴，心实际上包容是非常广的。在先秦文献里面，儒家讲的很多道德节目，像仁义礼智信，像礼义廉耻、忠孝节义，像恭宽信敏惠、智仁勇，等等，从道德活动的过程来讲，它们的所指可能都有一个定向，包含了一种具体性，除了像"仁"这样的概念，内涵很广外，其他大部分都是一种附属性的概念，是讲性质，带有某种形容词的意义。但"心"这个概念显然不是属于这个系列的，它本身是一个主体性的，但这个主语性概念我们刚才一再强调，它又不是一个物相意义的，不是说一种机能或者一个具体的存在，它有一种扩张和弥散的效果，化为精神，几乎是无处不在。

如果我们用西方的观念来做一个比较，可能大家会稍微理解得深一些，印象会更强一些。在笛卡尔的身心二元论中，有一个 body，有一个 mind。body 就是身体，相当于我们精神活动的一个机体或者基础；mind 就是理智，西方近代哲学都讲人有理智，不管是科学知识或者一切精神创造的活动，都是本于人的理智，所以这个 mind 非常重要，它是西方近代认识论的一个元概念。但我们看中国古代的"心"，这个概念实际上把这些意思完全涵容了，它既是物相的机体，又包含了"理智"，人是理性的动物，人有理智，人的特征就是有这些理智的活动，而"心"显然具有这种能力，或者有这种功能。西方还有一个概念"soul"，就是灵魂，它带有很强的宗教意味，是神灵观念和永恒意识的重要载体。我们中国人不太讲这个，尽管有灵的概念，但跟西方基督教建立在信仰基础上的灵魂观念不太一样。这个灵魂的意思就是说，在人神二元的分际当中，有一种存在是不属于凡俗世界的，它是具有某种超越性的东西，那可能是一个神的世界，或者是一个宗教里所描绘的未来世界，是极乐之域或天堂、天国，跟凡间的世俗状态是不一样的。所以，soul 等于是一种投射，在人的身体或人的存在意义上，它可以映照或反射一种本不属于世俗的、凡间的世界的精神与气质，这种观念显然有一个很强的宗教意义，在中国文化里面是缺乏这种东西的。虽然我们接受了佛教，也讲来世、地狱、极乐世界等概念，但它仍然是一个可以在生活的世界当中想象和描绘的对象，跟西方那种纯粹宗教情感和意义上的"灵"的精神还是不太一样。但是，在"心"这个概念里面，又隐隐约约地包含了 soul 的一些意思，也就是说它具有某种"灵"的意味，因为它是超越物相实存的。比如在宋明理学里面，张载说"大其心"，大程子讲"识仁"之心，后来阳明讲"致良知"，这个境况不是一种物相的，不是从物的实存意义上来讲的。刚才王老师所讲"无处不在"的问题，就是说它是一个弥散化的状态，在我们人类活动的任何表象中，它都可能闪现出来，只要是人的活动、人的存有，就都会有这种东西的印迹，所以它不是一个具体性，更不是一种物的形态，人的生命历程里的所有东西都可能跟它有某种关联性。西方还有一个"spirit"，在一般翻译成"精神"，"精神"这个概念，我想在"心"里面也含具了 spirit 的意思，我们现在讲精神与物质，在这个现代语汇里面，那个跟"物质"对应的"精神"，实际上就是"心"，只不过我们用了"精神"这个词。在这个意思里面，强调的是人的一种超脱物欲和脱开物的羁绊的存在意义，人尽管是万物中的一个，是自然界的一物，但这个物与其他的物是不一样的，它有一种独特的地方，这个独特性的表现就是 spirit 这种状态。这也就是刚才讲的，它本身跟我们的肉体、跟我们的物质性存在会产生一种张力，理学家在讲"心"的时候，往往强调要破除各种外在东西的束缚，从各种有形的、物相的压抑和限制中解放出来，因为物相把这种东西给凝固住了，或者给遮蔽了，甚至泯灭掉了。要把人存在的意义张扬出来，就需要扩大这种东西，像孟子所讲的"善端"，怎么使它发扬光大，发扬光大了就是"人"，就是大写的"人"，就是君子。如果这个东西慢慢被压抑掉了，或者没有了，或者始终在茧中被缚出不来，那就沦为了禽兽。所以人的生命意义就始终处在一种胶着的状态中，在不断地挣脱束缚，把精神的东西发扬出来。这种状态的理解与描述，都可以在对"心"的意义的体会中来呈现，所以关于"心"的学问就成为中国哲学思想的主体。心学讲"心即理"，彰显"心本体"，现代哲学家像熊十力，包括牟宗三都讲"心体"，这个概念的内涵就不简单了，它成为整个中国文化根本气质和精神的一个凝聚点。通过对这个概念的理解，我们可以去体会中国文化的博大精深，这个词的意义是广大无边的，它涵容了人的生命存在的根本意义，很多层面的意思都涉及了。

张晓峰

　　我接着景先生的话头再补充一点，西方哲学有一个专有名词叫"现象学"，而运用现象学有两个人比较著名，一位是黑格尔《精神现象学》，后来胡塞尔又创立了"现象学"。当然他们所用到的"现象学"的主旨意义不同，这里我不赘述这个问题。黑格尔的《精神现象学》主要包括三部分：①意识、自我意识、理性：考察个人意识发展的历程，相当于精神哲学中的主观精神。"意识"是个人意识发展的最初阶段，它又分为感性确定性、知觉和知性三个小阶段，讲意识对它的外物的认识。从"自我意识"直到"理性"，个人意识的发展明显地重演人类意识的发展阶段，出现了一系列社会意识形态。②精神：考察社会历史的发展阶段和与之紧密相连的社会意识形态，相当于客观精神。③宗教和绝对知识：考察对无限本身的认识，相当于绝对精神。在这个阶段，意识回顾已经走过的阶段，扬弃它们，使之成为自己的构成环节，经过艺术、宗教而在哲学中达到绝对知识。这本著作对于人类精神实象的研究（宗教、伦理、艺术等）启示意义巨大。西方在哲学认识论中自觉不自觉地追求知识的确定性，也就是说西方近代哲学史的演化过程中有一个很强意愿——凡是经过证明论证后的知识必须是可靠的，否则就把它扔到垃圾堆里面去。而精神现象的认识和自然科学的认识有很大的差异性，自然科学里一加一就等于二，这个数学计算不会因人的情绪主观感受而发生改变，自然科学在公式和实验面前很容易达成共识，但是在人文科学里面，这个精确性往往做不到。尤其是精神层面产生的很多东西更多的是以价值意义来衡量，而价值很难像自然科学一下就取得统一，价值冲突和调和的难度比自然科学的某些表征更为复杂。西方哲学的近代转向很值得我们深究。前面提到的胡塞尔，其学术背景是天文学和数学，最后转向哲学研究，穷其一生追求的东西就是为"科学立法"，通俗地讲就是给科学找到存在的认识论依据，他的《逻辑研究》花了很大的篇幅论述人的认知心理机能跟认知论之间的关系，这本书在西方现代哲学史里的晦涩难理解是出了名的（中山大学倪梁康先生在德国弗赖堡大学和比利时卢汶大学期间将胡塞尔所有的手稿进行了系统整理和翻译，中文版《逻辑研究》由上海译文出版社出版），《逻辑研究》充分张扬工具理性，而认识论的进步加剧了西方对信仰哲学体系的漠视，造成了哲学的功利化倾向，也给西方哲学带来了很大的混乱，西方近代文化的功利性倾向从哲学上是能找到问题源头的。中国近代教育中提倡"德智体"综合发展，还是蛮有深意的，"德"居于第一位、"智"居第二位、"体"居第三。德就是道德伦理意义上的教育，智更多侧重认识能力和思维方面，"体"就是景先生刚才讲的 body、精神的物质载体。为什么把"德"放在第一位，以德御物，所有外界的力量调动才是正向的，所谓德才兼备正是此意，为什么不叫"才德兼备"呢？中国人遣词造句还是非常有值得玩味的地方，这三者统一于一体。身体是载体，而"心"相当于软件系统的人性活动，这种衍生物比软件复杂得多。这种居于软件之上精神性的东西才是人区别于动物和机器的最重要的东西，由此喷射演绎出来的东西就是人的精神，也就是人作为精神性动物的根本特点，精神性的东西最大的在于价值认同，这也是人文科学难度所在。作为一个研究社会科学的学者，经常会面临价值抉择的问题，比如观念的冲突问题，有很多学者认为东西方的文化是观念的冲突，但我个人认为如果人类本着本心的良知、良心去思考人类共同面临的问题，很多价值观念的冲突是可以化解的，现实问题更多是在历史过程中形成的歧视、偏见，造成巨大历史的包袱遮蔽，再加之国家（从哲学上讲也是现存社会最大的一个自私自利的单位），所以造成了目前全球社会的现状。从哲学角度审视，这些东西也需要时间去消弭，这些问题遮蔽加剧了不同的文明群体之间急剧冲撞，这才是文明冲突的本质。事实上，偏见和过程中予以人的神性是相伴生的，所以社会性就这么复杂。我对这个问题就补充这么多。

王立新：刚才景老师又开发出新的取向，张老师又做了一番阐述。其实人这一生，真的是在找心，养心，让心发力，把心的能量使出来，把心的光明放出来，这个过程就结束了，伟大的人生不过如此。各位可以回头看一下，那块儿有个对联，叫"天下万世共读之"，他们指的是"书"，我们今天就这个话题讲，"天下万世共读之"的应该是这颗心。这颗心，当然涵容了方方面面，可以简单地用孟子所谓的"良知"替代。是良知，所以可以朝向各个不同的方向，都能引发出你所需要使用的它的那个功能。既然"心"在人的一生中这么重要，我们就必须以无与伦比的态度，注重这颗心。我们为什么要提出"心"这个概念？是跟什么比的？其实把"心"放在里面，跟外在世界比，那叫"心物"关系，把心跟自己的身体比，那叫"身心"关系。从个人角度讲，孟子讲，"耳目之官不思，故蔽于物"，眼睛和耳朵看见了，听到了，它不会思，心才会思，所以你光靠眼睛和耳朵不行，只发挥"眼耳鼻舌身"这些器官的威力，尝好吃的，看好看的，听好听的，只是在玩自己的身体。就是说你在满足自己的身体，你不是满足自己的心灵。当然，心灵的满足也是要通过身体的各种满足来表达和实现，这是今天科学告诉我们的。我们把众多的信息收集回来，在心里面不用故意想，它自己就有这个能力，为什么呢？这叫"良知"。"良知"就是"人之所不学而知者"，这个话语不是让大家不读书，我们今天为什么要"天下万世共读之"？再回到书的话题中去，我们读什么？就是读里面的"心"。刚才景老师说了，我们的"心"本来也有西方的"精神"的意思，其实中国的心非常的阔大，我们说施耐庵写《水浒传》，写得这么好，那叫"锦心妙笔"。就是他有锦绣心肠，落下来才能成好笔。我们现在的家长不懂，教孩子怎么样写范文，找几篇文章，看看人家文章怎么写的。瞎扯！你这孩子没长锦绣心，给他一支德国金笔，也写不出好文章。写东西是写心，是心在写。心最重要，有心才是人，发挥心的作用，人才能成为人。所以你不能光求身的发展和身的满足，首先应该求心的满足和心的发展，这就是心学大师陆九渊，就是陆象山先生讲的。象山先生一生教育学生主要就讲发扬本心。来跟我学来了，你念过啥书我都不问你，你说你二十四史精通，《诗经》《尚书》什么全都读过，我不管你这些。我只问你："你的心在哪？"你要找不着不行，找不着心，读什么书都没有，读多少书也没用。所以他告诉人们先找心，找到心之后要把它立起来、心立起来了，你也就站起来了。所以陆象山教人，要"必先立乎其大者，则其小者不能夺也"。什么叫"大者"和"小者"？《孟子》说"耳目之官不思"，那就是"小体"。孟子里讲"均是人也"，为什么都是人，怎么有人成了大人，有人却成了小人？"养其大体为大人，养其小体为小人。"是否养心，是一个人成为君子和小人的重要分界线。心养大了，就成君子了。现在很多人天天养生，养得气顺，也就多活两年，心没有养大，像猪狗一样多活两年有什么用？《庄子》有一篇叫《养生主》，被很多人拿去当根据，说养生就是养身体，把身体当成被养的那个"主"。那是瞎扯！庄子要养的，是那个"生主"，养神。要是找不着心，哪里去养这个"主"？孟子说"养其小体为小人"。现在的社会，还有很多家长，养孩子都是要让她吃好，穿暖，找好工作，找好老婆，嫁好老公，住好房子，开好汽车。一生结束了，也只是养其小体。这是把孩子当人养吗？显然是当禽兽养嘛！生出来就是人，人是有良心的，要养其大体，要让他"立乎其大者"，"则其小者不可夺也"。人生伟大、宏远的志向树立起来之后，吃饭穿衣就都是小事情了，不要紧的。不当官不要紧，不发财致富也要不了命，找到生命的真正意义和价值，那才是最值得，也是最重要的。

比如在河里钓鱼，你说你当了省长，最多是你在河边捡到了一个鱼竿；你说你成了百万富翁，那就像你挖到了一个蚯蚓，可以拿去当鱼饵。但你说你找到了良心，这才能说是钓到了鱼。这样你才知道为什么孟子一定要强调"养其大体为大人，养其小体为小人"。陆象山告诉学生说，一定要"先立乎其大者"，一定要先把大的人生的目标树立起来，那么那些"小者"，衣食、居处、宝马香车之类，就夺不走你的宏伟理想和坚定信念了。到得那种时节，你嘴再馋了，手再欠了，眼睛再痒了，都不会妨碍你大的人生目标，它夺不走你的大志，因为你已经立起来了。

有一个好玩的故事，陆象山和朱子两个人在进行学术争辩，朱子从学生们那里了解到，陆象山讲课总是要学生们"必先立乎其大者"。所以朱子后来说陆象山："此公除了先立乎其大者，别无伎俩。"其实"立乎其大者"就概括了全部的伎俩。朱子一生干什么，不是也想让学生"立乎其大者"吗？只是他跟象山接引学生的途径、培养人的道路不同，朱子看到了学生的基础和气质，有高中低的不同，所以就让大家一起读古代的经典，慢慢体会天理。但是读书这件事不容易，虽然我们希望"天下万世共读之"，长眼睛的人，不仅能看懂文字，还会从字缝里面看到不是字的字，那就是先贤的心。看到先贤的心，你的心就被照亮了。如果你只会识字，看见的全是字，那就没用，你的心被堵死了，就看不见先贤的心。陆象山说朱子教学生读书，教来教去，支离破碎，东学问、西学问，最后自己是谁都不知道，把学生都教傻了。自己的觉悟也没有提升起来，自己的灵性也没有解放出来。

当然，读书也是养心之法，朱子和陆象山的方法不同，象山只能接引那种天资高的人。上次我们三位在这里讲"理学与读书明理"的时候，我说过朱子其实也知道，必须得把"心"抓住，把"大者"立起来，要不然读了半天，还是读不出真正的"韵味"。朱子举了南宋时期的一个禅宗和尚的例子，这个和尚叫大慧宗杲。宗杲教人参禅悟道，要选择直接的方便途径，不要满天下的路数都去试验，耽误工夫，也耗散精神。宗杲说他看见有一个人在练兵器，一会儿练练刀，一会儿练练枪，"刀枪剑戟斧钺钩叉，镗棍棒鞭锏锤抓"地练一大圈，好像都行，都耍得呼呼转。宗杲说："一看便知不是杀人手段，我只有寸铁，便可以杀人。"杀人还要那些东西吗？真正对人生管用的就那么点东西，这就是陆象山的"先立乎其大者"。当你的生命灵性被激发出来，一切都来了，剩下的就是你自己去找了。我这一大通说法，看似像在说评书，实际我是在诠释先贤和景海峰教授不断开发出来的思想，张老师讲得也非常好。

人生要"先立其大者",这是心学的宗旨。心学定心为人生的本体,定发现心、张大心为人生的目标。所以一生的主要的目标和发力点就在心上,找不着心,你就不是人;心养不大,你就成不了大人。所以,心学在中国历史上最了不起的力量,就是激发人的理想,唤起人亢奋的情怀,不要甘于堕落、沉寂,不要在现实的比较优裕的物质生活中被淹死。首先要去当豪杰,豪杰就是敢于挺身而出,放弃人所不能放弃的东西,追求人所不敢去求的东西。心学是非常强调个性的,张扬个性的精神,尽量开发和发挥生命的原创力,所以心学家活得都很亢奋。

朱子之所以给学生讲大慧宗杲说的故事,就是他也同意"直指命门""黑虎掏心",不要"白鹤亮翅""野马分鬃"地折腾半天,连致命的要点都找不到。其实读书真的不用读很多,读一大堆,反倒经常不当用,更不能去读没用的书,紧要的书读一两本,一辈子就够了。朱子虽然也讲类似于象山的话语,但是他的主要意思,还是要大家一定要多读,慢慢理解,慢慢体会。积累多了,研读久了,自然就会贯通了。等看到先贤的"心"了,自己的"心"也就跟着找回来了。

景海峰:还有一个话题就是为什么明以后心学成了中国文化的主导或最重要的文化形态?我们都知道,唐以后有所谓的"三教"融合问题,就是儒、释、道的相互激荡与交融,宋明理学正是在佛教的刺激下,吸纳了很多释、道的义理,才成功地复兴了儒家的思想学术,而心学更是在融合各种文化因素方面达到了一个极致的状态。我们知道,佛教也讲心,禅宗在佛教中国化的过程中,最能把孟子一系的心学养料跟印度的思想融合起来,所以后来禅宗里面的很多东西实际上是在讲心学。包括北宋张伯端的《悟真篇》所讲的"内丹",完全是一种精神性的"炼养",也接近于广义的心学。所以一方面我们说宋明理学的"心学"是陆王,这是儒家,但实际上从大的心学意义来讲,在佛、道里面,尤其是禅宗也是在讲心学,只是它的讲法和儒家的不一样。

我们以王阳明为例。阳明从17岁开始专注于理学所讲的"格物致知"，刚才也说到了"格竹子"的故事，可以说是因"格"成病。后来他又循着理学家好好读书的路子，我们上次也讲读书穷理，他就走了一段读书穷理的路，下了很大功夫，但读来读去也没读出个名堂，知道了这么多的道理又能怎么样呢？在他快结婚的时候，沉迷于仙道，新婚之夜，在一个道观，被道士给迷住了，彻夜未归，洞房花烛都耽搁了，这成为一个很有名的故事。有一段他痴迷于佛教、道教，但这些东西最后都没有跟他的生命追求、跟他要体验得到的东西达到一致，所以又回到儒。但这次是自我身心的体悟，就是他在 34 岁时的龙场悟道，在那样一个穷乡僻壤、荒芜之地，在一种九死一生的磨难境地中，才得到了他人生的大彻大悟，创造出一种心学之境。

所以我们看王阳明这一生的经历，他实际上也是在不断地找心，通过不同的途径和不同的方法在找心，但他最后找到的这个心，既非格物穷理之心，也非佛道仙学之心，更不是死读书的知识之心，他找到的是生命体验之心。所以这个"心"跟我们每个生命个体的独特性是连在一起的，它不是在说一段公理，或者在说一个普遍的规律，或者说一个人人都需要掌握和学习的知识，它不是这么一个东西；它是融贯在我们生命活动的具体性当中的，如果离开了生命过程中的具体的东西，所谓的"心"就是没有意义的。所以这个心是活泼泼的，是生机无限的，是跟每个人的具体性以及精神状态紧密地联系在一起的。所以我们常常说"心学"是体验之学，我们每个人的体验是不一样的，是千变万化的，在一个生命的成长历程中，在不同的阶段，在不同的境遇和不同的环境下，可能体验到的东西都是不一样的，所以它是一种活的形态，表现为非常活泼的状态。我们能把这样一个道理搞明白，能把这种精神把握住了，可能"心学"真正的意义才能够切入。这个状态显然不是书本上读出来的，实际上是我们生命的各种阅历、各种体验的一个聚合，可以说是一个无穷无尽的历程，只有在漫长的多种多样的情景状态之下才能去体会这个心、去找这个心，这个心你才能够找得到。

张晓峰

刚才景先生说得非常好。中国文化讲人的一个生命周期，30年为一世，六十一甲子，人生七十古来稀，更有高寿者是进入耄耋之年。有哲人说，人生如果70岁能重来一遍，那么每个人都能有大成就。但事实上，从出生到死亡的序位的过程，人由于某些因素的遮蔽难以觉醒。这才有了这纷繁的世界的人间场景。从一个个体而言，每个人生活的场景都是不可重复的，每个人经历的信息和所见也肯定是不一样的。比如从读书来说，一个非常用功的人，一辈子其实读不了多少本书，人类几千年积淀下来的书籍太多太多，读完那是不可能的，再过几百年，你让我们后来的人怎么办？那么这时候就需要拿个人修为之心去感受洞穿——以心应心，读书的时候多想想作者是怎么想的？他遇到什么问题？他为什么要写这本书？他运用了哪些材料？采取了什么样的方法？采用了什么样的价值导向？他想跟读者交代什么？他把问题进行到一个什么样的深度？把这些最基本的问题抓住，那么这本书七七八八就领会得差不多了。当个体内心激活的时候，生命自然迸发，这是生命的引擎。现实生活中的个体，总是从外围来解决问题，比如常见的方式是先把自己的生活问题解决得差不多了，然后再反哺自己脆弱的心，而这时候的那颗"心苗"早被俗世折磨得奄奄一息了，虚不受补啊！从这方面讲，大多数人活得是很可怜的、可悲的。有次和一个朋友聊天，他说我们这一代人，以前是祖祖辈辈在一个地方的数代生活，有好些老年人可能一辈子都没有离开他生活的那个小县城。而我们这代人到处迁徙，面临的就是在一个新的地方融不进去，原来的地方又回不去的压力，至死都不知道在哪儿埋。当时他的这番话狠狠地重击了我的内心。尤其自改革开放出来闯的这个群体，他们在自觉不自觉地尝试一种新的生活方式，在这种生活方式没有固化生根之前（三代人生活在同一地方），我们都是飘零人哪。尤其在深圳这个移民城市，绝大多数人渴望内心的慰藉，每天穿梭在马路天桥上看着车水马龙，觉得这个城市冷冰冰的，回头想想，为了安身先买房子，再买车子。这样的人生就是生命的粉碎机。被世俗化裹挟进去攀比炫耀，身疲力竭之时内心就激不活了，最后留下"人活一世，白活一场"的遗言撒手人寰，这真是生命的悲剧。真正的悲剧在于眼睁睁地看着结果的发生，还要投身其中任其发生，那么这种生命体验有何质量可言。哲学家经常会提到人如何活得有意义，如何才能活得像个人，但最终解决的归途都离不开教育启迪，良好的教育能让人清醒，启发我们如何找到真正的自己，自我成就的人生才是真人生。记得大历史学家汤因比在其《历史研究》中说过这样一句话："学历史的真正目的不在于你知道多少知识向别人炫耀自己的博学多才，而是要用它来预测人类的未来和避免人类发展不必要的代价。"人如何在这个世界上活得挺拔，人如何去找到自我，活得更像个人，如果每个人像德国诗人荷尔德林所说"人在大地上诗意地栖居"，那是多么美好的一幅画卷啊。下面请王立新先生介绍自己的新作《大宋真天子：一代仁君赵匡胤》。

王立新：我是研究中国哲学史的，但是研究中国哲学史要了解中国历史的场景，包括上次的理学和这次的心学，这些思想为什么都出现在特定的历史时期，是什么时候出现的？它都是在宋代出现的。它为什么没有出现在唐代或汉代、晋朝或隋朝，而是出现在宋代？这跟宋代的社会风气和社会崇尚有重要的关系。宋代开国的君主，就是宋太祖赵匡胤，是中国历史上首席仁德的君主。他虽然是武人出身，但却极度崇尚文治，开国之初，就立下了"不杀士大夫"，"任宰相当用读书人"，凡事要"讲道理"等。定下来这么一些国规，所以有宋一代的文化才如此昌明，思想才如此发达，人们的生活，才会那样幸福自由。包括市井的生活，都非常好。我受感动，就写了这本《大宋真天子》。当我写这本书的时候，我的良心就在写作的笔上，我自我推荐一下，这本书真的不错，大家有机会可以去买来看一看，叫《大宋真天子》。为什么是真天子，理由都在书里。历史上的很多君王，都诈称自己是天子，其实他们不够格。

听众：请允许我稍微多占用一点时间向三位老师各自提一个问题，因为的确是我个人比较困惑的地方。想问王立新老师，在中国哲学史上群星灿烂，是什么缘由让你选择王船山作为你的研究对象？我看百度百科你的信仰一栏填了宋明理学，宋明理学作为信仰何以成为可能？想问一下景海峰老师，我刚才本来想问你佛学和心学的关系，但是你刚才有做解答。我想问一下，在个人信仰的层次上，儒学和佛学是否具有兼容的可能性？想问张晓峰老师，你说人类任何冲突是可以通过沟通解决的，我会想到亚历山大·温特的建构主义，就是温特的建构主义和心学是否具有类比的可能性？还有你刚才一直强调的，我为何而生？我为什么而生存，那你的答案是什么？

王立新：我研究王船山完全是一种机缘。我上大学的时候，学中国哲学史，里面就讲王船山，大约只说了两个概念，一个是"理势合一"，一个是"能必副所"。剩下的，我什么都不知道，包括王船山这个人的人生经历，还有他真正震撼人心的思想。老师和教科书什么都没教我们。但是我喜欢念古代的书，大学毕业以后，我被分配到哈尔滨工作，我在街上走着走着，走到书店里面去了，看到王船山的全集，刚好是第11册，就是《搔首问》《恶梦》《黄书》《俟解》等那一册。顺手一翻，当时就被震惊了。为什么呢？因为我们的教科书都是切成一块一块的红烧肉给你，背熟了之后考试合格就完了，一点关于这个人的生命、这个人的思想，以及这个人对世界的想法等东西都看不到。我意外地碰到了"船山"，当时被震撼了，从此之后，我就开始读王船山，一读三十几年。30多年来，除了出差身边没有带船山的书以外，包括放假，我每天不管怎么忙，都要读一个小时的王船山，我坚持30多年了。我现在有点水平，都是王船山养育的，王船山就是我"杀人的寸铁"。至于你刚才说的，我拿宋明理学做信仰这件事是网上人瞎说，其实我这个人没有信仰，但是我有信念。我的信念就是，张大良心之后，生命会感到无限的愉悦。就像我写宋太祖的时候，我写的是真心话。大家写的封建皇帝，都是尔虞我诈，怎么样整人。我写宋太祖的一颗仁心，如何普照了华夏神州。我写得直淌眼泪，但那不是泪水，那是我发现了的良知。

景海峰：心学和佛学刚才我已经说了，实际上入明以后，是有一个融合的机理，包括当时陈白沙。有一些批评他的，说他是"近禅"，他的有些弟子也被批评为"近禅"，在理学或者按照格物穷理的路向来看，他们的一些思想和行为好像跟禅宗和尚没有什么区别，外形非常的相似。所以这个情况，从心学诞生开始，包括有些人对陆象山的批评，也是说他跟禅或佛混到一起了。后来王阳明的思想，包括他的后学，后人也有很多批评，也说他是禅，尤其是阳明后学里的很多人物，他们的思想就是处在禅与儒搅扰的状态之中，非常难以剥离。所以，从我刚才讲的从"心"的意义或"心"的内涵来看，实际上已经超越了某一种学派甚至是宗派意义，它已经在更高的普遍性上找到了一些相似的东西，只不过表达的路径或方式有差别，儒、佛毕竟有根本不同处。我们再以梁漱溟先生为例，包括我刚才所讲的王阳明的人生几部曲，这些儒家人物对佛教的吸收，包括对禅的容纳，不是一种严格拒斥的态度，不是所谓"辟佛老"的门户心态，而是有相当的包容性，把佛教的一些精神，包括禅宗的思想，尤其对一些非常深刻的义理内容有一个接纳和消化，然后为我所用，把一些出世的精神放在了入世的事业当中。后来王阳明之所以那么伟大，成为一个完人，我们都赞美他的功业，除了"致良知"的哲学之外，他的事功也非常突出，所谓立德、立功、立言集于一身，这样的历史人物的确是不多见的。而其事功的层面，显然不是禅宗和尚所能承当的，对于社会的这种责任，尤其是儒家所谓"内圣外王"的境地，显然跟禅宗的东西、跟佛教的理想，又相距了十万八千里。所以在出世、入世的根本点上，他们又有一个境界的超越，容涵了佛教的一些东西，容涵了禅宗的一些东西，但又有超出的地方。包括谭嗣同，他那种"我自横刀向天笑"的气概，有佛家大无畏精神的影子，但他是在世俗社会里所迸发出来的灿烂的光辉，而不是局限在一种个人身心的修养，或者只是在出世的意义上把这种精神发扬光大，这个社会性的根本担当又表现了儒家的情怀。梁漱溟先生早年也曾经学佛，但后来他成为新儒家的代表人物，晚年他答客问，说你们都说我怎么又跑到佛家去了？实际上我从来也没有离开过佛教。因为在他的心学的容纳下，儒也好、佛也好，都有一个圆融的、打通的境地，关键是这种思想义理你怎么去运用，你如果只是做一个自了汉，是一种消极避世的人生态度，那就不是儒家的担当精神。所以，王阳明也好、梁漱溟也好，他们的那种大丈夫气概和担当精神为世人所景仰，就是因为他们把这些东西转化成了一种现实的活生生的生命力量，所以才显得那么了不起。这里面不是一个截然切割的情形，它有一个生命内化的过程。

张晓峰

刚才你提的问题跟今天的主题没有多大关系，是一个国际关系的问题。你刚才提出两个问题，一个是现实主义和建构主义之争，还有文明冲突论的问题，塞缪尔·亨廷顿是汤因比的弟子，其文明冲突论受汤因比启发比较大。我要强调的一点是汤因比早期担任英国皇家历史学会会长，更多展现在世人面前的是出色的国际关系问题专家，他主编《国际事务概览》，这套书非常经典，有中文译本，近几年出了精装本。在其晚年高龄的时候，他跟日本创价学会（日本佛学会）池田大作进行了长达八天的对话，对话录汇集成一本叫《展望21世纪》的书，在其中他提出对人类文明的一种前景的忧思，并对中国文明的未来十分看好，言语之间向往之情满满。刚才提到建构主义和现实主义，建构主义的前提是建立在对人类理性的基础上对人类未来前景抱以美好希冀的，其伦理基础是建立在对人性有希望的基础上的，代表作是亚历山大·温特的《国际政治的社会理论》。现实主义的代表人物是汉斯·摩根索，其代表著作是《国家间政治—权力斗争与和平》（现实主义的代表作），其理论基石是建立在人性幽暗意识的基础上的。本质是对人性的不信任由此上升至国家相处之道，遵从丛林法则。当然现实主义的理论源头比较早，可以追溯到马基雅维利和梅特涅。这对现实社会中国家相处之道影响巨大，国家之间不信任，彼此提防，暗自加强力量，国家之间尔虞我诈，明争暗夺，这是符合世界历史场景的。建构主义和心学体系的主体不一样，国际关系的主体是国家行为体，主要考虑集体意识和集体行为，而心学强调个人生命自主。两者之间没有大的可比性。

文明冲突的问题，其实在冲突的剧烈时刻，比如一个国家或政权覆灭的时候，其实并不缺乏清醒明白之人，但他们被现实政治污浊所遮蔽走不到历史的前台。比如，1840年英国人发动鸦片战争的时候进行国会讨论，英国文化大臣就说，东方这个国家是一个文明古国，我们应该接近它，要去了解和学习，但他的言论最后被政界流氓所说打败中国能获得多少实际利益的政治声音给淹没了。其实在文明冲突的前夜，需要学者、民间等各方面的互相交流慢慢浸入，最后形成一种共识，在这个基础上才能谈文明对话交流，临时抱佛脚是不可取的，也是来不及的。

你的最后一个问题，早年的求学受当时学校教育和家庭教育的引导，想方设法让自己成为一个有用的人，可随着年龄和阅历的增加发现这个问题其实没有那么简单。自己学习了这么多年发现自己能干的事情其实不多。这和个人的心性和经历有密切关系。当然我和两位老师的问学方向不同，我的专业方向主要强调事功。现在安心教学是我最大的心愿。至于自己的人生，我心里一直向着我这辈子一定要做一个明白人的方向而努力，不想做个糊涂蛋了却此生。就这么简单。

听众：我想向王老师提一个问题，刚才三位老师讲到了，我们现在怎么想着赚钱，怎么买豪宅，怎么买游艇。日本一个企业家提到一个观点，也是受中国心学的影响，这个企业家也是研究了王阳明很多年，他提出一个观点，就是你现实中的苟且，其实跟你修炼是不冲突的，他提出一个观点，人生的意义是什么？人生的意义就是为了修炼灵魂，其实和刚才先生说的修心是一样的，"担水、砍柴、悟道，就是我们平常生活要修炼，我不一定要去寺庙，不一定要去庙堂，我普通地把当前一点一滴的工作做好，这也是一种修炼"。请问王老师，你怎么看这种观点？

王立新：谢谢你的问题，我刚才说心学张扬的人生主体性的精神，希望确立远大的人生目标的意思，并不是说你把日常生活间的事情都去掉。陆象山有一句话："圣贤的道理，你理会得再透，最后回来，还是眼前的道理。"其实我们都在生活中体会理，我们都在生物个体的活法中理解人的意义。最关键的是，不能单纯追求那些物质的东西。我没说人家做省长的就不是人了，也没说大公司的老总都不是人。我没有骂他们的意思。重要的是你在做事情的时候，不要忘记了自己是要做人的。你首先得知道，让你这颗自觉的心始终保持自觉。心不自觉，那就不行。要努力让这颗良心时刻闪光，它可以在宝马车上闪光，可以在腾讯的 QQ 上闪光，也可以在省长的乌纱帽上闪光。但是它一定是闪光的，只要你这个心活着，你的心在闪光，钱越多，做善事的可能性越大；官越大，能够拯救天下苍生、可以实现仁道可能的范围越广，那又何尝不好呢？

张晓峰

　　我再补充一点，近代史学家认为日本为什么明治维新能够成功？这和"心学"在日本的传播影响分不开。明亡之后，朱舜水取道到日本，他当时害怕中国文化被满人亡了，为保留中国文化种子考虑，在日本授学并传播中国文化和阳明心学。到近代心学在日本已经枝繁叶茂，明治维新时期政界、军界、商界广泛推崇阳明心学的人很多。如涩泽荣一（日本商界教父）、日本海军大将东乡平八郎（日俄战争时期海军名将）。涩泽荣一在其《论语与算盘》中强调商人的社会担当和社会责任，强调商业精神与国家大政相符合。这和中国的晋商有点像，涩泽荣一本人也十分推崇中国的晋商，并对晋商精神做了概括——"士魂商才"，即有士大夫的理想抱负却经商富国，这也是商人的另一种人生选择，而不是常见的为商必奸。涩泽荣一是日本最早留学生之一，归国后先从政，后从商致力于实业兴国，日本的工业发展史上留下这个人的伟大痕迹。前几年中国商界邀请李泽厚等哲学家谈论"儒商"，论及商人的社会担当，大致也是这个意思。一个人的学问修养开启内心后，便开始积聚力量，能够准确地选择落地投放点，而这种投放可根据职业、社会角色，也可根据自己的兴趣爱好和社会需要。所谓商有商道、政有政道、学者有良心，这个社会就会蔚为大观。

听众：请问王老师和景老师，牟宗三先生在《心体与性体》里面说"伊川朱子之以大学为主则是宋明儒之旁枝，对先秦儒家之本质言则为歧出"，他是以王学为正宗，以程朱为歧出，两位老师对这个说法怎么看？

景海峰：这是牟学或新儒学里面的一个热门话题。牟先生对宋明理学的分析，跟传统的说法不太一样，带有一种创造性。本来一般讲理学，都是以朱子为正宗，所谓程朱理学，但牟先生的三系分法，最后把朱子判为别宗，这在整个中国现代哲学或者当代儒学的视野中是一个非常有挑战性的说法，甚至是异峰突起，让很多人难以接受。但这个说法在牟先生自己的体系中，包括在他的《心体与性体》里面，关于三系的理解有他自己的一个逻辑，包括对这些重要派别和人物的重新排队，都包含了复杂的观念。那本书，尤其是综论的部分，有两三百页，把理由都说得很清楚了，所以这跟对整个中国哲学尤其是对宋明以后儒学发展大格局的理解是联系在一起的，而不是简单的这几句话。在这个问题上，牟先生有他非常独特的见解和思想，这里面的一些问题很复杂，不及细说，我只能简单回答到这里。

王立新：再说两句，牟先生的《心体与性体》，刚才你说他把阳明心学这一系当成主流和主体，当成孔孟的嫡系，把朱程当成是别子为宗。景先生刚才已经说了，我再说两句话。这跟牟宗三先生本身比较崇尚心性这一系有重要的关系，他的生命力比较强，他就属于"先立乎其大者"的那种人。而朱子却是有点慢慢地沿着"理"这个道路走的，他跟朱子的生命，没有跟陆象山和王阳明的生命更契合，所以这跟他个人的性格有关。再一个，跟牟宗三先生这代人实际的人生遭遇也有关系。因为他们只身跑到台湾去，无家可归的时候，人的心就胀起来了，就不再慢条斯理了，就需要急切找到一个新的放射点，要不然生命没有依托，跟这个可能也有关系。还有，就是跟牟先生的所学，以及师友间的传播有关系，挺复杂的。

张晓峰

　　今天的"心学与体会人生"这个题目讨论得还是蛮嗨的，大家兴致也非常高，我们三位老师就某些主要问题也进行了一些较深入的探讨，还有几位提问者的问题也很有意思。今天这期活动是"国学与诸子百家"这一季的最后一期，目的是通过这些话题不断跟大家抛出很多的命题，让我们进行思考入理进心，让我们细细品味中国文化的博大精深。如果对在座的听众在工作、生活或者学习过程中有一些启发，那么南书房夜话相关工作人员的辛苦就没有白费，下一季夜话主题——文学，希望在座的各位可以常来，更好地接力。让这里成为深圳文化传播的阵地，让民间和学者声音产生更好的碰撞，更好地滋养我们的心灵，激活我们的人生。由于时间关系，今天夜话到此结束，谢谢大家。

　　王立新：借今天的心学的话题，送给大家八个字，陆象山先生说的："收拾精神，自作主宰。"